商务英语教学与模式创新研究

曾 葳 著

西北工业大学出版社

西 安

【内容简介】 本书全面系统的介绍了高校商务英语的教学方法与教学模式。具体内容包括：商务英语概论、商务英语的语言特征、商务英语教学的指导思想、商务英语的教学原则、商务英语实践教学方法研究、商务英语教学评价研究、商务英语教学实践研究、商务英语课程体系研究、商务英语教学模式研究和商务英语教学模式创新研究等共十章内容。

本书可作为高校商务英语及相关专业人员的参考书。

图书在版编目（CIP）数据

商务英语教学与模式创新研究 / 曾葳著. -- 西安 ：西北工业大学出版社, 2020.11（2025.1重印）
ISBN 978-7-5612-7403-3

Ⅰ. ①商… Ⅱ. ①曾… Ⅲ. ①商务－英语－教学模式－教学研究 Ⅳ. ①F7

中国版本图书馆 CIP 数据核字(2020)第 223679 号

SHANGWU YINGYU JIAOXUE YU MOSHI CHUANGXIN YANJIU
商 务 英 语 教 学 与 模 式 创 新 研 究

责任编辑：翟文乐　朱晓娟　　策划编辑：李　萌
责任校对：张　潼　　装帧设计：吴志宇
出版发行：西北工业大学出版社
通信地址：西安市友谊西路 127 号　　邮编：710072
电　　话：（029）88493844　88491757
网　　址：www.nwpup.com
印 刷 者：北京市兴怀印刷厂
开　　本：710 mm×1 000 mm　1/16
印　　张：14
字　　数：260 千字
版　　次：2021 年 4 月第 1 版　　2025 年 1 月第 2 次印刷
定　　价：79.00 元

前　言

普通商务英语也可以称为商务交际英语，主要是培养和提高学生从事各种商务活动的英语商务交际能力。这些交际能力包括口头表达和书面表达。口头表达能力应具备交往和建立关系、电话交往、产品及业务描述、商务会议发言、图标和数据的表达方式、求职应试能力、讨论商务决策、接待客户以及商务谈判，等；书面表达能力应具有书写商业信件、备忘录、工作报告和总结、求职信、个人工作简历和合同等商业文件。商务交际能力适合于各个领域的从业人员，这种商务交际能力不涉及专业知识，对有无商业阅历以及要从事国际贸易的人都是必不可少的。

商务英语教学是传授英语基础知识和商务基础知识，培养学生的基本语言交际能力和商务操作能力，在不断巩固的语言、语法、词汇、修饰、商务术语等方面知识的基础上，加强熟巧训练，提高英语的思维能力。

随着经济全球化一体化，国际商务活动对于英语的要求越来越高，社会上的各行各业对熟练掌握英语的国际商务复合型人才的需求越来越大，全新的形势不仅为商务英语带来巨大的市场需求，也对商务英语的教学提出了新的更高要求。在我国，商务英语已具有较为完整的课程体系而成为一门独立的学科，商务英语教学已成功地培养出大量的社会紧缺人才。然而，现在的商务英语教学还存在着一些问题，如何高效地培养商务英语的合格人才，以适应社会的需求，为经济建设和社会服务，这就要求我们对现存的问题进行客观的分析，对商务英语教学进行不断的探索、研究和发展。

写作本书曾参阅了相关文献资料，在此仅向其作者深表谢意。

由于笔者水平有限，书中不妥之处在所难免，恳请广大读者批评指正。

著 者

2020 年 7 月

目　录

第一章 商务英语概论

第一节 商务英语的基本概念

一、商务英语的概念

从字面意思上我们可以知道，“商务英语”包含着语言（英语）和业务（商务）两个层面的意思。商务的概念比较笼统，可以说是一个极为广泛的概念，同时更是一个跨学科的领域，包含了经济、贸易、营销管理、信息、法律、金融、财会等学科。从语言层面来理解，商务英语是从事或将要从事商务行业的人在商务环境中应用的英语，是特殊用途英语（ESP）的一支。其基本定义：“商务英语属特殊用途英语，它符合特殊语料的定义，它强调特殊语境下交际的特殊样式。”因此，商务英语教学有 ESP 教学的特征和要素，即需求分析（needs analysis）、真实语料（authentic material）、真实语境（real context）、信息为主（message focused）、主题引导（topic based）和任务教学（task based teaching）等，通过针对学生需求，围绕特定的目的和内容使用鲜活语料的商务英语教材，培养学生在特定而真实的语境中有效交流的能力。可以推及的是商务英语是商务文化群体中特有的一种语言，是现代英语的一种功能变体，其与普通英语的差异，不仅表现在目的和意义方面，而且表现在词语用法、句子组成和篇章结构的构建方面。商务英语是指与商务活动相关的英语，由于商务活动本身的界限模糊，既可指经营、贸易等具体领域活动，又可指经济、金融等宏观行为；大可到国与国之间的经济往来，小可至普通的买卖交易。商务英语就其内容而言可分为一般和专门两类。一般商务英语（General Business English）主要涉及各类商务活动共有的一般性和基础性知识，如询价、定价、报关、货单、协议、合同、广告、营销策略和谈判程序等；它也会涉及一些行业特殊用语，但总体来说都较少较浅。专门商务英语涉及的商务知识专业领域更窄，行业特征更强，特殊用语更多，如金融英语、机电英语、医药英语、化工英语、建筑英语以及相关的法律英语等。

二、商务英语的特点

商务英语不但具备普通教育学的特点，还具备语言学的特点，同时，商务英语还具备商科理论和知识的特点以及人文理论和知识的特点。

（一）商务英语的普通教育学特点

商务英语是有关商务语言教育一般问题的知识体系，即“语言知识 + 商务知识 + 技能操作 + 人文知识”这样一个体系，是国际贸易专业学生、国际商务专业学生和商务英语专业学生专业知识学习的基础，是这几个专业的学生的必修课程之一，它的目的在于帮助学生养成基本的商务理念、商务操作技能和商务环境下的语言使用技能，具有将学术性与实践性有机结合起来，体现基础性、实用性、通俗性与创新性的特点。根据商务英语教育过程的运行逻辑，商务英语教育主要探讨了商务英语教育的实质、功能、历史、目的、教师与学生、教学、课程、班级管理、制度、评价等基本问题。因此，它具备普通教育学的特点。

（二）商务英语的语言学特点

商务英语是通过语言进行的教学。语言是基础，商务英语教学是语言的具体应用教学，是应用语言学的表现，因此，它具有语言学的特征。通过语言来学习专业知识，在学习专业知识的同时来巩固提升语言。

（三）商科理论知识的特点

商务英语专业课程主要包括西方经济学、商务道德、商务环境、商务策略、商务沟通、商务礼仪、人力资源、企业管理、市场营销、国际贸易、国际商法、国际金融和物流等，这些课程本身就是用语言来表述商科知识，同时还都要应用商科的理论原理，比如协同论和耗散论等。很明显，商务英语具有商科理论知识的特点。

（四）人文理论知识的特点

就商务英语专业而言，除了语言、商务的知识和能力要求之外，人文素质教育应该注重培养学生的人文意识，遵循人文方法，扩大人文知识，增强人文才能，提高人文素养，促使他们在跨文化交际的活动中，秉承人文精神，彰显出文明、科学、爱国、求真的健康品格和蓬勃向上的精神风貌。

三、商务英语的作用

英语在货物进出口贸易的程序中，在交易磋商与签约环节上至关重要。拟订书面合同时，应使用规范的商业英语，遵循比较固定的条款模式，尽可能采用习惯用语，力求措辞准确、严谨，行文简洁，不留漏洞，避免解释上的分歧。在此过程中，对进出口商品专业术语的正确理解和应用将直接关系到商品交易中的经济效益甚至交易的成败。

商务函电是商务活动的一个重要组成部分，是通过邮寄或其他电信设施（电话电报电传、因特网等）进行的商务对话，并常常被用作一种商务行为或合同的证据。商务函电通常是为达到某种特定目的，如销售商品、定价、咨询信息、索赔、商务问候等。在21世纪信息时代，要充分利用函电简便、快捷的优势，提高业务量和效率。商务英语用于翻译服务要求必须忠实于原文，不得肆意发挥，也不得压缩削减（这里不是指节译摘译之类），亦即必须一比一地再现原作的风姿。因此，译文的语言应规范化。正如鲁迅所说的："凡是翻译必须兼顾两面，一则当然为求其易解，二则保存着原作的风姿。"作为翻译标准无疑是适用的。

在中国进出口贸易总额快速增长的背景下，特别是在我国加入世贸组织和经济全球化的大环境下，社会对商务英语专业人才，尤其是能够从事国际贸易的人才需求量大量增加。随着外国广告的大量涌入，如何恰如其分地运用和理解英语广告语言以实现广告的目的，已是摆在进出口商广告人员及广大消费者面前的一个现实问题。广告英语作为一种应用语言，因其所具有的特殊效用，已逐渐从普通英语中独立出来而发展成非规范化的专用语言，用词造句与普通英语也有许多差异，并随着广告的发展，时代的前进，科技的进步及社会的变更而变化。由于广告本身的目的就在于能给目标对象留下深刻印象，博取人们喜爱，所以许多广告都是经几番推敲而完成，用词优美独到，句法简练而内涵丰富，回味无穷，不仅具有很高的商业价值，同时具有一定的语言研究价值和欣赏价值。

四、学习商务英语的必要性

随着外资企业的不断增多，越来越多的中国人开始在外企里工作。虽然工作性质、工作场地有所不同，但是他们都会遇到同样的问题，就是如何从事涉外经济贸易活动，如何在外商经营的企业里占有一席之地。语言差异无疑是他们所遇到的最大障碍，在我们熟知的生活英语、学术英语之外，商务英语是现代外资企业中最重要的交流工具。从客观上看，商务英语比较直白，

要求严谨准确，趣味性不强。但是工作类语言和工作是相辅相成的，所有人都需要工作或面临着工作，因此它成了生存语言和发展语言，对谁来说都不可或缺。国外把标准化的商务英语作为选择母语为非英语国家员工的标准，成为进入国际化企业的通途。由此可见，解决这个问题就需要实行商务英语的“专业化”。同时，语言是一种特殊的人力资本，是人们获得其他各种技能所必不可少的先期投资，是获得资本的资本。学习商务英语是一种经济投资。

第二节 商务英语学科建设

商务英语成为一门学科，起始于20世纪60年代后期，它的发展伴随着ESP理论的发展，至今已有50多年历史。西方国家商学院或大学商科专业普遍开设商务英语课程。在我国商务英语起步虽然较晚，但近几年来发展迅猛。

一、商务英语学科的界定

自商务英语产生开始，关于商务英语的学科界定及所属范畴的论述就多种多样，归纳起来大致可以分为三种，即：商务英语归属语言学范畴；商务英语归属专门用途英语范畴；商务英语归属交叉学科范畴。

（一）商务英语归属语言学范畴

持这种观点的学者认为，商务英语和普通英语在理论上没有任何区别，都属于语言学的范畴，它并非一种有别于其他语言的特殊语言形式。例如：

（1）商务英语不是对基础英语的一种创造和发挥，也不是一种特殊的语言，而是对英语语言的一种独到的态度和看法。

（2）商务英语并非一种独立的专门语言——它只不过是在英语中增加了一些专门术语。商务英语和文学英语享有同样的词汇，但许多词义和用法都完全不同。

（3）商务英语是从事商务活动的人们在工作中使用的语言，商务活动参与者为达到各自的商业目的，遵循行业惯例和程序并受社会文化因素的影响，有选择地使用英语的词汇、语法资源，运用语言策略，以书面和口头形式进行的交际活动系统。

（4）商务英语不是一种特殊的英语，它不具备明显特殊的语法规则，只是普通英语在商务环境中的应用。

（二）商务英语属于专门用途英语（ESP）的一个分支

这一观点和“商务英语属于语言学范畴”基本上是一致的，专门用途英语本身就被看作是一种应用语言学。支持这一观点的学者众多，例如：

（1）商务英语应该归属于专门用途英语的一个分支，因此，它必须从专门用途英语的总体范畴之内来看待，因为它和所有专门用途英语分享相同的特征，如需求分析和语料选择等。

（2）商务英语可以看成是英语语言学、应用英语语言学、专门用途英语门下的一个四级学科。

（3）李红（2005）在分析专门用途英语时提出，我国商务英语专业多属于 EGBP（English for General Business Purpose）这种一般商务用途英语之列，主要目的是在语言技能上加上一般的商务背景知识，但其专业性不强。

（4）同样，金晶华（2006）认为，商务英语应属于专门用途英语的范畴，并可以分为两类：一般商务用途英语（EGBP）和专门商务用途英语（ESBP，English for Specific Business Purpose）。其中，EGBP 主要针对缺乏工作经验的学习者，以商务为背景，在语言技能上加上一般的商务知识，着重培养学生在一般商务环境中使用英语语言的能力；ESBP 则主要是针对从事某一商业领域的专业人士设计的培训课程。目前，我国高校所开设的商务英语大都是 EGBP，国内对商务英语的研究也主要集中在 EGBP 上面。

（三）商务英语归属交叉学科范畴

有学者认为，商务英语是一门语言学和商务管理学相互融合的综合性交叉科学。持这一观点的学者在逐渐增多，例如：

（1）广东外语外贸大学国际商务英语学院张新红、李明撰文认为，商务英语作为英语的一个功能性变体，是商务知识和英语语言的综合，具有独特性。

（2）湖南大学外国语学院莫再树、张小勇等撰文认为，商务英语是一门以语言学和应用语言学为学科基础，注重吸收其他学科的理论与实践研究方法的综合性交叉科学。

（3）周晔昊同样撰文表达了类似的看法，认为商务英语属于专门用途英语的范畴，即 ESP，但它的内涵已经被扩展到一个跨学科的概念，如包括国际贸易、金融、国际商法、电子商务、工商管理和跨文化交际等等。

综上所述，商务英语是英语语言和商务知识的结合体。商务知识是英语语言所表达的内容和中心，英语语言则是商务活动的工具和载体，两者相互影响和融合，构成了一个完整的商务知识和英语技能相结合的交叉科学体系。因此，在我国，把商务英语视为一个在 EGBP 基础上发展起来的综合性交叉科学，可能更加符合其发展现状和实际。伴随着商务英语独立学科的发展，商务英语研究正在成为一门运用语言学、文化学、管理学、经济学等多学科的理论及方法，探讨国际商务活动中的语言和文化现象，描述和解释人们使用语言的特点以及文化因素影响的新兴交叉学科。本书所主要探讨的是商务英语作为一个专业的独立学科教学模式的发展与创新问题。

二、商务英语学科的基础和现状

商务英语的学科交叉性质决定了跳出英语学科的既有模式，为其跨学科发展提供制度与组织支持，是其学科建设的关键；多方面协调构建以及强化商务英语学科身份，并在学科发展战略上做出正确选择是其学科建设的重要内容。商务英语（Business English 或 English for Business）是以英语为语言媒介、以商务知识为核心的一种 ESP。它是人们从事国际商务活动时经常使用的英语，是以国际商务为语言背景的应用型英语学科。

（一）学科基础

关于商务英语的学科基础，毕晶在《从 ESP 理论研究看我校商务英语学科建设》一文中提出：商务英语学科的出现顺应了国际以及我国经济发展的大环境。在全球化的经济浪潮中，企业跨国经营，资本和管理人才跨国流动，各国经济逐渐连接成一个互相往来、互相促进的整体，国际统一的标准和操作规则日益为各国所接受。因此，社会不仅需要专业性很强的技术型人才，也需要大量通晓国际、国内商务活动的应用型英语人才。商务英语学科正是为了培养此类应用型英语人才而应运而生的崭新领域。

（二）学科现状

随着社会的发展与进步，社会对“英语＋专门技术”的人才需求日益增加。经济全球化要求英语教学要全方位地适应新时代的要求，培养出高素质的、既精通英语又对专门技术有一定程度系统化把握的复合型高级英语人才。

从 20 世纪 80 年代中期开始，我国先后有 300 多所高校开设了商务英语课程，并有不少高校开办了商务英语专业。1995 年，我国的硕士研究生专业目录中，已把商务英语方向列入“语言学与应用语言学”或“国际贸易学”学科之中，这表明商务英语已作为一门新兴的交叉性学科进入了研究生层次的语言研究。北京对外经济贸易大学、东北财经大学、北京外国语大学、上海外国语大学、广东外语外贸大学等许多高校都设有经贸学院或商学院，并在语言学或经济贸易学硕士研究生课程中设有商务英语研究方向。专科类以

及高职类院校也大多开办有商务英语专业。事实上，商务英语专业在我国已开办多年，而且是一个应用性很强的热门专业。但是，由于外语界因受传统语言学观念的影响，对ESP的理论研究不重视，甚至存有偏见，因而对商务英语的学科定位，仍存在很大争议，其课程体系和教学模式仍有待完善。这是与社会发展形势相违背的，但这也正是我们需要下功夫去研究和实践的领域。

三、商务英语学科的特色和理念

伴随着商务英语教学的飞速发展，很多学者致力于商务英语的学科建设，使其学科特色日益突显，学科的教育理念日臻成熟。

（一）学科特色

作为英语语言的一个专业分支和当代国际商务活动的专门用途英语，商务英语既有英语语言的基本语法、句法和常用词汇，又有其独特的学科特色。其特色主要有以下三方面：

1. 商务英语学科的教学目标与普通英语的教学目标不同

主要区别是：普通英语教学目标是培养学生精通英语语言，通过各种教学手段，重点提高英语专业学生听、说、读、写、译五项基本功，熟练掌握和应用本科阶段所采用的各种英语教材中出现的不少于8 000个的词汇量。普通英语专业的学生自己还可以通过课外时间大量接触外文书刊和收听各种外文广播，涉猎更广泛的知识，积累大量的教科书以外的词汇。而商务英语教学则从商务活动出发，编排设计出实用性很强的教学内容，教学中突出商务活动中的英汉双语交流的表达能力与公关沟通能力、实际操作能力，教学目标是全面提高学生商务交流和应变能力，使学生具备清晰而准确的商务业务语言、丰富的商务理论和一定的实践经验，能与外商、同事、经理以及国内外客户进行快捷有效的沟通，完成产品销售等各种商务活动任务，或者从事商务活动的研究和规划工作。教学中要求学生掌握的英语词汇量一般低于主修普通英语专业的学生，但同样要求通过英语专业全国四级乃至八级考试。

2. 商务英语突出强调商务背景材料和跨文化背景的学习

商务英语是商务活动的交际工具，交流的双方或多方常常从不同的政治、经济和社会文化背景出发用商务英语进行交流，其语言无不以商业利润为核心，语意常常超出传统的语言内涵和文学范畴。外商的进出口意向、产品质量及包装、各种单证的制订标准、对合同条款的解释和理解等商务运作中常常出现中外文化差异的碰撞，使谈判陷入僵局甚至破裂。开设英语国家文化背景知识、人文知识和国际商法等课程，研究对方的社会文化背景和思

维习惯、提高涉外商务人员的文化品位和个人形象、赢得外商的信任，是本科院校商务英语专业学生将来胜任商品或服务的进出口工作必须具备的业务素质。

3. 商务英语专业的词汇和习惯用语不断更新变化，与时代发展同步

全球科技和经济的高速发展把代表先进技术和繁荣经济的新术语和外来词源源不断地增入了商务英语的语言和词库中，提高了国际商务活动用语的层次。不同于纯英语语言类和文学类的学生在未来的工作岗位上使用在校时学到的固定语法知识和常用词汇，商务英语专业从业人才需要学习和掌握层出不穷的新词汇，需要敏感的头脑去随时发现并快速记忆和运用新词汇，使新词汇成为商务活动中的口语词汇。例如：online marketing（网上营销）、homepage（网上用户主页）、E-business（电子商务）、debit note（索款通知）、the Uniform Customs & Practice for Documentary Credits（跟单信用证统一惯例）、Dow Jones Average（道琼斯平均指数）、subsidiary（附属公司）、negotiable instrument（可流通的 / 可转让的票据）、the 3R of CE（循环经济的3R 原则）。

上述列举的是近年来常用的商务英语新词汇和短语是涉外商务人员必须掌握的。涉外商务活动实践证明，为保证涉外商务交流和公关活动顺利运转，本科院校培养的高级商务实用人才，除了扎实的英语语言基本功和本专业 5 000 个常用词汇外，还应该学好、用好随时出现的商务英语新词汇。

（二）学科理念

商务英语专业学科理念是培养学生掌握一种新的观察和认识世界的方法和习惯，用正确和规范的目标语言从事对外贸易和对外商务活动，加强我国与世界的商务联系，完成我国各个经济领域对外进出口业务，在促进我国国民生产总值的不断增长中发挥不可或缺的作用。坚持正确的学科理念不仅直接影响到给国家培养涉外商务和外贸人才的质量，也影响到国家对外商务活动的成效。自 20 世纪 90 年代初以来，全国大多数高等院校的英语专业和外语专业院校陆续开设了商务英语专业。在这一新生事物的初始阶段，由于改革开放初期我国与世界各国开展的商务活动规模较小，进出口货物品种单一，所需的涉外商务活动从业人员的业务水平和专业技能要求相对较低。商务活动的现实需要导致了本科院校商务英语的专业模式不健全，开设的专业课程系统性不强。教学沿用传统的以语言为中心的课程体系，仅增设经贸英语、外贸函电、商务英语写作、进出口业务实例等几门专业课程。在商务英语专业的“课时分配表”中，与语言、文学专业知识技能相关的课时占 70%，以

中文编写的国际贸易、市场营销和合同法等课时占 10%，经贸知识商务英语专业知识的课时仅占 20%。不健全的商务英语专业学科理念导致商务英语专业在初期形成的以语言和文学知识为主的商务人才的知识结构与社会的需要出现严重脱节。与世界上经济发达的国家相比，初始阶段输送给社会的商务人才的专业知识相对浅薄，缺乏系统的商务英语理论和专业技能。他们具备相关的理论和概念却缺乏实际商务工作能力，能胜任企业和公司外贸出口业务工作中诸如海关报关员等具体工作，对外贸单证能进行英汉互译，但离高层次的商务运作要求相距甚远。

第三节 商务英语的起源与发展

商务英语是英语的重要组成部分之一，它作为英语独特发展的分支，它的出现并不偶然性的而是必然性的，是社会贸易发展的必然结果，也是英语语言文学专业发展的趋势。在知识和经济不断碰撞和发展的时代，商务英语以其强大的生命力和应用能力不断地普及和发展，从 20 世纪 90 年代以来商务英语的教学和科研工作就不断在国内各大高校掀起热潮，可是我国当时的商务英语发展水平和研究还没达到和英语语言文学同等水平，于是导致了商务英语理论研究滞后于实际应用。导致无法进行更好的商务英语教学，只存在于人们的概念中。

语言学家认为，英语语言学是专业培养计划中的一门基础必修课，它的重要性也不言而喻。社会和语言是同步发展的，要了解语言的发展趋势和方向就必须和社会的发展联系起来并研究如何更好的研究和应用英语。

一、商务英语在国外的发展历程

商务英语是专门用于 ESP 学科下的一个重要组成部分，其实相关英语教学证明。商务英语早于 ESP 产生，因为有一本书记录了，早在 15 世纪末就出现了英国为了与各贸易国家顺畅交流而编写的文章。早期的商务英语，只是将英语和其他语言对照翻译解释为了突出它的实用性，第一本学习书籍是由威廉卡克斯顿在 1483 年印刷而成。采用了两种不同语言对照的形式，为商务需求提供了便捷地获取信息的方式，主要以日常打招呼、生活用语、家庭用语、买卖用语等对话内容为主。早期的学习书籍主要是以面向法语为主。因为当时的商务活动最活跃的就是法国弗莱德地区，商人们意识到对客人了解得更多尤其是通过学习他们的语言更能顺畅地交流，不仅对自己的生意有好处而且还能更加了解对方的需求。文艺复兴时期，英语处于不断变化不断与

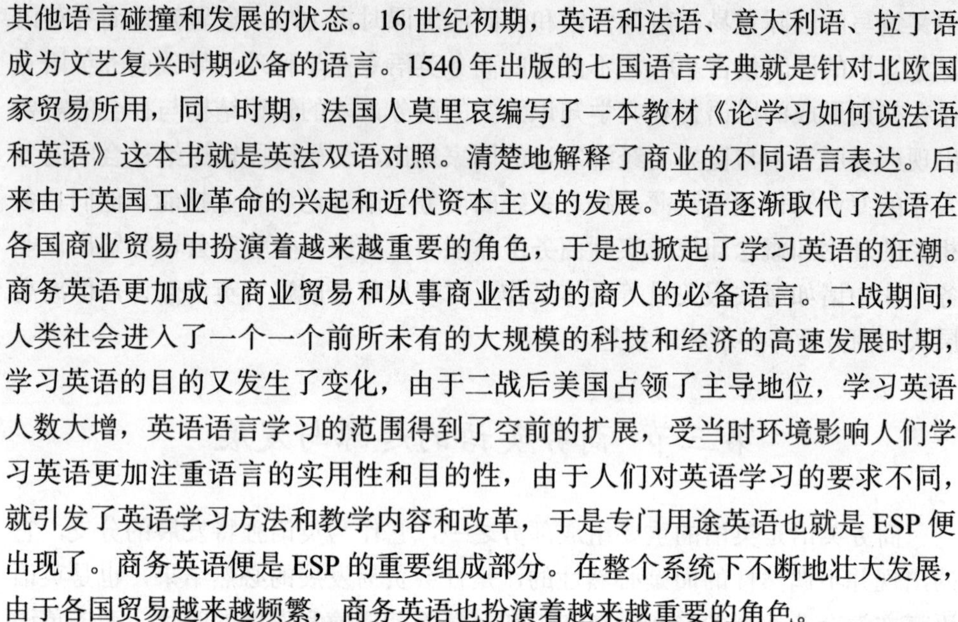

其他语言碰撞和发展的状态。16 世纪初期，英语和法语、意大利语、拉丁语成为文艺复兴时期必备的语言。1540 年出版的七国语言字典就是针对北欧国家贸易所用，同一时期，法国人莫里哀编写了一本教材《论学习如何说法语和英语》这本书就是英法双语对照。清楚地解释了商业的不同语言表达。后来由于英国工业革命的兴起和近代资本主义的发展。英语逐渐取代了法语在各国商业贸易中扮演着越来越重要的角色，于是也掀起了学习英语的狂潮。商务英语更加成了商业贸易和从事商业活动的商人的必备语言。二战期间，人类社会进入了一个一个前所未有的大规模的科技和经济的高速发展时期，学习英语的目的又发生了变化，由于二战后美国占领了主导地位，学习英语人数大增，英语语言学习的范围得到了空前的扩展，受当时环境影响人们学习英语更加注重语言的实用性和目的性，由于人们对英语学习的要求不同，就引发了英语学习方法和教学内容和改革，于是专门用途英语也就是 ESP 便出现了。商务英语便是 ESP 的重要组成部分。在整个系统下不断地壮大发展，由于各国贸易越来越频繁，商务英语也扮演着越来越重要的角色。

二、商务英语在中国的起源和发展

（一）商务英语在中国的起源：中国式的商务英语——洋泾浜英语

虽然中国的洋泾浜英语（Chinese Pidgin English，以下简称 CPE）只是一种不规范的混合语或接触语，但却是商务英语在中国的最初起源形式。郝德森指出："鉴于要求和其他社区的成员进行交流的原因常常系贸易，所以洋泾浜语可以是所谓贸易语言……"在中国，CPE 正是作为一种贸易语言而产生的，"Pidgin English"最初表示的就是"Business English"，即最早在英国人和中国人之间使用的商业语言。

CPE 产生于 1699 年到 1747 年之间，先后经历了"广州 / 广东英语"和"中国沿海英语"等发展阶段。与世界上其他的洋泾浜语言多由西方人（多为传教士）先发明然后传授给当地的使用者的过程不同，CPE 是由中国人发明，其教学也就具有浓厚的中国特色。由于英语和汉语巨大的差异，CPE 在产生之初就对中英贸易中使用的英语以及少量掺杂其中的其他语言（如葡萄牙等）的词汇、语音、语法等进行了改变和简化，使之更接近当地中国人的表达习惯，因而中国人学习 CPE 时，最主要的学习内容就是掌握有关的词语，死记硬背记住这些语词后再本质上根据汉语的语法、语音说出 CPE 句子即可。又由于 CPE 是一种主要由中、英语接触而形成的口头语言，始终没有书面形式，这就导致了 CPE 的教学甚至根本不涉及英文而完全采用汉字的情况出现。这样的教学方式不仅在 CPE 早期的“广州英语”时期所使用，而且也为后来的“沿海英语”如上海洋泾浜英语时期所采用，不过那时 CPE 词语的注音已由“粤腔”变成当地的“吴调”了。

从 CPE 的习得途径来看也经历着一个发展的过程。早期的 CPE 主要是通过与外国人直接接触模仿而形成。此外，师徒相承也是一个早期 CPE 习得的特点，带有浓厚的中国特色。如上海第一个买办穆炳元，宁波人，在鸦片战争期间，定海沦陷时为英军所俘；英人“以其年少且习于琐务，即教以英语及普通学科”。英军攻占上海，他随舰到沪，其时“已熟悉英语，受外人指挥”。据说他“颇得外人之信用，无论何人接有大宗交易，必央穆为之居中，而穆又另收学徒若干，教以英语，教以与外人贸易之手续法，及外人商业愈繁，穆一人不能兼顾，乃使其学徒出任介绍”。后来随着中外贸易的扩大，对 CPE 人员的需求也随之增大，机构教学（培训）的作用日益凸显。如在上海，1860 年后社会上的英文培训班（学校）快速增长。甚至，很多外商洋行内部就设有这样的培训机构。这些机构教学实用，内容主要以英语为主，辅以其他简单的商业技能，如西士麦开的洋文书塾以捷径教授写报关单、栈货单等与外商打交道时最需要的知识技能。随着一些 CPE 学习书籍的出现，自学也是习得的一种形式，“不过，完全依靠自学这条途径的效果似乎较小，当时识字的华人也偏少，自学这条途径在早期香港所起的作用不大”，在其他地方也大抵如此。

教授 CPE 的书本早在“广州英语”时期就已出现，所有的书籍都有“记音汉字”标音。先期的 CPE 书籍都为常用单词，标以汉字示音。以《红毛买卖通用鬼话》为例。最初它只有 16 页，372 个词条依照中国传统编入生意数目、人物俗语、言语通用和食物杂用等四个“门”，所有词语均以繁体汉字与广东土语标音对应，整册不见一个英文符号。这本书派生出了若干种内容或书名微别的小册子，由于这类书籍很有帮助，后来人们又仿照新编了不少课本。后来的 CPE 教材不但讲授常用单词、短语，而且由词及句，如以《无师自通英语录》为例，作者是将常用的英语句子收录其中，每个句子下面用汉语的谐音进行标注，这本书一共收录了 900 个句子，堪称最早的“英语 900 句”。

从学术层面对 CPE 进行系统研究的努力从 19 世纪初以来一直在进行着。早期的研究主要以研究 CPE 的词汇为主，研究者以西方人士居多。最早比较系统记录研究洋泾浜英语的词汇的是马礼逊父子，他们在各自的论著中，从语音、词汇、语法、词源等各方面对 CPE 进行了较为具体的记录和解释，尤其是儿子马儒翰的著作中在对词义的解释中已带有对洋泾浜英语的研究性质。此后，中国人对洋泾浜英语的特点也有所注意。如 1862 年唐廷枢出版了《英语集全》一书，这是一本大部头的辞书，也是当时教授正规英语最好的教材。此书附有详细的《切字论》和《读法》说明，并经常以 CPE 与正规英语做比较，说明两者之间的区别，这无形中向我们揭示了当时社会上所流行的 CPE 的形态。

虽然 CPE 只是一种很不规范的接触语，但与西方的佛兰卡语一样，是世界贸易初期特有的语言交流现象。CPE 的出现及其教学促进了近代早期中国对外贸易的开展，并催生了一个中国近代史上特有的买办和通事阶层，但一定程度上也正是日益频繁的对外交往及买办、通事阶层的“暴富”和“洋化”等原因加速了 CPE 退出历史的舞台，迎来了另一个英语学习的繁荣。

（二）商务英语在中国的发展——标准英语的商务用途教学

中国的标准英语教育始于 19 世纪初西方在华开办的教会学校，但在早期很长的一段时间内其影响力都不如功利的 CPE 学校。当时社会对功利的追逐使得这些教会学校也不能够免俗，如中国最早的教会学校马礼逊学校由于受到财力和人力等方面的限制，一方面暂时携手，另一方面积极和当时的商业巨头协作以便获得他们的资助，自然也就肩负着为这些巨商培养和训练贸易通事的任务。不少学生在英语有了一定的水平后即被英国商人请去当翻译或买办而中途辍学。为了迎合当时的社会对洋务商务人才的需求，一些教会学校改变了培养华人传教士的初衷，增设了一些实用课程，如前身为教会学校的“沪上有名书院”英华书馆，学校的课程不但有英文，还增加了算学和司账等与商业有关的财会知识。这些短平快式的功利教育正反映了当时条约口岸城市在迅速发展过程中外文和商业人才奇缺的现实，而大量语言学校和培训机构的出现，在一定程度上缓解了经济发展对商务人才急需的紧张局面，并对此后的中国教育和现代化进程产生了深远的影响。

到清末民初时，中国的近代教育格局初步形成，同时英语教育也得到了畸形的发展，当时有的商科学校甚至直接采用英美原版教材授课，但是这并没有改变英语教学与商科教学仍然是两个相互独立学科并未形成交叉的现实：学生所学的英语仍是通用英语，所学的其他各专业仍多是用汉语讲授，很难有机地融合。即使有的商科学校和专业采用原版英文教材用英文进行授课，但那已属于英语商务教学的范畴而非商务英语教学。

新中国于 1950 年代初期创建了第一所贸易专业高等院校——北京对外经贸学院（现为对外贸易大学），学校开设了一门《外贸函电》的特色课程，课本由一些从事外贸的老业务人员根据实际工作中往来的业务函电编写成适应我国外贸业务，主要涉及货物贸易各个环节，既作为公司培训的教材，也在

外贸院校中使用。从 20 世纪 50 年代起，这门课程沿袭至今，课程的教材以后虽有不同程度的改编，但基本上大同小异，为新中国对外贸易专业人才的培养起到了不可磨灭的贡献。但由于建国初期国际国内复杂的历史情况，商务英语教学一度停滞不前，20 世纪 70 年代，虽然有了另一门课“外贸英语会话”与之搭档，经贸英语仍只能作为外经贸教育中的一两门课而“惨淡经营”，直到 20 世纪 80 年代后期商务英语在中国的教学与研究渐渐形成了一股热潮，人们对商务英语的认识也逐步跳出一两门所谓特色课程的开设，而进入了系统研究的学科阶段。

商务英语的产生与早期各国间商务活动特别是港口贸易密切相关，贸易双方对英语不求甚解，只为了交易能够顺畅而快速地进行，于是实用的双语或多语商务常用语对照手册往往在早期非常流行。尽管早期商务英语教学不够系统、弊端颇多，但的确缓解了当时贸易各方克服语言障碍的需求，而且为其学科的建立在实践上奠定了基础，一些好的方法贯彻至今。商务英语的教学与研究在不同国家和地区的出现时间和发展速度是不一样的，它在中国历时近三百年，先后经历的 CPE 和标准英语两个阶段。

商务英语是世界各国贸易交流的产物，研究对象是贸易活动，是商务和英语的结合，是一种实用性的语言，尽管早起的商务英语不够规范和完善，但的却在各国商业贸易方面发挥了重要的作用，缓解了当时的语言沟通障碍，而且为后来的学科建立奠定了基础。不同的国家和地区对商务英语的教学和研究程度不同，发展的速度也是不同。许多院校都开设了商务英语课程，在英国牛津大学、剑桥大学都向全世界推出了国际性商务考试，在美国哈佛大学、斯坦福大学、伯利克大学同样也开设了课程，普林斯顿大学还成立了以商务英语为核心的国际交易英语考试中心，在中国历经三百年，从 CPE 到标准英语的发展，是随着社会发展在进步，同国家对外交往程度和范围有着密不可分的关系。

第二章 商务英语的语言特征

第一节 商务英语的词汇特征

词汇是构建当代商务英语大厦的砖石，了解商务英语的词汇特征是正确运用商务英语的前提。现代英语词汇量大、词义丰富，一词多类、一词多义、一词多用的现象比比皆是。商务英语具有普通英语的语言学特征，同时，商务英语又是英语语言、商务知识、管理技能和其他专业知识的结合，因而其本身又具有独特性。从用词上讲，商务英语词汇具有专业术语丰富、缩略语使用普遍、名词化程度高、新词汇层出不穷等特征。商务翻译过程中必须考虑商务英语词汇的特点。随着外向型经济的发展，我国在更大程度上与国际接轨，并参与国际合作与竞争。因此，商务专业英语在商务领域的实际应用也越来越广泛。商务英语是一种以职业为目的的英语，需要参与者用英语来完成所有或部分的工作职责，具有较强的实用性、知识性和专业性。作为一种社团方言的商务语言，其专业词汇数量大，应用范围广。其词语体系主要由商务专业术语、商务工作常用词语和民族共同语中的其他基本词和非基本词构成。而其中的商务术语是商务语言词汇体系中重要的组成部分。

一、多用数字、日期及意义单一的词

当代国际商务活动常常涉及价格、时间、金额、数量、规格等信息。为了表达准确、清晰，商务英语中常使用数字、日期等，以保障商务事宜的顺利进行。

例如：Within 30 days after the signing and coming into effect of this contract, the Buyer shall proceed to pay the price for the goods to the Seller by opening an irrevocable L/C for the full amount of USD 30, 000 in favor of the Seller through a bank at export port.

买方须于本合同签字并生效后 30 天内通过出口地银行开立以卖方为收益

人的不可撤销信用证支付全部货款计 30000 美元。

The first phase of domestic air freight village，which covers an area of about 40，000 square meters，has a yearly handing capacity of 500，000 tons.

国内航空货运站第一期占地约 4 万平方米，年吞吐量达 50 万吨。

Europe's biggest information technology services firm Atos Origin aims to quadruple its business in China over the next two years.

欧洲最大的信息服务公司 Atos Origin 计划在未来两年将其在中国的业务增到四倍。

商务英语词汇应体现规范、准确、专业的特点，因此商务英语常使用意义单一的词汇，以有效避免表达上的歧义与误解。例如：

商务英语用词词义较多的词

acquaint be familiar with

by return soon

constitute include

effect make

grant give

inform tell

initiate begin

tariff tax

terminate end

utilize use

在表达一些统一概念意义时，商务英语词汇与普通英语词汇相比，也体现出具体、准确的特征。

二、专业术语丰富

商务英语属于应用性语言学科。它涉及国际贸易、营销、金融、广告、物流、保险和法律等多个领域，涵盖了各领域的专业术语。专业术语是指适用于不同学科领域或专业的词，是用来正确表达科学概念的词，具有丰富的内涵和外延。专业术语要求单义性，排斥多义性和歧义性，且表达专业术语的词汇都是固定的，不得随意更改。商务英语拥有数量可观的专业术语，这些术语体现了明显的行业知识。如国际贸易方面的：free on board（离岸价）、standby letter of credit（备用信用证）、Letter of Guarantee（银行保函）；经济学方面的：Gross National Product（国民生产总值）、demand curve（需求曲线）、bond yield（债券收益）、comparative advantage（比较优势）；金融方面的：fiscal deficit（财政赤字）、contract curve（契约曲线）、to ease monetary policy（放松银根）；营销方面的：attitude tests（态度测试）、market share（市场份额）、after sales service（售后服务）：保险方面的：Absolute Liability（绝对责任）、Force Majeure（不可抗力）、Risk of Breakage（破碎险）；广告方面的：appeal（诉求广告）、audience share（受众份额）、media mix（媒介组合）等随着社会的不断发展和国际交往的日益频繁，我国的金融业必将进一步健全、完善和发展。在这一过程中，不可避免地要借鉴先进国家的经验，援用其他国家金融工作使用的某些金融术语，尤其是国际交往中通用的金融术语，例如“破产”“法人”“熊市”“牛市”等。可见，在商务英语中，术语的使用十分广泛，有些术语仅仅出现在特定的商务文体中，还有很多的术语是普通词汇在商务文体中的专用，在不同的商务场合具有不同的含义。因此，在翻译时，要根据该术语出现的具体语境，在充分理解其在句子中的特定含义的基础上，结合一定的商务知识，灵活地选用恰当的汉语词汇来表达。

三、多用模糊修辞

模糊修辞并不是指词汇意义模棱两可或具有歧义，而是一种特殊的选词方法。模糊修辞的运用没有明显的目的性，有利于表达弦外之音，缓解双方的尴尬从而为商务洽谈留下可回旋的余地。例如：

What you mentioned in your letter in connection with the question of agency has had our attention and we shall give this matter careful consideration and shall revert to it later on.

本例中的 has had our attention（予以注意），shall give this matter careful consideration（将予以认真考虑）和 revert to it later on（以后再谈）均属于模糊修辞。这种表达方式既没有明确同意，也没有明确拒绝，而是巧妙地将现在难以回答的问题推脱掉，一方面利于对方接受，另一方面也为后续的合作打好了基础。

As for goods Article No.120, we are not able to make you orders because another supplier is offering us the similar quality at a lower price.

若直接点明对方价格偏高，很可能使对方难以接受。本例婉转地使用 another supplier（另一供货商）来向对方暗示自己的态度，从而避免了尴尬局面的出现。

四、缩略语现象普遍

英语缩略（语）用简单的几个字母可以表达出复杂的含义，具有言简意

赅、快速捷达的特点。国际商务活动是一种跨国活动，随着电报、电话和电传的发明，国际贸易、国际金融、国际经济合作等得到了迅速的发展，远隔重洋的双方用电话交谈、发送电文，均要求简明扼要，便于记忆和记录。尤其是在全球经济趋向体化的今天，为了省时节费，提高办事效率，人们在交际中力求浓缩快捷、言简意赅。因此，商务语域里的人们创造并使用着大量的缩略语。如 IMF（International Monetary Fund）“国际货币基金组织”：ADB（Asia Developing Bank）“亚洲发展银行”；SHIPMT（shipment）“装运、装船”，MEMO（memorandum）“备忘录”；pro（professional）“专业人员”等。商务英语缩略语的构词方法很多，其简化方式，概括起来主要有如下几种。

（一）首写字母构成的缩略语

这种缩写法多用大写字母，字母之间可用或不用缩写号。这是一种最常见的缩写法，常常用于组织名称、票据名称、作品名称、说明书和价格术语等专有名词的缩写，一般按字母读音。

例如：NIC（National Information Centre）国家信息中心 ISP（Internet Service Provider）网络服务商 BE/B.E.（Bill of Exchange）汇票、交换券、国外汇票 EMP（European Main Port）欧洲主要港口。

（二）谐音缩略法

即根据单词的发音，用一个或数个字母来代替。利用同音或近音字母组成缩写词。这种缩写法常用于单音词和少数双音节词转化为同音字母的缩写词，按拼音或字母音读音。

常见的有：

BIZ（business）商业、业务、交易、生意

R（are）是（或助动词）

U（you）你 UR（your）你的

WUD（would）会、情愿

THRU（through）通过，经过

（三）截词缩略法

截词缩略法是通过截略原词的一部分构成缩略语的方式，这是缩略语最常用的构词方法，截词缩略法又可细分为以下几种情况：

第一，保留字首、去掉字尾来缩写。即一个单词，只保留头几个字母，去掉后面的字母。如果是词组，则取各个单词的头一个或几个字母组成缩略语，如：

ACK（Acknowledge）承认；告知…已收到

BAL（Balance）余额 INV（Invoice）发票

ASAP（as soon as possible）尽快

AKA（as known as）正如你所知

第二，取单词的首尾字母，去掉其中间部分组成缩略语。即去中间，留两头，如 AMT（amount）数量

FRT（Freight）货运

LN（London）伦敦

第三，取合成词的两部分中的第一部分。如：

micro（micro computer）微型计算机

post（post code）邮政编码

第四，取几个词的首部组合而成。如：

INCOTERMS（International Commercial Terms）国际贸易术语解释通则

Contac（continuous action）"康泰克"感冒药

Nabisco（National Biscuit Company）美国饼干公司

第五，以辅音为核心组成缩写词。以辅音为核心构成的缩写词（并列的两个相同的辅音字母只用一个），这类缩写法主要用于单词的缩写。它包括：利用所有的辅音字母构成缩写词；利用词首的元音字母和其后所有的辅音字母构成缩写词：利用单词的第一音节和第二音节的第一辅音字母构成缩写词；利用第一和第二音节及第三音节的第一辅音字母构成缩写词；利用第一音节和其后所有的辅音字母或部分重要的辅音子母构成缩写词；利用单词首尾两个辅音字母构成缩写词；利用每个音节的第一辅音字母及该词的最后一个辅音字母构成缩写词等。这类缩写词可用大写字母，也可用小写字母，或用大写字母带出小写字母，一般按字母读音，也可拼读。如：

MKT（market）市场

PCS（pieces）匹、件、块、片、张、部分

PLS（please）请

ACDNT（accident）事故、意外事故 INFM（inform）通知、向 报告

（四）符号缩略法

符号缩略法是指用符号来代替相应单词的方式，这种方法形象简洁、一目了然，运用也十分广泛。

这类缩略语通常用于表示单位，如：

货币单位 $（dollar）/f（pound）/Y（RMB）

（五）代号缩略法

代号缩略语找不到原词的痕迹，它们实际上是一种代号，如：

C（medium narrow）中号窄幅—男鞋宽度

F（with free — board）限制吃水的—海运

Z（Greenwich Mean Time）格林尼治平均时

（6）利用外来语构成缩略语

外来语的缩略语在英语中也有很很广泛地应用。在英语中，借用外来语的缩略语有借自于拉丁语、西班牙语、瑞典语、挪威语、法语、德语等语种。如：

CONG（Congius）加仑 [拉丁语]

LO（LandsorganisasjoneniNorge）挪威工会联合会 [挪威语]

FIL（FeiraInternacionaldeLisboa）里斯本国际博览会 [葡萄牙语]

商务英语缩略语和自然词交织在一起使用，和普通英语词汇一样，缩略语具有同等的句法功能，但习惯上不用作谓语。

五、具有商务内涵的普通词

不少普通的词语在商务英语中被赋予了专业词汇的意义。例如，proposal form，在日常英语中 proposal 意为提议、提案，在保险英语中被引申为投保单；policy 在日常英语中的中心意义是政策、方针，但作为保险专业词汇时意为保单：pool 由池塘转义为组合基金，common pool 意为共同基金。

此外，在商务合同中，一些表示通常意义的词也可能具有非常意义。例如：通常的意义商务合同中的意义

action 行动 诉讼

alienation 疏远 转让

assign 分派 转让

avoidance 逃避 宣告无效

construction 建筑 解释

defense 防卫 抗辨（理由），被告方

determination 确定终止

discovery 发现 调查证据

dishonor 耻辱 拒付

distress 危难 扣押货物

execution 执行（合同等的）签订

limitation 限制 时效

Omission 省略 不作为，不行为

prejudice 偏见 损害

satisfaction 满意 清偿，补偿

specialty 专长 盖印合同

subject matter 主题标的物

对于这类词语，在翻译时必须特别关注。例如：

（1）The compensation will cover the whole loss.

译文：此项赔款足以抵消全部损失。

该句的 cover 在普通英语中表示“覆盖、包括”等含义，而在商务英语中则表示“清偿、抵消”之意。

（2）When opening new accounts it is our practice to ask customers for trade references.

译文：在开立新账户时，敝公司有一例行公事，即向客户要求商业证明人。

上句中的“references”在普通英语中作“关于、参考”解释，但在商务英语中指“信用、能力等的证明人”。

（3）We have to request you to do business on the basis of confirmed, irrevocable L/C payable at sight.

译文：我方不得不要求你方在保兑的、不可撤销的即期信用证的基础上进行这笔交易。

这里的 confirmed 和 at sight 在普通英语中的意思分别为“确认”和“看见”，但在商务英语中却有着特殊的含义。在此句中，分别指“保兑的”和“即期的”

六、新词汇层出不穷

近年来，社会的发展脚步逐渐加快，新生事物层出不穷。为了满足表达的需要，新词新语不断涌现并渗透到语言的各个领域。商务英语也必然将这些新的词汇吸收进来，以使自己的表达更加丰富、准确。例如：

B2B（business to business）商业机构对商业机构的电子商务

C2C（consumer to consumer）消费者之间的网上交易

Credit-crunching 紧缩信贷

deflation 通货收缩

E-business 电子商务

euro 欧元

Knowledge-based economy 知识经济

Pink-collar worker 粉领 rebuilding of stocks 吃进库存

Soft-landing（经济的）软着陆

需要注意的是，任何一种语言中的新词汇都不是凭空而来的，很多都是以普通词汇为基础并遵循一定规律构成的。因此，在理解这些新词汇时必须考虑具体的语境因素。例如：

Our company has a clean balance sheet and is confident the bank will approve a loan.

我们公司的资产负债表上没有债务，相信能获得银行的贷款。

本例中，clean 的本义是“干净的”，但在本句中其具体含义为“没有债务”。

第二节 商务英语的句法特征

一、商务英语的表述

与日常英语相比，商务英语的表述追求精确和严密，其突出的特点是客观公正、不带主观色彩。因而句子中人称主语出现得较少，被动语态使用较多，无人称的使用突出了文本的内容而不是强调文本的产生者和接受者，可以避免给人以主观臆断的感觉，使文本表现得更为客观、正式、真实可信、语气更加委婉。

例（1）Business contracts can be classified according to their validity into several categories：valid.void，avoidable or illegal.

译文：商务合同按照其效力不同可以分为以下几种：有效的、无效的、可撤销的、违法的。

同时，在没有具体人物执行某一动作，或表达重点在于动作本身而不在动作执行者的情况下，把动词转化为抽象的名词可以体现商务合同英语庄重刻板的文体特点。名词化结构语言简练，结构严谨，表意简洁，同时也保证了文本的客观真实，因此，名词化结构的使用日益广泛，它不仅挤掉了其他一些词类，而且顶替了很多语法结构。例如，Smuggling of goods whose import or export are subject to prohibitions, which constitutes criminal offences, shall be subject to.（走私禁止进出口的货物，构成犯罪的，依照……）

汉语属于意合语言，重视内在的逻辑关系而不是形式的曲折变化，在语态上表现为受事格施事化倾向。大部分情况下，汉语靠主动句的语义逻辑来显现被动意义，按照汉族人的思维方式，即使是受事者做主语，也常用主动形式来表达被动意义。例如，“项目做好了”“合同完成了”等。由于汉语中被动结构用得较少，商务翻译时，在遣词造句方面应注意原文的语气特点，努力保持英语中被动结构体现的礼貌、委婉和严谨，传达出被动语态的语用功能。

例（2）Your firm has been recommended to me by Mr Charles，with whom we have done business for many years.

译文：与敝公司有多年生意来往的查尔斯先生向在下推荐了贵公司。

例（3）Your early reply will be highly appreciated 译文：如蒙早复，不胜感激。

例（4）The workers have been given a clear mandate for industrial action over the renegotiation of employment contracts.

译文：工人们得到了明确授权，准许他们围绕就业合同重开谈判采取行动。

例（5）After the said license is approved，we shall establish an L/C in your favor.

译文：许可证获准后，即开立以你方为受益人的信用证。

二、商务英语基本句型

商务英语基本句型是对英语语言中的句子，通过特定的研究方法进行概括后所得到的模式。这些模式是语言使用者普遍使用，并可以作为规则加以习得，然后通过对这些有限的基本句型直接生成或进行转换、扩展，产生各种不同结构的句子，从而达到交流的目的。商务英语句型结构是以动词为核心，通过词与词之间的关系组合来生成不同的类型。

（一）商务英语简单句

只包括一个独立分句的句子就是简单句。换句话说，简单句里只包含一个“主语”与“谓语”的组合，即一套主谓结构。根据动词与搭配关系的不同，商务英语简单句又可以被细分为五种：主谓结构、系表结构、主谓宾结构、主谓双宾结构、主谓宾宾补结构。

1. 主谓结构

主谓结构的框架是：Subject（主语）+Intransitive Verb（不及物动词）。

在主谓结构的简单句中，谓语常与一些副词、副词短语或介词短语搭配在一起且不能带宾语。例如

In other developing regions, export volumes grew at a more moderate pace, close to that of the G-7, but gains from the terms of trade boosted the purchasing power, and consequently their imports.Overall, the share of developing countries in

global trade rose from 29 percent in 1996 to 37 percent in 2006.

本例的第二个句子中，share 是主语，rose 是不及物动词。

2. 系表结构

系表结构的框架是：Subject（主语）+Link Verb（系动词）+Subject Complement（主语补语）。在系表结构的简单句中，主语补语又称“表语”。具体来说，介词短语、形容词、名词、动词不定式或分词等都可以充当表语。

例如：Among the developing regions, East and South Asia were clearly the most successful in increasing exports（by volume）, at rate of about 160 percent, despite a deterioration in their terms of trade.

本例中，East and South Asia 是主语，were 是系动词，the most successful 是主语补语。

3. 主谓宾结构

主谓宾结构的框架是：Subject（主语）+Monotransitive Verb（单宾动词）+Object（宾语）。本句型的谓语动词是及物动词或动词短语，宾语是动作的承受者或结果。能做宾语的有：名词、代词、动名词、动词不定式或从句等。例如：

IT systems and administration, and the resulting synergies and economies of scale will produce cost savings; strengthen the financial position of the integrated market operator.

本例中，IT systems and administration, and the resulting synergies and economies of scale 是主语，第一个单宾动词 will produce 后面跟 cost savings 做宾语，第二个单宾动词（will）strengthen 后面跟 position 做宾语。

4. 主谓双宾结构

主谓双宾结构的框架是：Subject（主语）+Ditransitive Verb（双宾动词）+Indirect Object（间接宾语）+Direct Object（直接宾语）。

在主谓双宾结构的简单句中，宾语有两个，一个是直接宾语，另一个是间接宾语，二者缺一不可。需要注意的是，直接宾语有时可以位于间接宾语之前，此时在间接宾语前应使用相应的介词。例如：

Under the agreement, American Express Bank will sell $630 million worth of mortgages to the HKMC Funding Corp-a special purpose company set up to buy mortgages from banks under the MBS program.

本例中，American Express Bank 是主语，will sell 是双宾动词，$630million worth of mortgages 是直接宾语，HKMC Funding Corp 是间接宾语。

5. 主谓宾宾补结构

主谓宾宾补结构的框架是：Subject（主语）+Complex Transitive Verb（复合动词）+Object（宾语）+Object Complement（宾语补语）

在主谓宾宾补结构的简单句中，宾语与宾语补语之间存在一种逻辑上的主谓关系。例如：

Investor Participants may still instruct HKSCC Nominees through the CCASS Phone System to vote on their behalf by inputting the voting instructions in respect of their shareholdings.

本例中，Investor Participants 是主语，may instruct 复合动词，HKSCC Nominees 是宾语，to vote 是宾语补语。

（二）商务英语并列句

英语的并列句主要由并列连词 and，but，or，than 等把两个或两个以上简单句连接起来的句子，各分句之间是一种平行或并列关系。概括来说，商务英语并列句包括三个类别：表关联的并列句、表列举的并列句、表让步和结果的并列句。

1. 表示关联的并列句

表示关联的并列句通常由 and，either...or...nether...no... 并列连词将两个或两个以上的分句连接在一起。

例如，In 2008，China's total export volume of juice beverage decreased to 794，000 tons and the export value reached USD 1.26 billion，dropping by 30.4%YOY and 7%YOY separately

2. 表示列举的并列句

表示列举的并列句通常由 namely，that is，such as，for example，for instance 等词组来进行列举。例如：Apart from the products of several enterprises such as Huiyuan，Coca-Cola and Pepsi that sell well all over China，most other enterprises can only sell their products in regional markets.

3. 表示让步和结果的并列句

表示让步和结果的并列句常使用 yet，but，hence，however，therefore，consequently 等连接词。从语义角度来分析，后面的分句是前面分句的某种结果，或者分句之间存在一定的语义冲突。例如：It is clear that，to date，only a small number of developing countries and economies in transition are participating in the process of R&D internationalization.However，the fact that some are now perceived as attractive locations for highly complex R&D indicates that it is

possible for countries to develop the capabilities that are needed to connect with the global systems of TNCs.

（三）商务英语复合句

复合句是由主句＋从句构成，它是英语中比较复杂的句子结构。一般来说，英语中一个句子只能有一个主谓结构或动宾结构，如果出现两个主谓结构或动宾结构，那么其中一个主谓结构或动宾结构只能是以从句的形式或并列句或分词短语的形式出现。所谓从句是指从属于主句的句子，它是主句中一个句子成分；另外从句必须由引导词即关系代词或关系副词引导。

概括来说，商务英语复合句中的从句主要包括三种：名词性从句、定语从句和状语从句。

1. 名词性从句

宾语从句、表语从句、主语从句、同位语从句等都属于名词性从句。一般来说，名词性从句由疑问代词（如 what，that，who 等）和疑问副词（如 where，when，how，why 等）来引导。在某些情况下，if，whether 等连接词也可以用来引导名词性从句。例如：The Committee members discussed the issue of uses of balance of payments statistics in their various countries and suggested that further work be undertaken by IMF.

本例中，The Committee members discussed...and suggested... 是主句，that further work be undertaken by IMF 是 suggested 的宾语从句。

2. 定语从句

当一个句子在复合句中做定语时，这个句子就是定语从句。定语从句常由 which，that，whose，who，whom，where，when，why 等来引导，其中最常用的是 which 与 that 定语从句所修饰的词叫先行词。根据定语从句与先行词之间亲疏关系的不同，定语从句可以分为限制性定语从句和非限制性定语从句。

（1）限制性定语从句

限制性定语从句对所修饰的先行词起限制作用，与先行词的关系较为密切。换句话说，如果缺少定语从句，主句的意思就不完整或者会出现逻辑错误。因此，限制性定语从句紧跟先行词，二者之间不能使用逗号。例如：

The purpose of the Joint Venture is to adopt advanced technologies and efficient management systems to produce Licensed Product which shall be of top quality and competitive in the world markets，so as to achieve satisfactory economic returns

（2）非限制性定语从句

非限制性定语从句对先行词不起限制作用，只是对被修饰语加以叙述、描写或解释，通常用逗号隔开。将非限制性定语从句删除后，主句的意义几乎不受影响。因此，非限制性定语从句与先行词之间常通过逗号进行分隔。例如：

A Hainan Airlines baggage attendant decided that his personal signature would be to collect all the luggage tags that fall off customers' suit cases，which in the past have been simply tossed in the garbage，and in his free time send them back with a note thanking them for flying Hainan.A senior manager with whom I worked decided that his personal signature would be attaching Kleenex to memos that he knows his employees won't like very much.

3. 状语从句

当一个句子在复合句中做状语时，这个句子就是状语从句。具体来说，商务英语中的状语从句主要包括条件状语从句、时间状语从句、原因状语从句、目的状语从句、让步状语从句、结果状语从句等。

（1）条件状语从句

条件状语从句是表示主句动词发生的前提或条件的从句。条件状语从句分为真实条件状语从句和非真实条件状语从句。引导条件状语从句的有 if（如果），unless（如果不），as（so）long as（只要），on condition that（条件是），in ease（假使），provided/providing that（如果，只要，假如），suppose/supposing that（如果，只要，假如）等。

例　如：If any change is required regarding the terms and conditions of this agreement，then both parties shall negotiate in order to find a suitable solution，provided，however，that any change of this agreement shall be subiect to the approval by the government of both parties.

（2）时间状语从句

时间状语从句常由一些表示时间的连词如 when，before，after，as，while，since，until 等引导，用来对某一动作发生的时间进行描述。

例如：After we trove checked the L/C carefully，we request you to make the following amendment："Partial Shipment and Transshipment Allowed."

（3）原因状语从句

原因状语从句常由 because，since，as，for 等表示原因的连词来引导，用来说明主句表达的内容的理由与根据，或说明主句动词所表示的动作或状态的原因。

例　如：Because small foreign cars could be produced at less cost than the larger cars made in the United States，they captured a significant share of the American market.To compete with foreign cars，American manufacturers began to produce compacts.When the U.S.dollar was devalued on the international market the cost of a foreign car to an American buyer rose proportionately，and the American compacts could now be sold for less than their foreign competitors.

（4）目的状语从句

目的状语从句常由 so that，in order that，to the end that 等来引导，用来说明主句状态或动作的目的。

例如：An effective management will review on a regular basis whether they should continue to hold the security or sell it.Thus，in order that management's performance can be measured，it is appropriate to classify the security as other investment regardless of the period of holding and carry it at fair value in accordance with paragraph 24.

（5）让步状语从句

让步状语从句表示在某种相反的条件下，主句中的情况依然会出现。引导让步状语从句的有 although/though（虽然），while/as（尽管），even if/though（即使），whatever/no matter what（无论什么），whenever/no matter when（无论什么时候），however/no matter how（无论怎样），wherever/no matter where（无论在哪里），whoever/no matter who（无论是谁），whichever/no matter which（无论哪一个），whether...or（不论……还是）等。

例　如：It was the biggest one-day points loss in more than two years and the second — biggest points drop ever.Although an interest rate rise in the U.S.is expected next month，analysts had not been prepared for such a dramatic fallout in Hong Kong this week.The index closed on Wednesday at 15，846.72 points and Thursday down further at 15.153.23.

（6）结果状语从句

结果状语从句常由 so that，with the result that 等引导，用来表示主句内容所产生的结果。

例　如：Low audit fees have become a way of life over the past 18 months as the economy has gone off the boil.The audit has been traditionally regarded as a fairly generic service，so that as the economy has slowed，price — cutting has been regarded as the only way to compete on audit services.The tendency to cut prices when times get tough for companies has been magnified by a new development on the Hong Kong accounting scene.

三、商务英语特殊句型

商务英语中的特殊句型主要包括比较句型、被动句型和存在句型。这些特殊句型具有表达简练、适用面广、使用频率高的特点。

（一）比较句型

比较结构表示两人或两物在性质、特征、程度、数量、大小等方面相等、相近、不同等概念。在国际商务实践中，运费比较、价格比较、产品质量比较以及其他数据的比较等是司空见惯的现象，因此比较句型常出现在商务英语中。根据比较点、比较范围、比较方式等方面的差异，商务英语中的比较句型可以分为五种：等比句型、差比句型、比例句型、对立比较句型和极比句型。

1. 等比句型

等比句型常通过 as much as，no less than 等比较人或物在性质、特征等方面的某些相似之处。例如：Meanwhile，Thai newspapers reported yesterday that HSBC will buy 75 percent of Bangkok Metropolitan Bank for as much as 40 billion baht（HK $8.03billion）.

GREGATE CONSIDERATION Term Fat has represented and warranted that the audited consolidated net asset value of Term Fat Hing Fung（B.VI.）Limited as at 3lst December，1997（“December NAV”）will be no less than HK $56，000，000.In the event that the December NAV is less than HK

$56，000，000，Term Fat will refund to RNA an amount equal to the shortfall as an adjustment to the consideration.

2. 差比句型

该句型用于对两个人或事物之间的差别进行比较，其中包括两个方面：一是优等比较，即“甲胜于乙”，另一是次等比较或劣等比较，即“甲不如乙”。例如：

A broker said the counter still had strong European institutional interest. Another broker noted that in contrast to earlier in the year，HSBC was favoured more by local than European investors.Smart phone dropped 5.99percent to $20.40. It has shed 17.4 percent since Thursday，when Hutchison Telecom made sweeping cuts to its mobile.

In the coming years，Asia is going to have to use its own savings much more

productively than in me past to achieve growth.That's because there will be much less foreign savings flowing in than prior to the crisis.That's not bad news.

3. 比例句型

比例句型通常用于表示前者与后者的正向或负向比例关系，即前者与后者在程度上的变化关系。比例句型常使用 the more...the more... 的结构。其中，逗号前的部分是从句，关系副词 me 表示 by how much；逗号后的部分是主句，指示副词 the 表示 by so much。例如：

“More important，it enhances China’s international status.” Party spokesman Sin Chung-kai said：“Past experience shows the more China opens up the more benefit it brings to Hong Kong.” He said worries that Hong Kong would lose its intermediary.role were unfounded.

4. 对立比较句型

对立比较句型常使用 by contrast，unlike，in contrast to，on the contrary on the opposite side 等来表示两个事物互相对立的状况。例如：

The company has recruited more staff since the onset of the financial crisis. We did not lay off any staff because of the economic crisis.on the contrary，our workforce has increased by 20 percent since then.The newly recruited are brokers and information technology personnel，Mr Chan said. “We will diversify the portfolios in our Greater China Region fund to include Growth Enterprise Market-related stocks，red-chips and technology-related stocks.We will not only focus on technology-related stocks as we think technology is still a high-risk area.” he said.

The forecast is a substantial reversal of the IMF’s previous stance on Hong Kong in April，when its last report predicted a 1.3 percent contraction in GDP this year.It is also in contrast to the Asian Development Bank’s stance，while saw its GDP forecast for Hong Kong downgraded last week to a contraction of 0.5 percent this year.

5. 极比句型

这一句型表示某一事物在一 定范围内最突出或某一动作达到最高程度，通常要带一个表示范围的词组。例如：J.P.Morgan&Co.Inc.closed down 4-3/8 at 109-1/2；American Express Corp was down 3-1/4 at 142 and Citigroup Inc.closed off-11/16 at 43-13/16.Retail clothing chain Abercrombie & Fitch Co.was the most actively traded stock on the NYSE，falling 6-3/8 to 26-3/16 after it said October sales slumped but was still comfortable.with its third-quarter profits estimates.Oil stocks had a strong day，however，as oil prices rose following a bullish report late

Tuesday.

（二）被动句型

被动句的结构实质是，某事或某人是受动者，即主语要承受某种动作（指谓语动词）所施加的影响。由于被动态的结构特点，因此被动句大都用于表达事物的客观状态。如果一个句子中的主语是谓语动词所表示动作的承受者，那么主语与谓语之间就是被动关系，这个句子就属于被动句型，其基本结构是“主语 +be+ 过去分词”。

在具体的商务英语实践中，被动句型常会发生一些变形，具体包括以下七种。

（1）Subject（主语）+Verb（动词）+To be+past Participle（过去分词）+（其他成分）。这种结构中通常有两个动词：第一个动词对句意的表达起辅助作用，并使用主动形式；第二个动词用来表达全句的主要内容，使用被动形式。例如：There are possible differences of objective and culture.“While bankers always want to be considered as gentlemen，they consider insurance sales staff as non-gentlemen.There are operational difficulties in getting them to work together，” Mr.Westall said.

本例中，bankers 是主语，want 是动词，to be considered 是被动形式。

（2）Subject（主语）+Be+Past Participle（过去分词）+Preposition/Adverb（介词或副词）+……（其他成分）。这种结构中的介词与副词可使句意更加准确、完整。

例　如：The International Monetary Fund has suspended talks on its bailout instalments to Jakarta，and it has been announced publicly that the Asian Development Bank will hold up further loans until the Bank Bali case is cleared up 本例的第二个分句中，it 是主语，has been 是系动词，announced 是过去分词，publicly 是副词。

（3）Subject（主语）+Be+Adjective（形容词）+To be-Past Participle（过去分词）+……（其他成分）。这种结构属于合成谓语的被动句型。其中，“Be+Adjective”起辅助说明作用，第二部分则是被动说明部分。例如：

Hong Kong dollar due to the linked exchange rate system，would lead to further improvement in the terms of trade，that is，the ratio of export prices to import prices；but export volume growth is likely to be affected by the deterioration in export price competitiveness. As a result, total export volume growth might at best average only 10, 124, 512 On 1997. A strong dollar would also

imply lower inflationary pressures in Hong Kong as import prices are likely to be....

在 but 引导的分句中，growth 是主语，is 是系动词，likely 是形容词，affected 是过去分词。

（4）It+Be+Past Participle（过去分词）+Real Subject（that，who，where，when 等真正主语）+Clause（从句）。在这一结构中，that，where，who，when 等词引导的是真正的主语，而 it 只是形式主语。当主语过长，使用主动句易使句意重心偏离或句子结构失衡时，应使用本句型。例如：

It is reported that Standard and Poor's，an international credit rating agency，have forecast that the percentage of bad and doubtful debts against the total amount of loans（referred to as "bad/doubtful debt ratios" below）madeby banks in the territory would probably increase to more than 10 this year.

本例中，it is reported 构成了句子的主干，that 引导的句子是真正的主语。

（5）Subject（主语）+Be+Past Participle（过去分词）+Object（宾语）+..（其他成分）。这一结构由"主谓双宾结构"转化而来。"主谓双宾结构"中的直接宾语与间接宾语都可以充当被动句型中的主语。当双宾之一充当主语后，另一宾语应在原来的位置上继续保留。例如：

Disciplinary procedures adopted by the Commission are designed to ensure that a person is given a proper opportunity of being heard.Once the Commission makes a tentative decision to make a disciplinary order against a person he is informed by letter of the facts and circumstances upon which it is based.

在第一个句子中由 that 引导的分句中，a person 是主语，is 是系动词，given 是过去分词，opportunity 是宾语。

（6）Subject（主语）+Be+Past Participle（过去分词）+Subject Complement（主语补足语）+……（其他成分）。这一结构由"主谓宾宾补结构"转化而来。其中，"主谓宾宾补结构"中的宾语补足语相应地变为被动句中的主语补足语。例如：Within 7 business days after a person is appointed or ceases to be appointed as a director of a registered financier，the financier must give written notice to the commission of the appointment or cessation of appointment and the person's name and address.

本例第一个逗号前是一个介词短语，其中包含了一个由 after 引导的时间状语从句。其中，a person 主语，is 系 a，appointed 过去分词，a director 是主语补足语。

（7）Subject（主语）+Be+Past Participle（过去分词）+To Be Past Participle（被动不定式）（其他成分）。这种结构常由 order，expect，allow， suppose，report 等担任谓语动词。因同时包含谓语动词的被动形式与动词不定式的被动形式，这一结构又被称为“双重被动句”。例如：

“We are now forecasting a lending volume of US $1.6 billion in the fiscal year of 2000.” Mr.Severino said.The reduction is expected to be attacked by World Bank critics，who are likely to argue the bank cannot insist on continued reforms by Beijing while cutting off assistance vital to such efforts.In the bank's latest quarterly East Asia Regional Overview report，it expressed concern about Beijing's reform of state enterprises and its continued boosting of the economy.

本例第二个句子中，the reduction 是主语，is 是系动词，expected 是过去分词，to be attacked 是被动不定式。

（三）存在句型

存在句型是一种表示存在的特殊句型，以非重读 there 做引导词或形式主语，而把真正的主语放在动词的后面。谓语动词通常是主动词 be 或其他含有“存在”意义的动词的一定形式。其结构模式是：There+be+ 名词词组 + 地点状语 + 时间状语，在商务英语实践中大量使用。以 There be 句型的结构与作用为标准，商务英语中的存在句型可被分为以下几类。

（1）用来表示存在

真正的主语位于 be 的后面，且句中常包含表示时间或地点的状语，这是 There be 句型最基本的用法。例如：

If they have at least that much in reserve in case the underlying market moves against them.The initial margin is $13，000，but the contract is valued at $1，000 per index point and there is a “maintenance margin” of $10，400per lot.This means if the underlying Hang Seng 100 index moves more than 2.6points（$2，600 worth of index points）against，the investor，they need to top up their margin so there is always $13，000 Of coverage.

（2）用来描述事物的状况

此时，主语部分是句意的重点，动词常表示“出现”“存在”“发生”等含义。例如：HK Dollar life insurance helps you and Hong Kong to have a better future HK Dollar policy offers stability，better returns-Due to the peg system，there exists interest rate differences.That's why the HK Dollar policy can generally offer a better dividend and interest rate.Also，a HK Dollar policy can reduce the risk of premium increases due to the floatation of exchange rates.

（3）用来表达某种观点

此时，句子的基本结构是“There is expected/thought/considered to.”，谓语动词的范围限于 thought，expect，consider 等。例如 On the other hand，economic growth in the Mainland of China should continue to be steady.Overall，the economy there is expected to move forward in reasonable shape，with GDP rising by 8 percent this year and with the on-going process of reform and structural change adding potential for further growth.

（4）用来表示说话人的态度

其中的 be 常与助动词或情态动词构成复合谓语。例如：

Global Regulatory Review and the Need for Reform All things considered，there must be a global regulatory review on prudential regulation.At present，too much trust has been put in segregation，capital and other prudential measures that have been shown to be.

四、商务英语的句子基本特点

（一）多用成语介词、被动语态、祈使句、非谓语动词、情态动词及从句

商务英语用以传递重要的商务信息，要求其具有正式、严密、严肃、庄重的文体特征，行文严谨，避免歧义。为了做到语言简洁、内容表达客观公正和有关事项描述的准确无误，商务英语中常使用大量的介词或介词短语、被动语态、祈使句、非谓语动词、情态动词以及各种从句。

例（1）：Formerly，when any countries were on the gold standard and permitted the free flow of gold out of the country，the value of their currencies in terms of other currencies could fluctuate within only a very narrow range.

译文：原先，许多国家采用金本位制，允许黄金自由流出本国时，其货币与别国货币兑换的价值浮动的幅度很小。

例（2）：The international marketer must provide considerable training to the local sales force，in regard to both the product line and negotiation techniques suitable to the company's image and financial requirements.

译文：国际营销者必须培训当地的销售人员，以使产品系列和谈判技巧与公司的形象和财务要求保持一致。

例（3）：Foreign exchange is a commodity，and its price fluctuates in accordance with supply and demand；exchange rates are published daily in the principal newspapers of the world.

译文：外汇是一种商品，它的价格根据供求关系而浮动，汇率每天都登载在世界主要报纸上。

解析：成语介词 in terms of，in regard to 和 in accordance with 在各自的上下文中分别可用简单介词 against，concerning（considering）和 with 来代替，替代后句子语义丝毫不受影响，但文体意义有所不同。在商务英语中，成语介词的频繁使用使商务文体具有正规严肃、庄重严谨的特点。

被动语态的使用具有结构紧密、语义准确、表达严密、逻辑性强等特点，在商务英语中使用被动语态，不说出施动者，能够起到突出商务信息、提高论述的客观性、少带主观色彩和增强可信度等作用。因此，被动语态的运用适宜具有严肃性和庄重性特色的商务文体的需要。

例（4）：Quotations and samples will be sent upon receipt of your specific enquiry.

译文：一收到贵方的具体询价，我方将马上寄送上报价和样品。

例（5）：Notwithstanding the provisions of this Clause or any other Clause of the Contract，no payment certificates shall be issued by the Engineer until the performance security is submitted by the Contractor under the Contract and approved by the Employer.

译文：尽管有本条款或任何其他合同条款的规定，在承包人提交履约保证并经业主批准之前，工程师不对任何支付款开具证书。

（二）句式结构复杂

商务英语的句子有的很长，句式结构比较复杂，句中常常用插入短语、从句等限定、说明成分，形成冗长而复杂的句式结构，有时一个句子就是一个段落。

例（1）：In any situation whatsoever and wheresoever occurring and whether existing or anticipated before commencement of or during the voyage, which in the judgment of the Carrier or the Master is likely. to give rise to risk of capture，seizure，detention，damage，delay or disadvantage to or loss of the ship or any part of her cargo，or to make it unsafe，imprudent，or unlawful for any reason to commence or proceed on or continue the voyage or to enter or discharge the goods at the port of discharge，or to give rise to delay or difficulty in arriving，discharging at or leaving the port of discharge or the usual or agreed place of discharge in such port，the Carrier may before loading or before the commencement of the voyage, require the shipper or other person entitled thereto to take delivery of the goods at port of shipment and upon failure to do so, may warehouse the goods at the risk and expense of the goods ; or the Carrier or the Master, whether or not proceeding toward or entering or attempting to enter the port of discharge or reaching or attempting to reach the usual place of discharge therein or attempting to discharge the goods there, may discharge the goods into depot, lazaretto, craft, or other place.

译文：不论任何地方任何情况，不论是在开航前或航程中存在或预料到的，只要承运人或船长认为可能有导致捕获、扣押、没收、损害、延误或对船舶或其货物不利或产生灭失，或致使启航或续航或进港或在卸货港卸货不安全、不适当或非法，或致使延误或难于抵达、卸载或离开卸货港或该港通常或约定的卸货地，承运人可在装货或开航前要求发货人或与货物权利有关的其他人在装货港口提回货物，如要求不果，可仓储货物，风险和费用算在货主头上；承运人或船长，不论是续航至或进入或企图进入卸货港，或抵达或企图抵达港口通常的卸货地，或企图在此卸货，也可将货物卸在仓库、检疫站、驳船，或其他地方。

解析：commence 和 start 都是动词，表示“开始”，但前者比后者更为正式，因此，在法律英语中也总是被选用了在有限的条款中完整、明确地体现商贸各方的权利和义务，商贸合同中常常使用长句。

（三）句法的严谨性

商贸英语注意行文严谨。由于它的目的是规定商贸双方的权利和义务，所表达的内容必须完整、明确、肯定。从句法层面上讲，书面商贸英语以陈述句为主，几乎不用疑问句、省略句。在商贸合同中还较多地使用被动句和长句。

被动句突出动作的承受者，对有关事物做客观描述，规定。使用被动句体现了商贸英语的严谨性。在翻译时一般将英语的被动句转换成汉语的主动句。例如：

The date of the receipt issued by transportation department concerned shall be regarded as the date of delivery of the goods.

译文：由承运的运输机构所开具的收据日期即被视为交货日期。为了在有限的条款中完整、明确地体现商贸各方的权利和义务，商贸合同中常常使用长句。长句的频繁使用无疑增加了商贸合同逻辑的严密和句子结构的严谨性，但也增加了理解和翻译的难度。翻译商贸合同中长句一般采用拆句法，然后根据中国人的思维方式调整各句之间的顺序。例如：

The prices stated are based on current freight rates，any increase or decrease in freight rates at time of shipment is to be the benefit of the buyer，with the seller assuming the payment of all transportation charges to the point or place of delivery.

译文：合同价格是以运行运费计算，装运时运费的增减均属买方。卖方则承担至交货地的全部运费。

例句从买方和卖方的利益和义务确定商品的价格计算，原文中以一个介词 with 来分界。在原文中 with 分句是一个状语，翻译时采用中国人平铺直叙的思维方式，用分述的方式把这个句子拆成两句，清楚地表达了原文的语言信息。

第三节　商务英语的语篇特征

随着信息时代的来临和科学技术的迅速发展，经济全球化的进程进一步加大，全球贸易迅速地发展开来。中国在改革开放之后，随着经济的不断发展和实力的不断增强，对外贸易量也在不断地加大。商务英语作为对外贸易中一个不可缺少的工具，越来越多地被应用到对外贸易的实际操作中。本文从宏观的角度对商务英语的语篇特征进行简要分析，即从短语、语法、修辞和章法的结构对语篇进行纵向的分析。本文从结构上突破了相关语篇分析的传统模式，试图从实用语体的角度进行分析，而不是进行脱离实用语体的对文本的简单分析。

一、短语分析

商务英语作为一种比较特殊的文体，其结构必然有着不同于一般语体的特殊之处。商务英语更多地强调语言的实用性和礼貌性。这样的特点表现在短语层面就是更多地使用某些结构严谨而凝练的短语形式。通过观察，我们发现商务英语的语篇中比较倾向于大量使用介词短语、连词结构和非限定性动词短语这样的结构，其原因在于这样类型的结构可以比较准确而凝练地表达出所需要表达的内容。

（一）动名词的使用

动名词的结构在英语中是一个使用频率比较高的结构，这样的结构往往能够比较好地表达出一定的修饰作用。并且，这样的短语形式作为状语或者是后置定语来使用，可以避免大量地使用修饰性的定语和状语。

（二）动词不定式的使用

动词不定式是英语中使用频率比较高的一种表述手段。动词不定式能够作为很多种成分出现在语句当中，可以表达实现某种目标的意思。

（三）分词的使用

英语中的分词有现在分词和过去分词两种形式，这两种形式作为一种状语和定语的替代形式，往往作为定语、状语、宾语补足语在文中起到具体的修饰作用。分词能够比较好地用简单的单词表达出比较复杂的意思。

二、语法特征分析

商务英语的信函中要考虑到简洁性和礼貌性原则，注意语篇的简洁、语义的明确、语气的礼貌、语体的正式等。这样的要求下，商务英语中往往需要借助一些语法手段来具体地实现相关的语篇要求。

（一）陈述句委婉用法

陈述句是一种简单的没有语气的表述性质的语句。由于在贸易的交流中，双方的交换立场是平等的，所以在表达祈使的要求时往往不能够使用祈使句来表达相关的诉求，代之的就是用陈述句来表达自己的愿望和诉求。这样能够使对方有相对应的定夺的权利，并保持了委婉的用法和平等的地位。在交流的时候为了体现对对方的尊重，往往采取对方的立场来说话。在商务英语的信函交际中，大多是用第二人称的主语来进行交际，很少使用第一人称的交际。使用第一人称的时候，往往使用被动语态来进行相关的表达。

（二）书面语体的频繁使用

正式语体在英语中是区别于口语语体和非正式语体的。通过观察英语的日常会话用语可以发现，英语的日常会话语体是相当随意和口语化的。在商务英语的信函中，口语语体是不可以出现的。由于正式语体的层次比较多，句子比较长，分词、长句和不定式、独立主格结构会经常出现。因为这样的表达结构往往比较容易表达深层次的结构关系。复杂的逻辑结构关系往往在这些结构中可以保持相互的关联关系。而相比来讲，短句就无法实现这样的表达。这样的语体之所以适用于商务英语信函的表达，是因为商务英语所处理的事件或者是牵扯的事物是相互联系的，相互之间有很好的逻辑结构关系。

（三）倒装句的使用

倒装句在英语中的功能就是保持句子的表述平衡。英语是一种比较喜欢将复杂的内容放在后面的语言形式，这样的表达往往将比较简单的事情交代在前面而将复杂的事物和逻辑交代在后，主语或者是谓语需要承担很多的表达内容。这样的情况下，倒装句会比较好地保持英语表达结构的需要而避免出现“头大身子小”的情况。在商务英语的信函中，倒装句的使用往往表达一种不确定的可能性。

三、章法结构

商务英语的章法结构是根据商务英语的逻辑关系来组建的。我们知道，商务英语信函是一种具有紧密的逻辑和强烈的目的性的语篇。所以，商务英语的章法结构的表达中往往比较喜欢使用“起—承—转—合”的表达结构，就是我们在分析语篇结构时常见的“总—过度—分—总”结构。我们知道，商务英语的开头往往比较喜欢使用一个比较礼貌的用语来起到引言的作用。这样的开头是为了避免直入主题而显得语篇突兀。在平常的商务英语信函交际中，发信方往往首先提及双方共同知道的事物来起到带入主题的作用。例如“：Thank you for your letter informing us of Mr.Green's visit during June 2 —7.”在开头过后，往往直入主题而不做隐晦的说明或者请求，以此来避免误解。

商务英语的信函是一种比较注重简洁凝练的语篇。所以，在叙述详情的时候就需要对时间、地点、人物、原由等方面的事情加以说明，通过逻辑性比较强的说明将整个语句和所要叙述的事情连贯起来。在文章的结尾和开头中间，往往还要针对对方上次所作出的询问或者是要求进行应答。商务英语信函是一种以来往式的交流为基本功能的应用文体。这样的文体的真正功能在于相互应答和要求。所以，针对对方的询问、要求或者是应答，必须做出有内容、有逻辑的回复和进行新的提问或者应答。最后，在文章的结尾部分，往往会针对以上部分的内容进行总结说明。当然，这个部分的最大功能还是做一个礼貌性地表述。这个部分的内容必须与正文相结合，不然的话会显得牵强。在结尾往往喜欢使用很多种成套的话，比如：“We look forward to hearing from you”，“Yours faithfully”。

四、修辞分析

在商务英语的信函中，针对不同的信函功能会有不同的语体结构，但是在信函的设计和书写中，往往都要遵守礼貌的原则。在日常的英语会话中，我们往往只有在正式场合或者是表达愿望和诉求的时候才比较委婉和礼貌地进行表达。但是，在商务英语的信函中，每一个地方的修辞都要注意到礼貌的原则。在英语的使用中，往往比较喜欢使用虚拟语气来表达相关的观

点、诉求、要求或者是劝告。同样，商务英语的信函中也经常使用虚拟语气来表达相关的委婉的语气。比如："We would be so appreciated if you can show us the detail." 通过前文的分析我们知道，在商务英语中要保持对对方的尊重，但是由于双方在地位上是平等的，所以在商务英语的写作中往往使用陈述句来完成祈使句的表达功能。这也是商务英语信函的修辞中一个很突出的特点。

五、目的感分析

Ellis & Johnson 认为，在商务会议、会谈、电话等语境中，语言运用的最重要的特点就是其强烈的目的感。人们使用语言是为了实现某一目的，其成功与否取决于交易、活动等的结果如何。商务英语的使用者运用语言的首要目的是在工作中取得更大的成就。由于商务中的竞争异常激烈，因而，对于他们来说，行为目标要高于为学习而学习的教育目标。除交际性语言外，商务工作者所用语言多为事务性的：即关于如何获得自己所需的东西，或如何说服别人同意自己所提议的行动计划。

六、礼仪感分析

从事国际商务工作的人员经常需要接触那些以前从未谋面，或了解甚少的人。由于他们工作非常忙碌，会谈往往很简短，因此，为了能使这些来自不同文化，操不同母语的人们彼此快适应对方，有必要形成一套能够得到广泛接受的会谈方式。Ellis & Johnson 认为，商务人员的社交接触常常带有浓烈的礼仪感，在常规性交际中（如问候、自我介绍等），往往使用格式化语言。人们广泛接受的交际风格是既不失礼貌，又简短直接（因为要考虑到节约时间的必要）。尽管在某些场合下需要做得更多一些（如午餐时为了使谈话得以继续，不至于冷场等），但交际性谈话的风格和内容应以既体现双方要求建立良好关系，又不想显得过分亲热的愿望为特色。

常见的问候语有"Good morning"，"Hi"，"Hello"，"How do you do？"等。黄国文认为，在一般情景中，"How do you do？"用于初次相见，"Good morning"可表示对对方的尊敬，"Hello"属于中性，既不失礼貌，又不像那样刻板，而"珑"则比较随便，可表示热情。

常见的结束语有"See you later"或"See you（sometime later）"，"Good bye"，"Bye""，"Bye-bye"等。其中"See you later"或"See you（sometime later）"多为面对面的谈话结束时，或有见面约定时使用。其他结束语则既可用于面对面的谈话，又可用于非面对面的谈话。其中"Good bye"较为正式，"Bye"较为随便，"Bye-bye"最为随便。商务性交际比一般性交际具有更为浓烈的礼仪感，其交际性语言选用的原则与日常情景中大体相同。

七、清晰感分析

在商务信息的传递中，必须将被误解的危险降到最低限度；同时，处理信息的时间（对于双方都是如此）必须尽可能地短。因此，Ellis & Johnson 认为，在商务信息的传递中，大量使用表示逻辑关系的词汇的（如 as a result，for this reason，in order to 等）、思路清晰、条理清楚的语言更为人们所青睐。同时，语言需要简洁。这在使用电话、电传、电报等手段进行信息传递时尤为重要。为了避免累赘，一些广为熟知的概念常以词串的形式出现，如 cash with order，just in time of delivery 等。在表述这些概念的过程中，产生了一系列的商务术语，以节约时间，如 primary industry，parent company 等。其中许多为首字母缩写词，如 CIF，FOB 等。

八、启发与运用

可见，商务英语与普通英语的区别绝非仅仅在于词汇和具体内容，而且还在于其独特的语篇特点。商务英语在语篇上的这些特点对其教学具有重要的指导意义，因此商务英语的教学必须突出这些特点。

在阅读课中，除进行常规的阅读理解练习外，还可以进行语篇上的分析，让学生从实例中了解其语篇特点，从而领略其写作风格，进而从更深层次上达到对文章的理解与欣赏。在写作课中，可以通过对多个学生的作文进行语篇特点分析、比较，然后以商务英语的语篇特点为对照，引导学生达到正确的语言取向，从而提高写作效果。听力课上，可以通过对所听材料语篇特点的分析，引导学生认识商务英语中重要信息（新信息）、一般信息及冗余信息的出现和分布规律，从而在听的过程中对所接收到的信息作出合理的取舍，提高听力水平。在会话课上，同样可以通过对学生的会话进行话语分析，并与商务英语的语篇特点相对照，引导学生对自己的话语作出合理的调整，从而形成正确的商务英语会话风格。

由于时代的发展和交流的需要，国际化的接触已经慢慢地成为我们日常工作的一部分。商务英语信函的写作与处理成为一名外贸工作人员必须要学会的一门基本知识。本文从四个方面来分析商务英语的内在语篇结构，希望可以对商务英语信函的写作产生相关的启发作用。

通过上述分析，可见商务英语确实具有强烈的目的感、交际中的礼仪感、信息传递的清晰感这三大特点，而且这些特点对商务英语的教学具有重要的作用。但是，由于商务英语概念复杂，它涵盖了多种专门用途英语，如金融

英语、广告英语、秘书英语、管理英语、外贸英语等，而本文仅以对外贸英语的分析为主，所以，并非所有的商务英语文体中都会体现出文中所分析的这些语篇特点。同时，由于商务英语与普通英语有交差之处，所以，并非商务英语的这些特点在其他语体中就一定不会出现。然而，商务英语语言及语篇特点的研究，对商务英语的教、学、用、乃至教材及大纲的编写，势必都会具有重要的指导意义。

第四节 商务英语的修辞特征

一、商务英语的词义修辞特征

商务英语中的修辞为实现选词恰当、精确，语言表达礼貌的语言效果起到了至关重要的作用，其词义修辞特征主要表现在以下方面。

（一）暗喻

暗喻又称隐喻，是一种含蓄的比喻，本体和喻体同时出现，没有喻词。在商务英语中，暗喻是频繁使用的修辞手段之一。例如：A woman express herself in many languages，Vimal is one of them.——Vimal Saree

译文：女人用多种语言表现自己，维姆就是其中之一。——维姆纱丽服

该例中，妇女服饰品牌 Vimal Saree 被比作 language，表达了这种服饰就像语言一样可以直观地传达出女性的魅力所在，潜意识下表明了该品牌的特殊之处。

（二）双关

双关的修辞效果往往使得话语更加幽默，一箭双雕。商务英语中经常利用同音词、谐音词与一词多义的词来实现双关。例如：The Self 一 Made woman.She's living better all the time.

译文：《自我》成就的女性，生活永远如此称心。

该例中，Self 一 Made 的使用实现了双关，因为其具有一词多义的特点。Self 即有“自我”的含义，同时还是一本妇女杂志的名称，故 Self 一 Made 暗示了阅读《自我》杂志的女性在生活上都是称心如意的，这就可以号召大量女性来阅读该杂志。

（三）夸张

虽然夸张手法有言过其实的修辞效果，但基本上还是符合事物本质特征

的。适当的夸张是为了增强效果、抒发感情，在事实的基础上做出放大或缩小某一特征的艺术手法。因此，夸张是商务英语中经常使用的修辞手段之一。

例如：They murdered us at the negotiating session.

译文：谈判时他们枪毙了我们的方案。

该例中，murdered us 即是夸张手法的运用，目的在于强调谈判失败的后果，使得表述更加生动有效。

（四）借代

商务英语中常常用一个表示具体形象的词来表示一个事物、一种属性或一种概念，表现为将具体词语的词义做抽象化引申，引人联想，并起到修饰语言的作用。例如：

Viewing such problems with a humorous eye and avoiding the syndrome of taking yourself too seriously can make all the difference in keeping negotiations on track.

译文：如果用幽默的眼光来看待这些问题，让自己避免过分严肃，对谈判沿着既定的轨道前行具有十分重要的作用。

该例中，利用人体器官 eyes（眼睛）这一具体器官的形象引申出其所产生的行为——眼光，使得句子在表述上形象、轻松，在很大程度上缓和了话题的过分严肃性。

二、商务英语的结构修辞特征

对商务英语结构具有重要修饰意义的手段有：倒装句、反复、排比、对比。下面就对这些修辞手段进行探讨。

（一）倒装句

倒装是一种语法手段，用于表示一定句子结构的需要和强调某一句子成分的需要。商务英语中也常常通过改变语序，倒装句子来实现有所指、有所强调的交际意图。试比较下面一组句子。

（1）A sample of a similar cloth，of exactly the same color，which we have in stock，is enclosed.

（2）Enclosed is a sample of a similar cloth，of exactly the same color，which we have in stock.

译文：附上一块目前有现货的，颜色几乎一样的相似布料。

对于同一个句子，使用的英语句型却是完全不同的。

（1）句使用的是普通的、正常顺序的句子，因为主语很长且位于句首，给读者的感觉是头重脚轻。

（2）句通过倒装改变了句子中词语的顺序，读起来更加合理。

（二）反复

商务英语中常用反复来强调所表达的内容，引起话语接受者的注意，其主要表现在以下三个方面。

1. 重复某个关键词

重复某个关键词（Repetition of a Key Word）能够帮助语言发出者建立主题思想，让语言接收者有意识或无意识地熟悉这个词带来的信息。例如：She is a leader：a leader in the workplace，a leader in her church，and a leader in the commumty.

译文：她是领导：是工作上的领导，是教堂的领导，还是社区的领导。

该例中，通过对 leader 一词的重复实现了强调的目的，充分表达了其牢固的领导地位，从而将她的领导形象深深刻在人们心中。

2. 句首重复

一个单词或词组出现在连续几个句子、诗行或语段的开头，英语修辞中叫作句首重复（Anaphora）。例如

Farewell to the mountains high covered with snow！

Farewell to the stratus and green valleys below！

Farewell to the forests and wild — hanging woods！

Farewell to the torrents and loud — pouring foods！

译文：再见了，积雪皑皑的高山！再见了，脚下的溪壑绿谷！

再见了，森林和原始垂悬的树木！再见了，急流和奔腾轰鸣的洪水！

这里除了 Farewell to 在句首彼此重复外，每一行诗的句法结构也是对称的。不过，这种对称对于句首重复来说不是绝对需要的。

3. 结末重复

结末重复（Antistrophe）是指末尾段落连续使用重复的短语或句子。与句首重复一样，结末重复也是为了强调这些语句。

例如：

Our stockholders will win.

Our employees will win.

And，best of all，our families will win.

译文：

我们的股东将会获益；我们的员工将会获益；另外，最让人高兴的是，我们的家族将会获益。

该例中，对句末短语 will win 进行了重复，强调了人们获益的范围是非常广泛地，即表明了这次成功将使所有人都获得利益。

（三）排比

排比（parallelism）就是把两个或两个以上结构相同或相似、意义相关或并重、语气一致的语言单位平行排列起来，形成一个连贯的整体的修辞手法。在商务英语中，排比也是一种常用的修辞格。这种修辞结构使读者强烈感受到排比结构内部的关系，起到加强语气、强调重点的作用。例如：

If a man runs after money， he's money-mad; if he keeps it, he's a capitalist; if he spends it, he's a playboy; if he doesn't get it, he's a never-do-well; if he doesn't try to get it, he lacks ambition. If he gets it without working for it, he's a parasite; and if he accumulates it after a lifetime of hard work, people call him a fool who never got anything out of life.

译文只追求钱的人是疯子只攒钱的人是资本家只花钱的人是花花公子；挣不到钱的人是小混混；不愿意挣钱的人是没有包袱的人；想不劳而获的人是寄生虫；一辈子只为挣钱的人则是傻子。

该例中，整个段落列出了七项有关 money 的种种行为，并通过这种排比结构讽刺了一些人、批评了一些人，在一定程度上加强了人们对于如何花钱这方面的正确认识。

（四）对比

商务英语中经常使用对比的修辞手法使一句平衡对称的句子在意思上截然相反，形成强烈对比。例如：There is a large group of active and innovative companies who devote themselves to increasing the productivity. While there always a large group of laggard and stereotyped companies who devote themselves to gnawing government subsidy.

译文很多积极的、创新的企业都致力于提高生产力。然而还有很多落后的、守旧的企业致力于啃食政府补贴。

本句通过 active and innovative 和 laggard and stereotyped，increasing the productivity 和 gnawing government subsidy 两组意象的对比，表达了两个方面的意思。一是赞美了前者的创新精神。二是批评了后者不思进取、腐败落后的企业作风。

三、商务英语的语篇修辞特征

（一）圆周句

圆周句（Periodical Sentence），也称“掉尾句”，它是英语中末端中心（end focus or end weight）原则的应用。圆周句的特点是，主要信息或实质部分迟迟不出现，使之造成一种悬念，借以抓住读者的注意力，步步推进，直到句尾或接近句尾才能明了作者所要表达的真正意思，给读者以深刻的印象，从而使主要信息或实质部分得到强调。圆周句是作者有意安排的句子，句子结构比较严谨，多用子正式语体。当很多从句都把话语重点放在了句末，便形成了修辞学上所说的圆周句。圆周句在商务英语中的使用主要基于以下目的。

（1）有时是为了吸引对方注意。

（2）有时是为了加以强调。

（3）有时是为了减弱不利信息造成的影响。

下面来看一则实例。

Although profits are down, morale remains high.

译文：尽管利润下降了，但我们的道德水平依然很高

该例中，通过使用 although 来引导让步状语从句，并以此说明后面的句子是语言表述的重点，故该句话是一个圆周句。其中 profits are down 这一不利消息以状语从句的形式被放在了前面，而话语中心则被放在了后半句上，因而整个句子就句子含义而言，在很大程度上减弱了不利消息对听话人的影响，强调了好的一面。

（二）松散句

松散句（Loose Sentence）也是复合句，即主句在前，后面通常跟有几个从句：一些语言学家定义的右分支结构（right 一 branching structure）。松散句是一种组织松弛的句子。在效果上这种句子比较松弛，多用于谈话。句子的组织部分连绵不断，但结构如此松散，以至于你可以在句中的任何地方加一个句号，结构都是完整的。与圆周句不同，松散句通常将句子中心放在前半部分用以提出主旨。

例如：

The Buyer may cancel its order through a telegram to the Seller, which is required to get to the latter prior to the beginning of any shipment.

译文：买方可以通过电报通知卖方取消订货，但此电报需在货物装运之前到达卖方。

该例中首先明确了话语的主题即“取消订单”，然后在后半句进行了说明：不是任何时候都可以取消订单，只有在货物装运之前将取消订货的电报传达给卖方时才可以。

第三章 商务英语教学的指导思想

第一节 商务英语的教学目的

商务英语是一种英语与商务学科相结合的专门用途英语。本门课程和国际贸易实务、综合英语、外贸单证、外贸函电、商务英语口语、商务现场口译、电子商务和市场营销等课程紧密相连。商务英语教学打破了以传统学科知识传授为主要特征的课程模式，转变为以工作项目为中心，组织课程内容，并让学生在完成具体任务的过程中构建相关理论知识，发展职业能力。因此，商务英语的专业总体培养目标为：为外经贸和涉外企事业单位培养具有开阔的国际视野、扎实的语言基本功、系统的国际商务知识、较强的跨文化交际能力和较高人文素质的应用型商务英语专门人才。在知识结构方面，要求学生掌握英语语言学、文学、文化等人文知识，熟悉经济学、管理学、金融学和国际贸易方面等基础商务理论。在能力方面，注重培养学生的语言应用能力、商务实践能力和跨文化沟通能力。同时通过人文素质教育，提高学生的社会责任感、团队协作精神和道德情操。

一、商务语言基础知识教学

语言基础知识指语音、语法、词汇，包括规则和材料。它们是语言的三个要素，这方面的教学要注意形成一定的知识系统和熟练技巧。

二、英语语言知识与英语运用能力之间的关系

（一）英语与英语国家的文化浅释

文化是一个民族的整体生活方式，是一个民族区别于另一个民族的综合特征，是人类历史发展过程中所创造的物质财富和精神财富的总和。语言是思维范畴诸经验的表现，是从劳动中并和劳动一起产生出来的。由文化和语

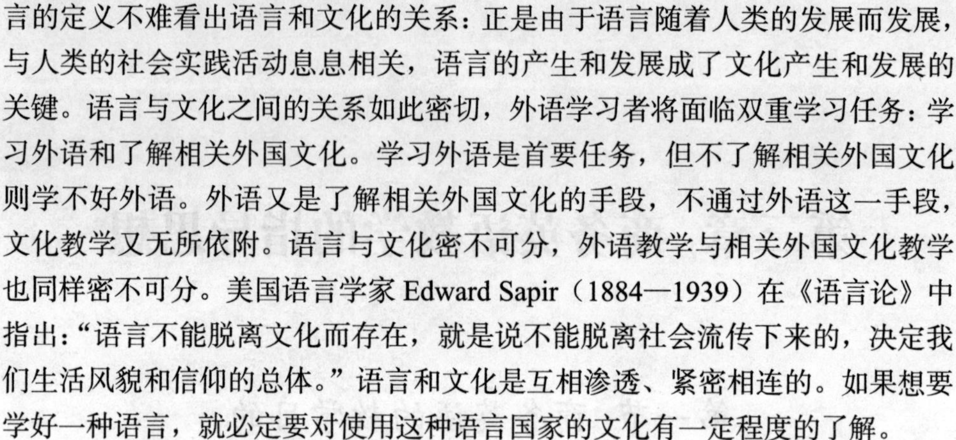

言的定义不难看出语言和文化的关系：正是由于语言随着人类的发展而发展，与人类的社会实践活动息息相关，语言的产生和发展成了文化产生和发展的关键。语言与文化之间的关系如此密切，外语学习者将面临双重学习任务：学习外语和了解相关外国文化。学习外语是首要任务，但不了解相关外国文化则学不好外语。外语又是了解相关外国文化的手段，不通过外语这一手段，文化教学又无所依附。语言与文化密不可分，外语教学与相关外国文化教学也同样密不可分。美国语言学家 Edward Sapir（1884—1939）在《语言论》中指出："语言不能脱离文化而存在，就是说不能脱离社会流传下来的，决定我们生活风貌和信仰的总体。"语言和文化是互相渗透、紧密相连的。如果想要学好一种语言，就必定要对使用这种语言国家的文化有一定程度的了解。

（二）商务活动中的中西方文化差异

1. 价值观念的差异

欧洲国家经过 14~17 世纪的文艺复兴（Renaissance）以及 18 世纪下半叶的启蒙运动，使自由、平等、民主的观念根深蒂固。美国宪法规定：人生来平等，追求个人幸福是天赋权利。个人构成民主社会的基础，社会为个人而存在。而中国几千年的封建社会，使人们形成了社会向来高于个人的价值观念。社会是第一位的，个人的价值体现在对社会的贡献上，"先天下之忧而忧，后天下之乐而乐"正反映出这一价值观念。英美以人为本，中国以社会为本，正因为这一观念上的根本差异，英美人强调个人的独立性，中国人表现出一种趋同性。

2. 习惯礼仪的差异

不同的国家，有着不同的习俗。我们应该学会用英语去谈论一些国家的风俗习惯、礼仪差异、时间观念和饮食文化，学会表达对不同生活习惯的看法。Thank you（谢谢你）是一句常用的文明用语，但在中西方不同民族之间存在差异。中国人一般比较含蓄委婉，比如在家庭生活中，很少听到夫妻间直接说"我爱你"或者是"谢谢你"，而是用一顿丰盛的饭菜来表示，对那些最亲近的人，不必说"谢谢""别客气"等客套话；而英美家庭却相反，"谢谢""好棒呀""你真细心"等友善词句被不厌其多地使用。在中国对于人们来说，认为应该诚心诚意感谢别人为自己付出劳动和努力时才说 Thank you，而西方则超出这一范畴。仅举几例：如别人借东西使用，当他还回来的时候说句 Thank you，这是在中国人认为是理所当然；在西方别人借东西说 Thank you，因为借东西的人很讲信誉，同时东西又完好无损，主人对此也表示感谢。

3. 审美情趣的差异

由于不同民族审美情趣的差异，因而表达审美功能的语言形式也不同。曾剑平认为，汉、英语言结构差异表明，在语码转换过程中要做到逐词逐句对应是不可能的，对原语结构进行变通和补偿就成为翻译的必然手段。从语言美学的角度出发，译者必须在原文的框架范围内重新构思，进行再创作。中西方不同的历史传统形成了各具特色的审美习惯。最典型的例子是色彩的象征意义。在英国，紫色象征尊贵，白色象征纯洁，新娘的婚纱是白色，而红色则与风尘女子有关；在中国，黄色是帝王之色，老百姓喜欢大红大绿，新娘子要穿大红的衣服，以示日子红火吉利。如果我们能够了解中国与英语国家之间存在的种种差异，就能在文化交流和日常交往中避免误解，增进相互了解。

4. 英语中姓名、数字、颜色同汉语的差异

在英语教学中，教师不但要教授学生语言知识，还要让学生了解文化背景。由于文化背景不同，英美人的衣、食、住、行与我们有很大的差异。熟悉英美文化背景知识，使我们可以从各个侧面了解英美人的生活习惯和风俗习惯，以充实语言文化背景知识，提高英语教学的成效。

学英语要过听、说、读、写、译五关。听和读是语言接受技能；说和写是语言生成技能；译则是语言的应用技能。只有达到足够的语言输入量，才能有效地组织学生围绕理解和吸收的信息，开展听说活动。英语教材内容丰富、体裁各异，涉及英美国家生活方式、风俗习惯、文化教育等，为培养学生用英语表达提供了充分的素材。要正确理解和使用英语，必须注意培养学生运用英语思维的习惯，掌握相应的文化认识系统。因此，教师在教学中要引导学生留心积累有关文化背景、社会习俗、生活方式等方面的知识，从而培养学生学会从英语本族人的角度思考、体会，依据不同场景做出正确的反应，提高自身的语用能力，将言语教学和非言语教学结合起来，实现交际目的。由于中西方文化的差异，我们可以很明显地分辨出英语中的姓名、数字、颜色等各方面的含义用法与汉语的区别。

（三）语言运用与文化取向的关联

1. 跨文化商务交际能力的培养与商务英语教学的融合

在非英语语境中，选用英语原版教材，使语言、文化、商务规则相互融洽。学生在学习商务英语这门课程时，不仅要掌握孤立的语法规律、词汇或句型的使用，而且要求获取更具时效性的跨文化商务交际的工具。因此，采取将学生跨文化商务交际能力的培养融入每一节商务英语教学中是十分有必

要的，当然遵循行之有效的教学原则是成功融合的必经之路。

（1）实战性原则。众所周知，商务英语是一门集语言与专业知识于一体的学科，非常重视实际的应用。现阶段，我国各英语专业虽然都开设有口语课，并且通常是外教任教，但题材却常常局限于一些生活用语，与商务联系不大，对学生实际运作能力的培养更是几乎没有。不能将英语学习置于真实的商务场景中，在一定程度上直接导致了商务英语专业毕业的学生很难达到预期的教学目标。实战性原则要求导入的文化内容与学生所学的语言内容密切相关。那些课堂上教授的商务文化知识，在学生同以英语为母语的使用者进行商务交往时，应起到其交际辅助桥梁作用，而不是孤立的、枯燥的教说。

（2）特色性原则。当前我国商务英语教学，在一定程度上仍普遍存在着质量低、无特色的缺点。国内对学生、教师的评价体系还处于“应试”教育阶段，缺乏对学生个人及学习效果全面、科学、客观、公正的评价标准，结果造成了大学英语教学以研究考题为教学主体，以考试为教学目的，从而直接生成了为考而教、为考而学的应试教育，这必将会在一定程度上阻碍循证教学法的实施，从而阻碍了学生英语实践运用能力的提高。学生为挣学分而学习，为考试而看书的现象还很普遍。这种模式是无法培养出能够适应国际竞争的人才的。在经济全球化时代，仅仅掌握书本知识是远远不够的，我们更需要的是应用、是创造。

2. 形成商务语用能力是商务英语知识学习的终极目的

学习英语知识是为培养学生的语言运用能力服务的，提高学生的综合英语运用能力，使他们将来能够在工作、生活中利用英语获取信息、进行交流、陶冶性情，掌握英语这一交际工具是他们学习英语的最终目标，也是学习英语知识的终极目的。

因此，商务英语的教与学应该在这两个方面全面发展和提高学生的素养，而不能局限于我们传统的教学重点，即语言知识和语言技能。语言知识和语言技能是综合运用语言能力的基础，且一直被广大师生所重视。重视语言知识和语言技能无疑是正确的，但不够全面。基础教育的任务是为学生全面发展和终身发展奠定基础，因此，仅有语言知识和语言技能不能满足学生全面发展和终身发展所需的外语素质需求，我们还需要在情感态度、学习策略和文化意识等方面对学生进行教育和培养。

学习策略是提高学习效率、发展自主学习能力的先决条件。帮助学生学会制定适合自己的学习策略，不但能帮助他们提高学习效率，而且能帮助他们树立自主学习的意识，养成自主学习的习惯，从而发展他们的自主学习能力。同时，在制定、调整自己的学习策略和规划学习的过程中，他们逐步学会规划自己的生活与人生。

第二节 商务英语教学中的语言观

英语教学的内容是一种语言，如何教语言必然涉及人们对人类语言和语言活动本质的认识，即人们的语言观，它直接影响到具体教学原则的制定、教学方法的设计等。英语语言运用能力涵盖多方面。综合语言运用能力的形成建立在语言技能、语言知识、情感态度、学习策略和文化意识等素养综合发展的基础上。

一、商务英语语体分析

商务英语是在国际商务活动中使用的语言。所用词语要保证其国际通用性，为双方所接受，词语选择要规范和正式，不能过于口语化，过于非正式。因此，应使用正式规范的表达方式，如 on the grounds that，with reference to，in the event/case of，in the nature of，for the purpose of 等，而不用过于简单化、口语化的某些介词和副词，如 because，about，if，like，for 等；应使用一些正式的动词，如 continue，supplement 等，而不用口语中常常使用的动词或短语，如 go on，add to 等。

语体关注的不是在某种场合人们“说什么”或“写什么”，而是关注人们“怎样说”或“怎样写”，即人们在某种场合典型的选择哪些语言成分。商务英语是指人们在商务背景下所使用的英语，它并非一种特殊的语言。它只是人们在商务活动这一特殊领域中，在商务活动的性质、内容、形式以及规范等因素的影响与约束下，在语言结构的使用与词汇选择方面具有了较强的倾向性和限制性。这些语言结构倾向性与词汇局限性形成了数量相当的商务英语固定表达模式，从而使商务英语具有了鲜明的语体色彩。

二、商务英语语体分析的方法依据

在商务英语教学中，学生首先应当了解和掌握的是商务英语语体的一般特征，这是学习商务英语的基础。相对于一般社交语体，商务英语语体通常比较正式，尤其是在书面语当中。判断一种语言的语体特征，靠的是语体成分的辨识。在语言使用中，不同的语言成分（有的意义相同或相近，有的并不相同），经过领域、格调、方式这三方面语境的过滤，传递着相同的信息，这些语言成分被称之为同义成分，它们之间的区别仅在于它们各自的语体色彩。这些具有“同义性”的同义词语是构成“语体成分”的基础。因此，要了解一种语言的语体特征，就是要尽可能地揭示各种各样的语体成分。英语语言中，句子的长短、从句的使用数量、省略句的使用数量、短语的使用数量、正式与非正式词语的使用数量都能成为语体成分。我们只有在商务英语中找出尽可能多的语体成分，将其进行比较与分析，才能充分说明其语体差别的语言实质。此外，值得注意的是，英语语言使用中，不仅不同“意义”的词语能传递相同的“信息”，相同“意义”的词语也能传递不同的“信息”。因此，揭示语体成分既是“揭示跨语言层次的同义词和结构”，也是“揭示语言使用中经过推理所得出的同义词语和结构”。鉴于语体成分是以语言层次分析所得出的结构特征（表现于语音、语法、词汇的一些特征）为依据的，那么商务英语的语体分析也应从语言层次着手。

因此，商务英语与普通英语或共核英语相比，在语音方面没有什么特殊性，但是在语法结构表达式上有较强的倾向性，在词汇运用方面有较明显的局限性，呈现了较强的语体特征。这些特征可以被概括为三点，即正式性、专业性和程式性。在商务英语的语法结构和使用词汇范围两个方面有许多相关语体成分展现，通过对这些语体成分的收集与分析，可以清楚地描述商务英语的正式性、专业性与程式性语体特征。

三、语法结构层面的分析

从语法结构来看，商务英语具有很强的正式性语体特征，这和科技语体与公文语体有着许多相似之处。

（一）句式完整，结构复杂

商务英语文本中的句式比较完整，变化较少，完全句多，省略句少；长句多，短句少；多使用符号、公式和通用的缩略语。这些都是正式文体的特征。由于商务英语主要用于传递商务信息、陈述商务事实，既然是涉及商业金融要务，语言自然应该端庄得体，叙述也应全面严谨，富有逻辑性。所以在商务英语中，主从复合句、同位语、插入语的使用率也比较高。一些可以表示逻辑关系有助于叙述、归纳和概括的词，如 accordingly，however，on the contrary，consequently 等经常会被用到。此外，商务英语文本不大需要激发读者的感情，因此基本上不使用感叹句、反问句等，也很少使用夸张、拟人、借代、比喻等修辞手法。

（二）结构严谨，信息丰富

商务英语文本具有结构严谨，信息丰富的特征。为了追求信息量的丰富，

常用简单的缩略语来表达复杂或专业性的内容，句子中也常出现动词非谓语形式（现在分词，过去分词，动名词和不定式）的使用。但独立结构却较少使用。例如，There are several items of commission not yet paid.（有几笔佣金尚未付清。）

（三）句式格式化

商务英语文本中，有许多已形成了固定格式的句型，这些句型不是语法结构意义上的唯一选择，但却是不可更改的表达式，常被用来表达专业内容。这些约定俗成的格式也形成了商务英语的一大特点。

例 1：Welcome to our hotel（restaurant，shop）

译文：欢迎到我们宾馆（餐厅、商店）来。

例 2：I hope you will enjoy your stay with us.

译文：希望您在我们宾馆过得愉快。（客人刚入店时）

例 3：I hope you are enjoying your stay with us.

译文：希望您在我们宾馆过得愉快。（客人在饭店逗留期间）

例 4：I hope you have enjoyed your stay with us.

译文：希望您在我们宾馆过得愉快。（客人离店时）

例 5：With reference to our order for...we are pleased to advise that，after the contract is signed，we shall open with the Bank of China here a confirmed irrevocable letter of credit at sight in your favor，negotiable against your documentary draft at sight drawn on us. The L/C will reach you no later than one month before the stipulated time of shipment.

译文：关于我方洽购之事，现通知如下：合同订立之后，我方将委托此间中国银行开出保兑的不可撤销即期信用证，凭贵方即期跟单汇票议付。该信用证将不迟于规定装运期前一个月到达贵方。

在上述例句中，with reference to 是一个常用固定开头语，而随后的有关信用证及其支付方式的一切描述，其中包括保兑的（confirmed），不可撤销的（irrevocable），即期的（at sight），跟单的（against documentary），议付的（negotiable），由中国银行开出的（open with Bank of China）等诸多说明语的排列也有一个固定结构，如果使用其他的语序来表述就缺乏规范性。

四、词汇层面的分析

商务英语属于专门用途英语范畴，它有一个独特的语域。语域不同于方言。方言是根据使用者本人运用语言时的特征区分的；语域是根据语言使用者在运用语言时所要求完成的功能来定义的；所以当我们把语域与标准语言的规范比较一下，便可发现许多偏离现象。最明显的是，在使用领域中的专门词汇相当多。此外，商务英语使用的词汇也常常属于正式类别。具体从词汇使用选择方面来看，商务英语具有以下语体特征：专业性与次专业性词汇丰富。商务英语是在商务背景下所使用的英语，其涉及面很广，包括经济、贸易、保险、运输等诸多方面。因此，商务英语中包含了许多专业术语则是必然的。就词义而言，专业词语的意义是相当狭窄的，比如insurance（保险），carton（纸板箱），transit（运输），consignment（货物）等词汇，词义单一，在句子中的意思很明白，易于理解。而次专业词汇则不然。所谓次专业词汇，指的是那些在不同的场合与不同的专业中，有着不同意义的词。这些为人熟知的词汇，在商务英语中却有着独特的内涵。比如order指“订单”，而不是“命令”。offer是“报盘”，意指向潜在的买家报出货物的规格、价格及运输条件等信息而不仅仅是“提供”的意思。

根据商务英语的用途来看，商务英语是专门用途英语的重要分支，具有实用性、专业性和目的性的特点，为广大从事国际商务活动的人所认同和接受。因为商务英语有其自身的语言独特性，在其词汇使用上表现尤为突出，主要表现出专业性、时代性、交叉性、简洁性等特征。翻译商务英语词汇时，应从套语翻译、词类转换、被动语态、文化差异等方面考虑。要准确娴熟地掌握和运用商务英语，除了具备扎实的英语基础知识外，还应该从语言的特殊角度，了解商务英语的词汇特征，不断实践和总结商务英语的翻译方法，学习相关商务知识，熟悉商务活动中各环节的操作流程，关注国际经济发展动态及各国文化差异。

总而言之，属于专门用途英语范畴的商务英语具有鲜明的语体特征。了解商务英语的语体特征，正确发挥它的语言功能，准确把握它的语域偏离范围，是学习商务英语的一个重要方面。同时，对于教师来说，也应该明白教语言的真正目的是训练学生讲语言的能力而不是谈论语言的能力。这很清楚地表明了语言教学的主要目的，即训练学生们在使用外语时的交际能力，而不是让学生了解语言是如何组织起来的。在商务英语教学中，始终应该贯彻活学活用的原则，应该教专业的语言，学地道的行话，练得体的表达，这才是最重要的。

第三节 商务英语教学中的商务观

商务英语主要是英语语言教学和商科专业知识教学二者的结合，涉及营销学、经济学、金融学、会计学和管理学等许多边缘学科的知识。商务活动涉及对外贸易、技术引进、招商引资、对外劳务承包、商务谈判、经贸合同、银行托收、国际支付与结算、涉外保险、海外投资、国际运输等范围。为了准确描述商务活动的各个环节以及与此相关的各类单据、协议和合同，商务英语中必然使用表意清楚的专业术语。所以在我们的商务英语教学过程中课程的教学是培养学生商务观的主要途径。

一、商务英语教学的课程要求

商务英语教学的课程设置应包括商务专业课程，英语课程及文化课程。由于商务英语的教学不仅仅是语言及专业的问题，还应考虑到对学生商务文化意识的渗透，因此学生首先要学好英美国家的文化，包括它们的政治、经济、历史、教育体制、宗教习俗、风俗习惯等。本课程着重对学生进行商务英语知识的训练和应用，培养口笔表达能力、涉外交际能力，使学生通过反复训练，养成用英语思维和语言表达的能力。

二、商务英语的教学思想

（1）基本理论：包括一般语言观、商务观、人文观及相应的规律、模式、原理。

（2）基本知识、基本理论的应用：包括商务英语的教学方法、方式，各种类型的教学手段、技术的运用和使用，以及有关的道理和说明等。

（3）基本实践：指初步把商务英语教学基本理论和基本知识应用于商务职场教学中的尝试。主要形式是情景模拟、表演、讨论、电脑操作等。

（4）基本操作：指商务英语教学中的技艺性或技术性的活动。如教学中每个项目中的具体任务的整体设计和构思等。

（5）专业思想：商务英语教学内容涵盖面宽泛，它包括人力资源、企业管理、市场营销、金融、国际贸易等各个领域的内容，掌握这些知识的深浅度以及所学知识需要的思想修养、文化修养等。

三、商务英语教学中的课程内容

在以学习者为中心的专门用途英语教学中，课程总的目的是满足学习者的两种主要需求——语言学习者的需求和语言使用者的需求。关于商务英语教学中的课程内容，因为全国对商务英语的学科地位和商务英语的人才培养模式还没有一个完全统一的定论，所以不同学校根据自己对商务英语的理解以及自己的教师资源情况，存在着各自为政的局面，下面仅以浙江金融职业学院《商务英语》这门课程的设计为例来说明商务英语教学中的商务观，具体如下：

（1）授课对象：商务英语专业学生。

（2）课程类型：商务英语专业的核心课程。

（3）课程性质：商务英语是高校商务英语专业学生的职业必修课程。

本课程的目的在于使学生通过商务英语的学习和实践以获得从事各种商务活动的知识，它包括人力资源、企业管理、企业文化、商业道德、商业环境、电子商务、市场营销、广告、金融、投资、银行业、国际贸易、保险物流、商务策略等各个领域的内容，培养学生的交际能力和处理经贸实务问题的能力，以适应社会对外贸从业人员的素质要求，寻求语言能力的培养和商务英语知识学习的最佳结合点，将语言知识、交际技能、文化背景知识和商务知识融为一体。具体涉及以下几个方面：使学生掌握基本的商务英语知识和实践技能；使学生具有一定的表达和交际能力；培养学生的英语思辨能力和商务涉外能力，为学生营造各种话语环境，使他们能够把所学的知识运用于各种日常交际活动和商务活动中。

（4）课程目标。

1）课程总体目标：为外经贸和涉外企事业单位培养具有开阔的国际视野、扎实的语言基本功、系统的商务知识、较强的跨文化交际能力和较高的人文素质的应用型商务英语专门人才。在知识结构方面，要求学生熟悉商务概论、市场营销、人力资源、企业管理、物流和国际贸易方面等基础商务理论。在能力方面，注重培养学生的语言应用能力、商务实践能力和跨文化沟通能力。同时，提高学生的社会责任感、团队协作精神和道德情操。

2）理论目标：通过本课程的学习，掌握西方经济学、国际商法、管理学、人力资源、物流、国际贸易、国际金融以及跨文化交际等方面基础商务理论。能运用商务和跨文化知识，从事各种商务工作。

3）实践技能目标：能用英语和所学的商务知识进行对外沟通和交流，能参与各种商务会议和讨论，从事各种商务活动。

4）素质目标：提高学生的社会责任感、团队协作精神和道德情操。坚持以人为本、全面实施素质教育是教育改革发展的战略主题。对高等教育来说，核心是解决好培养什么样的人、怎样培养人的问题；目标是培养全面发展的社会主义建设者和接班人；重点是提高学生的社会责任感、创新精神和实践能力，推进思路是坚持德育为先、能力为重、全面发展。

（5）课程功能：本课程的功能在于使学生通过商务英语的学习和实践以获得从事各种商务活动的知识，寻求语言能力的培养和商务英语知识学习的最佳结合点，将语言知识、交际技能、文化背景知识和商务知识融为一体。

（6）课程特色：以专业为依托，体现学生未来职业特点，依托学生所学专业，淡化语言自身体系，拓展学生的英语职业能力，突出专业性。

（7）课程设计理念：本课程的设计核心理念是构建“以工作过程为导向的项目化教学的任务驱动课程模式”，围绕这一中心，重点做好以下几方面的设计：

1）课程设计指向实际工作过程需要，而不是学科系统。教学内容的选取主要来自企业单位的外贸工作、涉外文秘工作、宾馆旅游工作、企业管理、人力资源等，实际内容和工作过程、工作步骤、工作方法的知识为主。

2）以实践作为课程教学的主线，通过实践带动知识与技能的学习，提高学生的社会责任感、团队协作精神和道德情操以及职业态度的养成。教学体系完全打破原有课程单元体系，按照教学项目安排，项目的设计以商务英语的外贸工作流程核心为载体。

3）作为商务英语课程，实训中没有可以操作的设备，工学结合很难实施，所以在教学过程中采用情景模拟方式，进行角色表演，完成虚拟工作任务。

4）全部教学按照项目下的任务进行，一个完整的项目通常包括几个任务。每个任务中又包括：工作任务书、学习指导书、教材与教案、课外补充相关专业阅读资料、课内外作业、任务完成与学习评价等。

（8）课程设计思路：课程设计应遵循以下思路进行，课程所对应的项目中的任务—任务中的职业能力分析—创设分解具体的工作任务—情境岗位角色表演—配置学习资源—完成教学工作任务—总结评价—巩固提高（课程综合实训）—实际应用（顶岗实习）。

（9）本课程与其他课程之间的关系。

1）本课程与《商务英语听力》《商务口语》《商务写作》《商务英语翻译》《商务英语阅读》《求职英语》互相依存、互相补充，缺一不可，本课程重在突出专业性。

2）与其他课程前后衔接的逻辑关系处理得当。本课程在第三学期开设较好，建议开设一个学年，共134学时，内容为学生所学的专业英语，培养学生的职业英语应用能力。前面已经开设的商务英语课程有：《英语精读》（已经结束）、《商务英语听力》和《商务口语》（继续开设）、《商务写作》（已经结束），为学生综合专业知识的学习打下一定的基础；平行课程应该有《商务英语翻译》《商务英语听力》和《商务口语》；后续课程应有《高级英语视听说》和《求职英语》。本课程主要是对学生职业能力培养和职业素养养成起提升作用，与学生原有英语基础课程和专业课程以及后续专业课程衔接得当。课程内容适合高职学生英语认知发展顺序，同时符合职业岗位需求。

（10）采用的教学方法。俗话说："教学有法，教无定法。"这句话首先告诉教师在教学上是有法可循的，其次也告诉教师在教学上是没有固定不变的方法的。所以教师在教学过程中要遵循教育教学规律，根据不同的教学内容，针对不同的教学对象，采用不同的教学方法。教师在教学方法的选取上也不要因循守旧，要大胆改革、不断创新。

第四节　商务英语教学中的人文观

一、人才培养模式的合理构建

在制定人才培养模式时，要体现鲜明的时代性、区域性和层次性：①商务英语专业人才培养模式的建构，必须以社会需求为前提，以就业为导向，了解行业的人才结构现状、人才需求状况、岗位对知识能力的要求和学生就业去向等，注重培养人才的实用性和创新性。②商务英语专业人才培养模式的建构，必须结合区域经济发展趋势，掌握因为区域经济、社会发展给商务英语专业人才需求可能带来的变化；结合区域经济特点，科学地进行人才预测，为专业建设和改革提供方向。③商务英语专业人才培养模式的建构，必须考虑到高校自身学生的能力层次。根据学生的能力水平制定相应的人才培养模式，不能一味照搬其他院校商务英语专业的已有模式。

二、商务英语专业人才的培养目标

商务英语专业人才的培养目标是为外经贸和涉外企事业单位培养具有开阔的国际视野、扎实的语言基本功、系统的国际商务知识、较强的跨文化交际能力和较高的人文素质的应用型商务英语专门人才。在知识结构方面，要求学生掌握英语语言学、文学、文化等人文知识，熟悉经济学、管理学、金融学和国际贸易方面等基础商务理论。在能力方面，注重培养学生的语言应

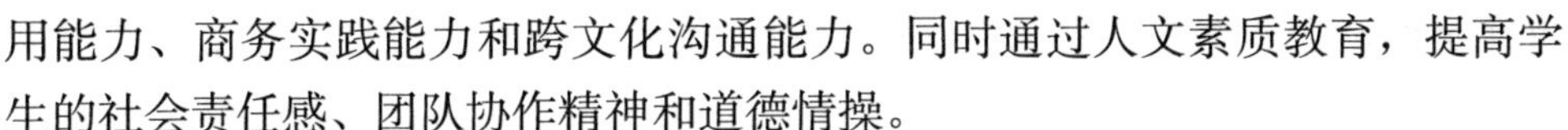

用能力、商务实践能力和跨文化沟通能力。同时通过人文素质教育，提高学生的社会责任感、团队协作精神和道德情操。

就商务英语专业而言，除了语言、商务的知识和能力要求之外，人文素质教育应该注重培养学生的人文意识，遵循人文方法，扩大人文知识，增强人文才能，提高人文素养，促使他们在跨文化交际的活动中，秉承人文精神，彰显出文明、科学、爱国、求真的健康品格和蓬勃向上的精神风貌。

三、商务英语教学中的人文观的意义

（一）建设人文环境的意义

苏霍姆林斯基说："在学校走廊的墙壁上、在教室里、在活动室里——经常看到的一切，对于精神面貌的形成具有重大意义。"校园里的一幅图画、一句名言、一个独特的装饰，一切文化设施都应向学生展示着真善美的内涵，体现其育人的功能。高等学校要着力营造人文氛围，培育和建设人文环境，这对于注重实用性和应用性的商务英语专业来说尤其重要。人文环境取决于学校管理者、教师和学生的认识与投入。管理者要树立人文与科学素质教育同等重要的办学理念，通过各种文化、学术活动，培育人文性校园文化。教师与学生通过互动的教学活动，活跃课堂的人文气息，唤起学生的人文意识，为人文素质教育创造条件。

（二）具备人文意识的意义

人文意识是人文素质教育的先导，只有具备较强的人文意识，才能主动接受人文素质教育，因此高等学校要有组织、有目的地开展各种活动，提高和强化人文意识。人文意识表现在感性和理性两个层面，前者表现在个体的为人处世方面，理解、尊重、关心和爱护别人。后者表现出对人类的忧患意识和终极关怀。就商务英语专业而言，就是"知彼知己"的文化意识，主动了解、辨析、体察中国和英语国家之间的文化差异性，增强对文化冲突的心理预期，培养处理文化差异的灵活性。

（三）学会人文方法的意义

人文方法是具有个体性特征的方法。商务英语教学方法不是固定的，而应该结合教师和学生的特色形成的方法。商务英语教师在教学过程中要充分认识到学生的个体性和差异性，采取因材施教的教学方法。人文方法表明了人文思想是如何产生和形成的。学会用人文的方法思考和解决问题，是人文素质的一个重要方面。与科学方法强调精确性和普遍适用性不同，人文方法重在定性，强调体验，且与特定的文化相联系。获取不同的人文知识需用不同的人文方法。教师不仅要传授学生人文知识，更重要的是要传授获得各种知识的人文方法。

（四）掌握人文知识的意义

人文知识有助于修养人文精神，但不等于人文精神，人文精神乃是一种付诸实践，以人为关注点的理念，其基本特点是立足于现实生活，放眼人和社会的未来发展。人文知识是提高人文素质的基础。人文知识有广义与狭义之分。广义的人文知识是人文科学知识的总和。狭义的人文知识就是中国和英语国家人文科学的基本知识。商务英语专业的学生要熟悉中国的哲学、历史、文学、艺术、伦理学和宗教学等文化传统和现代知识，能够在跨文化交流中传播和弘扬中国的传统文化。同时，熟悉英语国家人文科学发展的重大成就，尤其是它们的历史、地理、文学、哲学、艺术等方面的知识，在相互交流中取长补短、共同进步。人文知识是转化人文才能的前提和基础。

（五）提升人文能力的意义

人文能力是人文素质教育的关键和目标之一。它主要指利用所学的人文知识解决实际问题的能力，即“盘活”所学的人文知识，有效开展跨文化交际的能力。通过阅读人文经典，提高自己的形象思维能力、批判赏析能力、分析与综合、抽象与概括、多角度分析问题的思辨能力。通过参加人文实践活动，培养创新思维，并在发现问题、分析问题和解决难题的过程中发展创新能力。人文能力还包括具有较强的汉语口头和书面表达能力，熟练掌握中英文各种应用文的写作。

（六）提倡人文精神的意义

人文精神是一种人类的自我关怀，具体表现在对人的尊严的维护，对个人价值的追求，对命运的关切，对人类文化遗产的珍视，对理想人格的肯定和塑造。人文精神是人文素养的集中体现。培养和提倡人文精神，就是要有正确的人文理念，树立正确的价值和意义体系，塑造文明、开放、民主、科学、进步的民族精神。将人文精神内化成正确的世界观、人生观和价值观，同时外化成爱国主义、集体主义、求真务实和勇于创新的实际行动。人文精神既抽象又具体，贯穿于人文素质教育的始终。

（七）培养人文素质的意义

人文素质是指通过学习人文知识、掌握人文方法、处理人文事务和人文

关系而内化成的持久的以人为本的精神和品质。人文素质和科学素质兼备是对现代人才的要求。除了身体和心理素质、思想道德素质、业务素质之外，大学生应该注重人文素质的培养，通过阅读人文经典、参加各种人文活动，提高自己的想象力、批判思维能力和创新能力。对于教师而言，应该通过改进教学内容和方法，帮助学生透过表象的语言符号，看到语篇框架支撑下隐含的丰厚的文化信息，体验其中意味深远的人文意义。

（八）人文素质教育体系组成要素的相互关系

人文环境是条件，人文意识是先导，人文方法是手段，人文知识是基础，人文才能是关键，人文素养是目的，人文精神是核心，它们之间相互作用和对立统一的关系，共同构成了人文素质教育的体系。

四、商务英语教学中人文素质教育的途径

（一）以人文教育为突破口

许多专家认为，教学改革的当务之急是要改变现在的课程设置和考试办法，不要让孩子只知道“头悬梁，锥刺股，死读书，读死书”。他们指出，教育改革的关键在于使全社会认识到，学生教育的目的不只是让学生掌握必要的知识，更应该提高学生整体素质，特别是他们对于人生意义和社会责任这些根本的问题要有比较深入的思考。学校要在这些方面深入研究，选择合适的内容和方式引导和帮助学生形成正确的观点。如果学校只强调知识教育而忽视了人生课程的引导，那么培养出来的只是一批文字或者数字机器，而不是准备进入社会的预备人才。培养具有文化修养、基本综合能力较强的复合型人才，应将人文素质教育置于基础性、先导性的突出位置，多元化地开展人文教育，以课程设置为依托，以课外文化为辅助。

（1）建立人文教育培养模式，改革人文教育教学方法，拟订教学计划，开设人文课程，举办文学、心理学等方面的人文素质系列讲座，拓宽学生的人文科学知识面。通过建立多元化的人文素质教育模式，使学生具备职业基本素质。同时，人文类课程的教学应重新审视传统教学方法，明确确立学生在教学活动中的主体地位，尊重学生的自主精神和选择性要求，发挥学生的主观能动性。

（2）在教学过程中，大力推行以学生为教育主体的讨论式教学、辩论式教学、启发式教学、直观形象教学等多元教学方法，帮助学生将人文知识内化为人文素质。同时，教师要善于发掘各学科中真善美的内涵，以此作为人

文教育的素材，使人文素质教育贯穿于整个教育教学过程中。

（二）以加强校园文化建设为载体

随着高校教育改革的不断深化与发展，高校校园文化的组织形式将会发生极大的变化，特别是随着网络的普及，大学生了解社会的渠道、参与社会的机会都会大大增加，客观上为校园文化建设带来了新的机遇，同时也带来了新的挑战。校园环境是学校精神文明建设的窗口，是人文精神的体现，对学生全面素质的提高有着潜移默化的作用。通过加强文化创造和文化引导，优化教学环境，完善教学管理，丰富校园生活，从而创造和形成积极向上、健康有益的文化氛围，促进学生在良好的文化熏陶中健康成长，培养学生正确的人生观和价值观，提高学生的人文素养，促进学生实践能力和创新精神等基本能力的发展。

丰富的校园文化活动是拓宽学生专业知识面的有效途径，对于培养学生正确的审美理想、健康的审美情趣，提高对美的感受力、鉴赏力、表现力和创造力有着重要作用，是加强人文素质教育，提高学生基本能力的重要手段。

人文素质对于丰富学生的哲学思维、形象思维，进而提高创造力有着重要作用；对于提高学生的公共道德素质、职业道德素质、身心素质等起着关键性的作用。人文素质教育能培养具有高尚道德情操与人格修养、健康心理性格与价值取向、敏捷思维方式与处世能力等基本素质，以及作为一个现代职业人必须具备的包括语言表达能力、文字表达能力以及社会责任感、诚信度等职业基本能力的商务英语专业人才。

第四章 商务英语的教学原则

第一节 商务英语教学的基本原则

教学原则是根据教育教学目的，反映教学规律而制定的指导教学工作的基本要求。它既指教师的教，也指学生的学，应贯彻于教学过程的各个方面和始终。它反映了人们对教学活动本质性特点和内在规律性的认识，是指导教学工作有效进行的指导性原理和行为准则。教学原则在教学活动中正确和灵活的运用，对提高教学质量和教学效率发挥着一种重要的保障性作用。国际商务英语综合课程是指商务英语专业的精读课，其主要任务是传授英语基础知识和商务基础知识，培养学生的基本语言交际能力和商务操作能力，在不断巩固和丰富学生的语音、语法、词汇、修饰、商务术语等方面知识的基础上，加强熟巧训练，提高学生用英语进行思维的能力，从而获得听、说、读、写、译全面发展的技能。因此，本课程也被称作综合实践课，它具有独特的规律和教学原则。深入探讨国际商务英语综合课程的教学原则将对提高教学质量有很大的益处和帮助。

一、交际法教学原则

众所周知，语言是交际的工具和手段，交际才是学语言的目的。在外语教学中，交际不仅是目的，而且还是手段，只有通过大量的有效训练，外语才能成为学生的交际工具。要贯彻执行好交际性的原则，首先应使学生在英语交际过程中逐渐养成用英语思维的习惯，尽量少用或不用母语思维。英语有着其很复杂且灵活多变的规则，表达每一句话都要考虑到词性变化、主谓关系、时态呼应、语态合适和固定用语使用等。如果学生习惯于用母语思维，然后再将其意思转换为英语，这会严重影响和阻碍交际的实现。

二、以学生为中心的原则

商务英语课程的教学对象具有以下特点：①学生的专业背景与知识结构呈现多元化；②动机明确，积极性高，学习能力强；③思维活跃，充满热情，富有创造性；④具有一定英语语言基础及应用能力。总的来说，教学对象大多数具有自主学习者的特点，“对自身学习风格和策略有很好了解，对学习任务采取积极态度，愿意冒险，既注意形式又注重内容”。在教学实践中，充分把握学生特点、了解学生需求是教学实施的前提条件。主讲教师应在课程开始之初通过一定途径采集、分析学生的相关信息，从而使相关教学安排更具有针对性和有效性。比如，教师可在“介绍课（Introductory Class）”要求每位学生提交一份 1~2 页英文版“学生简况（Student Profile）”的 PPT，内容包括个人（如专业特长、自我评价）、家乡（如特色特产、知名企业）、课程（如动机、期望、建议）三方面的简要信息。教师通过对全班学生简况的分析，一方面能系统地把握其教学对象的特点与需求，另一方面还能初步了解学生的英语水平、意识能力等情况。此外，教师还可将全班学生简况汇编成一套 PPT 供随时查询或用于教学活动，这有利于增强教师对教学对象的了解和促进师生之间关系的良性互动。

三、教学内容的选择原则

（一）教学内容有重点

在确定了教学主题和单元后，教师需要对每一个选定单元里的各部分内容进行选取，分别用于教师课堂教学和学生课外自学。教材单元内容很丰富，包括听、说、读、写四大任务以及后续练习和词汇注释拓展等。因此，如果不对其进行选取和分类，教师、学生在教与学的过程中都会失去重点，甚至无所适从。课堂教学内容选取的重点应围绕课程主要目标，即培养学生进行口头（重点）和书面商务沟通与磋商的能力，所以选取口语任务、阅读任务、写作任务及后续练习中的口语练习部分，如角色扮演、演讲陈述作为课堂核心教学内容，同时在前后分别加入单元概述、商务知识技能讲解、单元小结等内容。至于单元的其他部分，可安排学生在规定时间内自学完成和消化。

（二）内容形式显特色

商务英语拓展课程作为大学英语后续课程，应凝练并体现出自身特色。具体来说，这个特色可以体现在两方面：一方面是新增了国际贸易专业（方

向）的知识与技能，另一方面涉及语言知识和语言技能部分的（课堂）教学内容和形式要与基础阶段的大学英语读写译、视听说课程有较大区别和提升。对每一个教学单元，教师都需要对教学内容和教学形式做到胸有成竹。能提炼出本单元最为核心的商务知识技能、商务英语表达和模拟应用训练。以选定教材的第七单元“建立商务联系”为例，结合单元内容、相关课件、商务活动实践需要以及学生特点，提炼出三项商务知识和技能、两类商务英语表达、两类模拟应用训练。通过提炼，商务英语拓展课程的特色才能得以展现：在内容上，商务知识技能与语言知识技能得以充分结合；在形式上，创设接近真实的商务情境，从而激发学习者参与模拟应用训练的积极性，在完成任务过程中去完成问题的理解、知识的应用和意义的建构。

四、教材的选择原则

教材选用于本科生课程目标的实现至关重要。商务英语课程的教材选用应遵循以下四项原则：

（1）全面性。全面性即包括国际商务（贸易）主要活动和环节。

（2）多样性。多样性即涵盖语言综合技能训练，突出口语技能培养，练习围绕单元主题内容，模拟现实商务交际情景，形式各异（包括对话、讨论、演讲及角色扮演等）。

（3）实用性。实用性即选题紧扣当今国际商务活动，提供大量真实和实用的语言输入和语言模仿机会，通过商务交际活动，既能掌握语言技能，又能学到商务知识，同时真正提高商务沟通能力。

（4）针对性。针对性即课程内容和语言方面针对中国学生及商务活动特点而设计，并充分考虑教与学的一般因素，力求快捷高效、重点突出且学以致用，配有教学课件和练习答案。实践中，教师一般通过选用经典教材、国家级规划教材来满足上述原则。

第二节 商务英语教学的多元统一性原则

一、商务英语的英语语言教学原则

语言是符号系统，是以语音为物质外壳，以语义为意义内容，音义结合的词汇建筑材料和语法组织规律的体系。语言是一种社会现象，是人类最重要的交际工具，是进行思维和传递信息的工具，是人类保存认识成果的载体。

语言具有稳固性和民族性。

根据 Halliday，Hutchinson 和 Waters 等人的观点，可以这样界定商务英语的属性：商务英语是专门用途英语（ESP）的一个分支，是商务共同体成员在从事商务活动时所采用的英语语言变体的总称，它并不是一种特别的语言，而只是英语在商务语境中的运用。

商务英语教学首先是一种体系教学，商务专业知识的学习是建立在语言基础上的。通过商务英语的学习和实践以获得从事各种商务活动的知识，寻求语言能力的培养和商务英语知识学习的最佳结合点，将语言知识、交际技能、文化背景知识和商务知识融于一体。商务英语教学则从商务活动出发，编排设计出实用性很强的教学内容，教学中突出商务活动中的英汉双语交流与公关沟通能力，词汇、语法、语篇教学是进行专业知识学习的基础，专业词汇的学习是建立在普通英语的基础上的，否则专业知识的学习就会有阻碍。教学目标是全面提高学生商务交流和应变能力，使学生具备清晰而准确的商务业务语言、丰富的商务理论和一定的实践经验，能与外商、同事、经理以及国内外客户进行快捷有效的沟通，完成产品销售等各种商务活动任务，或者从事商务活动的研究和规划工作。教学中要求学生掌握的英语词汇量一般低于主修普通英语专业的学生，但同样要求通过英语专业全国四级乃至八级考试。所以，商务英语教学首先是语言教学。

二、商务英语的商科专业知识教学原则

商务英语是专门用途英语中的一种。根据 Hutchinson 和 Waters（1987）的观点，从语言学的视角出发，英语按用途的不同可以分为通用英语（General English）和专门用途英语（ESP）两大分支，其中专门用途英语又分为科技英语、商务英语、社科英语三种类型。

商务英语教学是商科专业知识教学，因为商务英语教学的培养目标是：为外经贸和涉外企事业单位培养具有开阔的国际视野、扎实的语言基本功、系统的商务知识、较强的跨文化交际能力和较高的人文素质的应用型商务英语专门人才。在知识结构方面，要求学生熟悉商务概论、市场营销、人力资源、企业管理、物流和国际贸易方面等基础商务理论；在能力方面，注重培养学生的语言应用能力、商务实践能力和跨文化沟通能力，同时提高学生的社会责任感、团队协作精神和道德情操。其中理论教学目标是：通过商务英语专业的学习，掌握国际商务概论、管理学、人力资源、物流、国际贸易、国际商法、跨文化交际（国际商务文化与礼仪）、金融学方面等基础商务理论，能运用商务和跨文化知识，从事对外商务工作。除了商务英语教学的培养目

标是以学习商科专业知识为主要内容外，商务英语的课程特色是：商务英语教学以专业为依托，体现学生未来职业特点；依托学生所学专业，淡化语言自身体系，拓展学生的英语职业能力，突出专业性。这也说明了商务英语教学是商科专业知识教学。

三、商务英语的实践教学原则

商务英语首先是语言教学，因为它是建立在语言学习基础之上的。语言的学习过程本身就是听、说、读、写、译等五方面的综合，商务英语教学的实践技能目标是能用英语和所学的商务知识进行对外沟通和交流，能参与各种商务会议和讨论，从事各种商务活动。

实践是培养英语语言运用能力的有效途径。英语语言运用能力的形成需要基本的语言规则和词汇知识及其运用能力作支撑。但综合语言运用能力的形成与发展则需要学习者不断地进行语言实践。在模拟或真实的环境中，学习者通过大量的交谈、阅读和写作等活动，完成不同目的的语言学习操练或交际任务。在使用英语的过程中培养语言运用能力。商务英语教学体现了“做中学”，而“做中学”是培养语用能力的有效途径。

四、商务英语的人文素质教学原则

商务英语教学是综合性极强的教学，内容几乎包括了人文学科所有的内容。同时，商务英语的素质目标是提高学生的社会责任感、团队协作精神和道德情操。商务英语专业毕业生毕业后所从事的商业活动主要是国际贸易活动，这就必然涉及跨文化交际活动，在跨文化交际活动中必须彰显人文精神。跨文化沟通概念的来由，源于经济的全球化，国际的交流首先是文化的交流。所有的国际政治外交、企业国际化经营、民间文化交流与融合，都需要面对文化的普遍性与多样性，研究不同对象的特征，从而获得交流的成果。

（一）人文素质教育的内涵

人文素质，从广义来说指一个人成其为人和发展为人才的内在精神品格。

这种精神品格在宏观方面汇聚于作为民族精神脊梁的民族精神之中（爱国）；体现在人们的气质和价值取向之中（气节）。从狭义来说指人文（文史哲艺）知识和技能的内化，它主要是指一个人的文化素质和精神品格。

人文素质是关于“人类认识自己”的学问。“做人的根本在于品质培养”，发展人文素质就是“学会做人”，引导人们思考人生的目的、意义、价值，发展人性、完善人格，启发人们做一个真正的人，做一个智慧的人，做一个有修养的人。人文素质的培养起始于人性的自觉，注重人的心灵自悟、灵魂陶冶，着眼于情感的潜移默化。良好的人文素质表现为：追求崇高的理想和优秀道德情操，向往和塑造健全完美的人格，热爱和追求真理，严谨、求实的科学精神，儒雅的风度气质等。

具体说来，人文素质包括下述内容：

1. 具备人文知识

人文知识是人类关于人文领域（主要是精神生活领域）的基本知识，如历史知识、文学知识、政治知识、法律知识、艺术知识、哲学知识、宗教知识、道德知识、语言知识等。

2. 理解人文思想

人文思想是支撑人文知识的基本理论及其内在逻辑。同科学思想相比，人文思想有很强的民族色彩、个性色彩和鲜明的意识形态特征。人文思想的核心是基本的文化理念。

3. 掌握人文方法

人文方法是人文思想中所蕴含的认识方法和实践方法。人文方法表明了人文思想是如何产生和形成的。学会用人文的方法思考和解决问题，是人文素质的一个重要方面。与科学方法强调精确性和普遍适用性不同，人文方法重在定性，强调体验，且与特定的文化相联系。

4. 遵循人文精神

人文精神是人文思想、人文方法产生的世界观、价值观基础，是最基本、最重要的人文思想、人文方法。人文精神是人类文化或文明的真谛所在，民族精神、时代精神从根本上说都是人文精神的具体表现。人文素质是国民文化素质的集中体现。

随着现代科学技术和社会经济的发展，素质教育、终身教育、大教育观念的确立，人们已认识到在专业教学中渗透具有时代特点并符合中国国情的人文教育，必将有助于学生人格的完善，为学生未来的发展提供强大的精神动力和情感支持，最终培养出具有较高人文素质和健康高尚人格全面发展的创新型人才。

（二）人文精神与科学精神

人文科学是守护精神家园的科学，它赋予我们的行为以意义，用价值赋予社会经济发展以精神动力，是我们这个时代“最深刻的需要”（斯坦福大学校长查理·莱曼语）。这种“最深刻的需要”表现为；在市场逻辑起支配作用和科学技术具有巨大张力的时代，一个社会或一个人都会因缺少人文关怀而

缺少品位和失去自我，甚至会变得野蛮和疯狂，而人文科学能赋予社会、世界以方向、目的和意义。在我们的社会中，如果缺少人文的调适力量是不可能实现以人为中心的可持续发展的。

人文科学有着久远的历史，在人文科学中包含着“世界上最高的思想和语言”，轻视人文科学就等于轻视人类积累起来的伟大知识遗产。自然科学把握世界的认识方式是科学理性、工具理性和分析式理性；人文科学把握世界的认识方式是理解，是审美式理性。如果说自然科学认识活动追求的是“求真”和“合规律性”的话，那么人文科学的认识活动却在人们的直接目的追求中给以价值的考量，使之“合理”和趋“善”趋“美”。

人文科学给人以感觉的洞察力，它分担着人类知识能力的一半，从把握世界的方式来看，若抛弃了人文科学就等于抛弃了世界的一半。一个人只有同时具有科学素质和人文素质，它的活动才能体现“合规律性”和“合目的性”的统一、“真善美”的统一。在我们的时代，自然科学、社会科学、人文科学只有联合才能解决当今日益复杂和不确定的问题，才能为从根本上解决当前中国高等教育的弊端提供有效的帮助。

第五章 商务英语实践教学方法研究

第一节 项目教学法

一、项目教学法的发展及意义

项目教学法是美国进步教育运动的真正产物，其详尽清晰地界定首先是由美国教育家 Kilpatrick 在其论文《项目教学法》中提出的。“项目教学法（Project-based Teaching Method），在 20 世纪 70 年代，在北欧和中欧历经了伟大的复兴。许多当今的教育改革运动——“综合学校运动”（the comprehensive school movement），社区教育运动，开放课程和实用教学都用到了项目教学。在美国职业技术教育以及其他领域中谈及建构主义，探究学习，问题教学和设计教学时，项目教学被称为最佳和最适当的方法之一。“项目”的理念源于 17~18 世纪，法理学家的“案例分析”和行政人员的“沙盘演练”术语系出自其同类，与试验、案例分析和沙盘演练的相似之处在于都根源于职业的专业化；与试验、案例分析、沙盘演练的不同之处在于项目教学法不是经验性的、解释性的和策略性的学习，而是一种“建造”性的学习。

项目教学法是通过“项目”的形式进行教学。为了使学生在解决问题中习得一个完整的体系，所设置的项目包含多门课程的知识。项目教学法就是在老师的指导下，将一个相对独立的项目交由学生自己处理。信息的收集、方案的设计、项目实施及最终评价，都由学生自己负责，学生通过对该项目进程的了解，并把握整个过程及每一个环节中的基本要求。这是一种典型的以学生为中心的教学方法。

二、项目教学法的优势

在教师讲授、学生接受的传统的教学模式影响下，中国学生形成了严重的依赖性和惰性。这种性格的养成不但不利于学生的学习，对其以后的工作

也造成了障碍。项目教学模式，是一种实战型，没有现成的答案，需要师生共同参与、合作，而且结果又是未知的一种教学模式。教师也不再是传统意义上的讲授者，扮演的更多的角色则是“引导者”，帮助学生通过对项目的学习，了解现实商务工作环境、程序，对商务活动形成一个基本的概念。提出相关的问题引导学生独立思考形成自己的看法，促使全班同学参与到讨论中来，最终产生令人满意的学习效果。运用项目教学模式一扫传统教学呆板、单调的教学方式，能够激发师生间主动参与的兴趣，使学习变成解决一个又一个现实的任务，而且也有利于教师的反思性教学，是对师生能力的一次又一次的考验和提升。因此，学生会对学习充满热情，学习动力自然也得到提升。

三、项目教学法在商务英语教学中表现出的特点

国内学者将项目教学法嫁接到商务英语教学中，将商务英语专业教学直接与学习者将来的职业挂钩，商务英语项目教学就是针对相关的语言教学，使学生和他们将来的职业建立关系，给其任务，使其完成一些有职业价值的项目。总结归纳部分学者的观点，项目型教学法主要有下述特点。

（一）实践性

项目的主题与真实世界密切联系，使学生的学习更加具有针对性和实用性。

（二）自主性

提供学生根据自己的兴趣选择内容和展示形式的决策机会，使学生能够自主、自由地进行学习，从而有效地促进学生创造能力的发展。

（三）发展性

长期项目与阶段项目相结合，构成为实现教育目标而进行的认知过程。

（四）综合性

具有学科交叉性和综合能力的运用的特点。

（五）开放性

体现在学生围绕主题所探索的方式、方法和展示、评价具有多样性和选择性。

综上所述，商务英语教学落脚点还是语言的学习，通过项目的形式，在语言内学习过程中，学生自主学习的能力、社会交际能力、特定环境中语言多样性以及肢体语言和话语能力等都得到很好的发展，这些也都是语言阶段

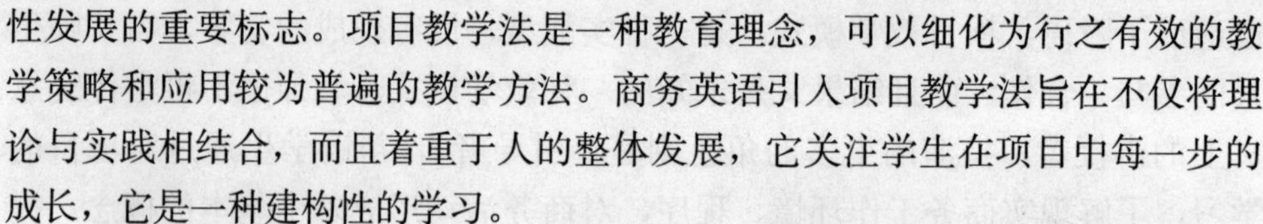

性发展的重要标志。项目教学法是一种教育理念，可以细化为行之有效的教学策略和应用较为普遍的教学方法。商务英语引入项目教学法旨在不仅将理论与实践相结合，而且着重于人的整体发展，它关注学生在项目中每一步的成长，它是一种建构性的学习。

在将商务英语作为一个有明显特征的语体的前提下，把商务活动的内容以项目教学的形式运用于课堂教学。因此它的主要特征除了前人所述，还有整体性和可迁移性。

四、项目教学法在商务英语教学中的适用范围

此类课程是商务英语专业的必修主干课，属于本专业方向的专门知识和技能类课程，要求学生掌握专业课程的基本概念和运用技巧，突出培养学生获取知识的能力、运用知识的能力、发现问题的能力、分析问题的能力、独立解决问题的能力和创新的能力，并结合专业课学习培养学生的商务决策能力。例如，在邮件中尽量不要使用“I want”（想要）表示要求，“I would like”显得更尊重对方，“I am interested in”（感兴趣）也是提出请求建议或寻求意见的比较好的选择。在工作中积极的态度可以将自己的热情充分表现出来，如：“I’ d be happy to do that.”（我很乐意做）或者使用问句表现自己愿意承担更多的责任，如：“Is there anything else you'd like me to do ？ ”努力工作是一个方面，如果能做到既能干又有效率，会得到别人更多的欣赏。比如，“I'll get right on that.”表示会马上开始着手处理。或者是“I’ll get that to you by 6 p.m.”告之他人一个具体的时间，会让自己的话更具信任度。

在实际教学中，教师可以把以上举例融入项目中，设计出有趣的现实的问题做引导，例如：English a Boss Like to Hear（如何讨老板欢心），然后利用工作中的实际场景，进行讲解。

五、项目教学法在商务英语教学中的实施

运用项目教学法，使其在商务英语教学中对语言发展起促进作用，主要促进语言系统的发展变化。在当前，关注个体语言发展吸引了大部分人的注意力，人们通常会对语言的各个组成部分进行分析对比研究。例如：语言、词汇、语法、句法等。然而，因为语言系统本身处于不断变化发展的过程，它会随着时间的推移，以及社会环境、遗传因素、个人不同的背景等很多因素的影响发生改变。项目教学法用于商务英语教学，就可以很好地克服这点。它不仅仅强调建构主义中人们对知识的建构，强调认知、情感以及社会文化等因素的共同作用，同时也不排除以华生和斯金纳为代表的行为主义语言发

展观点，承认语言的学习需要靠不断地模仿和练习。

特殊语境下的商务英语语言变化过程主要体现为特定语言与日常语言的转换。在真实的项目设计中我们需要考虑不同身份的差异（年龄、性别、地位、心理特征等）。因而，要从心理语言学的角度出发，探讨商务语言模式、语言生成与语言理解两者的相互作用，从而揭示商务人士内在心理变化过程，描述商务语言的发展变化过程。

项目教学法所依托的复杂性思维范式要求在教学的过程中把系统的外语教学框架中的艺术因素与科学因素相结合；也必然是“技术性实践”与“反思性实践”相结合。教师必然是既注重语言的艺术魅力也注重语言本身的科学规律；也必然从传授语言技能的“技工”向反思外语教学的研究型教师转变。因此，无论单一的强调哪一种范式都会有所偏颇。企图用一元范式或二元范式来解读复杂的外语教学是行不通的。将项目教学法运用于商务英语教学，探究的不仅仅是简单、线性的因果关系，它关注的还有教学中的情境性、时间性、偶然性，以及在这一个特殊环境下复杂的教学活动和师生关系。

第二节 交际教学法

语言教学可以说是一项在教学理论或原则指导下教师指导学生解决问题的活动。教师的课堂教学活动都是在某种理论或原则的指导下进行的，教学的成功在于理论的正确指导，在于教师采用与理论相适应的教学手段，并根据学生的具体情况发挥个人的创造性。在目前高校英语专业中，商务英语是较为热门的专业方向，经贸英语、国际商务英语、外贸函电、外贸实务、商务谈判等都属于商务英语类课程范畴。英语专业中开设此类课程能更好地满足社会对外语类复合型人才的需求，这也是英语专业教学改革的方向。与英语专业中的其他课程相比较，商务英语类课程最大的特点是语言技能与专业知识的密切结合，这一特殊性决定了教师在教学中既要注重培养学生的英语语言技能，同时还应讲授商务专业知识，这无疑对英语教师提出了更高的要求，使教师觉得教授此类课程有较大的难度。此外，为了能取得理想的教学效果，达到预期的教学目标，该如何运用某种教学理论的指导，采用何种教学手段，这也是教师们苦苦思索和探求的另一个重要问题。

一、交际法的内涵及其主要特点

交际法（Communicative Language Teaching Approach），又称功能一意念法（Functional-Notional Approach）或语意一意念法（Semantic-Notional

Approach），它是一种既培养学生语言能力又培养其交际能力的教学法，其理论主要来自社会语言学、心理语言学和乔姆斯基的转换生成语法。交际法语言教学理论的最突出的特点是重视对学生语言交际能力的培养。它克服了传统教学法重形式轻内容、重语言系统成分学习而轻语言实际应用等方面的局限性，真正体现了语言的交际作用。

事实上，学习一门语言，最终目的就是为了交际，即用语言来传递、交流信息，表达思想感情。该理论的另一个特点是重视语言使用的恰当性。就是说，学习语言不仅仅是学习语言系统成分的正确用法，而且还应学会语言的使用场合，即在不同场景下如何恰当、准确使用语言。换言之，学习语言除了要学习语言规则，即语音、语法、词汇的各种规则，而且还应掌握其语用规则、各种文化词汇等等。交际法的创始人之一，著名的应用语言学家H.G. 威多森认为，掌握一门语言意味着掌握其词汇、句法，而且要会在语言交际中进行恰当的应用。该理论体现了现代社会对外语教学的目标要求。交际法是 20 世纪 70 年代在欧洲兴起的外语教学法，这一语言教学理论的确立，从不同侧面反映了随着社会经济、科技和文化的发展以及各国交往的日趋频繁，社会对具有交际能力的外语人才的不断需求。

二、交际法在商务英语教学中的应用

外语教学的任务是培养能在不同文化背景中进行交际的人才，这是外语教学的指导思想。商务英语教学也没有背离这一教学宗旨，从某种意义上说，商务英语教学对培养涉外交际人才的要求更高，也就是说，它旨在培养语言技能与专业技能相结合的复合型涉外交际人才，这也反映了当今社会对外语教学的新要求。在明确商务英语的教学目标任务后，接下来就是如何在正确、可行的教学理论或原则的指导下来实施、开展教学活动。如前所述，交际教学法语言教学理论正是在当今社会对涉外交际人才的不断需求这一背景下兴起并流行的，而且该理论的核心思想就是语言交际能力的培养。因此我们认为，交际教学法可以作为指导商务英语教学的语言教学理论。

（一）根据交际法教学原理，采用“分两步走”策略来组织、开展教学活动

商务英语最明显的特点是语言技能与商务专业知识的密切结合，这在客观上要求教师既要注重对学生语言技能的培养，强化学生的听、说、读、写、译等各方面的能力，而且还应重视商务专业知识讲授，使学生具有扎实的商务专业知识。交际法教学原理已经表明，语言学习不仅要学习语言的系统成

分，而且还应重视语言的实际应用。因此我们认为，在商务英语教学中，教师可“分两步走”来组织、实施课堂教学。“分两步走”主要是指把整个教学安排分为两个环节：第一个环节，即第一步，是指教师首先对基本商务专业知识进行讲解，比如对一些基本理论、基本概念、技术术语、专业词汇等进行介绍、分析，使学生能有较全面的了解。第一步应以教师为中心，教师必须用英语作为课堂语言，并详尽阐述、讲解专业知识。因此，教师不仅要有娴熟的语言技能，而且还应具备良好的专业素养。第二个环节，即第二步，是指教师组织学生并以学生为中心开展形式多样的课堂活动，进行各项语言技能及商务技能的训练，如专项讨论、案例分析、单证制作、模拟洽谈、辩论、口（笔）译练习等等。商务英语是应用性很强的一门学科或专业方向，具有很强的实用性和操作性，因此组织丰富多样的课堂教学活动不仅是必要的，而且是完全可行的。值得注意的是，在第二步中，教师应着力营造一种商务气氛，使各种操练能在一定的商务氛围中进行，以取得更佳效果。不难看出，这两步之间是密切联系，不可分割的，第一步应是第二步的基础和必要条件，第二步则是第一步的目的和归宿。“分两步走”充分体现了交际教学法对语言教学的要求，而且也使语言技能与专业知识融会贯通。

（二）根据交际教学法的客观要求，重视对商务专业基础知识及商务英语语言特征的分析

交际法是一种既培养学生语言能力又培养其交际能力的教学法。对语言的学习，掌握语音、语法及词汇的各种规则，可为语言交际能力的培养奠定扎实基础，因此对语言系统知识的讲解是符合交际教学法客观要求的。我们知道，商务英语类课程一般大都在英语专业的高年级阶段开设，学生已具备较扎实的英语语言基础，因此在这一阶段无须对普通语言知识进行精讲。由于在低年级阶段学生没有学过商务类课程，学生对国际商务基础知识、基本概念、操作环节了解很少，尤其是对一些技术术语、专业词汇及缩略词更觉得生疏，难以理解和掌握，因此教师应把某一商务领域的基础知识、操作流程、基本概念、专业词汇及术语的讲解作为重点，比如讲授国际货物贸易时，教师应就货物贸易的数量、品质、包装、唛头、价格、运输、保险、支付、检验、索赔、仲裁、不可抗力等内容作为一个整体系统讲解，并最终体现在一份国际货物销售合同之中，使学生从整体上加以把握。此外，商务英语有较为明显的语言特征，如用词规范、句子结构严谨、惯用术语及缩略词、套语频繁、法律文体等等，这是商务英语的重点和难点，也是与普通英语的不同之处。因此对于教师而言，在讲解语言知识时，不宜对普通英语的语言系

统做过多的精讲，而应重点分析、讲解商务英语的语言特征，尤其是对与商务英语中的常见用法极易混淆或令人费解的一些专业词汇、技术术语、习惯用法、缩略词等更应详尽分析、比较，讲清、讲透。下面仅就商务英语的专业词汇作一例析：频繁使用专业词汇是商务英语的主要语言特征之一。许多专业词汇蕴含深层的含义，是商务英语学习中的重点和难点。比如《国际贸易术语解释通则》中的有关买卖双方的权利义务划分、风险转移、运输方式、保险等规定最终体现在 13 个价格术语之中，而且这些价格术语又以缩略词形式出现，如 FOB、CIF、CFR、DAF 等等。作为国际贸易惯例，这些价格术语明确了买卖双方的权利和义务，并为合同履行、争端解决（如仲裁、诉讼）提供了依据。同样，国际贸易中的有关支付方面的各种规定亦包含在几个术语之中，如 L/C、D/A、D/P 及 T/T 等缩略词分别对支付的整个操作规程、适用范围作了详尽的描述，供当事人选用。此外，还有许多普通词用作术语的例子：

（1）We are sending you the offer subject to our final confirmation.

（2）Please establish the confirmed L/C 20 days before the date of shipment.

（3）The seller shall present the following documents required for negotiation/collection to the banks.

以上 3 个例句中的 offer，confirm negotiation 及 collection 是英语中常用的词汇，分别理解为“提供”“确认”“谈判”及“收集”，但在商务英语中这些词则通常作为专业词汇，分别含有“报价”“保兑”“议付”及“托收”的意思。与普通用法截然不同，这些词汇在商务环境中包含丰富的专业知识，如果不能理解其特定含义和特殊用法，就会影响商务活动的顺利进行，甚至导致严重后果。

（三）根据交际教学法的特点，强化学生的商业文化意识，增强对商业文化的敏感性

交际教学法的一个显著特点是重视语言使用的恰当性，即学会在不同场合恰当、准确地使用语言。这就要求在语言交际过程中，不仅要遵循语言的基本规则，如语音、语法及词汇的各种规则，而且还应把握反映深层目的语文化内涵的各种语用规则、交际风格及文化词汇的用法，以便使交际顺利进行。如前所述，商务英语教学主要是培养在涉外商务环境中进行交际的人才，因此我们同样应注意文化因素在涉外商务环境中对交际所产生的影响，尤其是不同的商业文化在这方面的作用。商业文化主要包括：国人们在商业活动中的经营理念、经营管理方法、商业心理、商业价值观等方面的内容。研究

者发现，不同国家的商业文化存在着很大的差异，在涉外商务交往中因商业文化差异所引起的商业文化冲突会严重阻碍商务活动的顺利进行。

1. 在经贸洽谈方面

在涉外经贸洽谈过程中，往往会因谈判人员的性格特点、谈判方式、行为举止及价值观等方面的差异引起商业文化冲突。事实上，不少谈判人员对经贸活动中所遇到的具体情况往往无意识地参照自己的文化价值观。例如，中国公司的商务人员见到外商时会递上一支烟。在中国，向客人敬烟是表示礼貌和友好，而在国外，特别是欧美国家有不少人反对吸烟，向客人敬烟反而是不礼貌的表现。因此，商务人员应避免“文化参照”，应适应异国文化差异。在商务谈判中，商务人员应熟悉别国的文化背景，把握谈判对方的性格特点，以便在谈判中处于主动的地位。

2. 在涉外商业广告设计方面

由于不同文化背景中的消费者的需求、消费心理、品位及爱好等存在着很大的差异，因而在涉外商业广告设计方面，也会面临诸多文化因素的干扰。这就要求广告设计者更多地了解异国文化背景，尤其对那些反映异国民族文化的语言词汇，即所谓的文化词汇有较深刻的理解。例如，在德国，“啤酒”一语有着丰富的文化底蕴，反映出该民族的饮食传统及消费爱好，它是广大消费者喜爱的饮料，德国啤酒有很好的声誉，因此一则奶酪广告，可以用一大杯起泡沫的啤酒来烘托主题，以迎合消费者的品位和消费心理；而在法国，如用一杯红葡萄酒来代替啤酒，则更能迎合消费者的心理，红葡萄酒为法国人所钟爱，具有悠久的历史。又如，在美国，一则广告的口号可以是："Don't spend a penny until you've tried."（试用前别花一分钱）。而在英国，“spend a penny”则有“got to see a man about a dog”（轻视某人）之意，因而不宜采用这样的广告口号。因此，一则成功的涉外商业广告取决于对异国语言文化的理解，唯有如此，才能更好地传递广告主题及广告信息，才能体现广告的商业功能。由此可见，对异国商业文化的介绍应是商务英语教学的重要组成部分，教师应注重对不同国家之间商业文化差异的分析，强化学生的商业文化意识，增强对商业文化的敏感性。

（四）根据交际教学法的内在要求，着力运用多种教学手段，强化学生的语言技能及商务技能

传统教学法片面强调语言系统成分的学习，而忽视语言的实际应用。而交际教学法不仅重视语言系统成分的学习，而且强调语言的实际运用，注重对学生交际能力的培养。交际能力培养是外语教学的目标和任务，是从事教

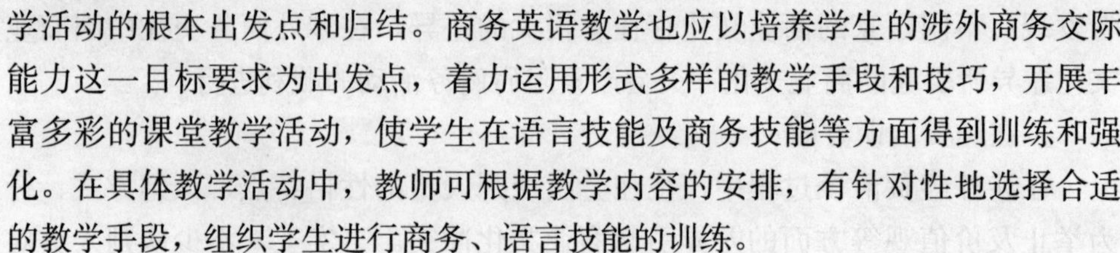

学活动的根本出发点和归结。商务英语教学也应以培养学生的涉外商务交际能力这一目标要求为出发点，着力运用形式多样的教学手段和技巧，开展丰富多彩的课堂教学活动，使学生在语言技能及商务技能等方面得到训练和强化。在具体教学活动中，教师可根据教学内容的安排，有针对性地选择合适的教学手段，组织学生进行商务、语言技能的训练。

常用的教学手段主要有以下四种：

1. 课堂辩论

教师有针对性地设计一些真实典型的案例，比如国际贸易中因当事人在货物质量、交货时间、货物运输、货物保险及价款支付等方面所引发的争端，以及在国际投资中因生产、管理、销售及利润分配等问题引发的纠纷等案例。教师可要求学生运用所学知识对所存在的问题进行分析，并提出解决方案。一般来说，解决争端的方法主要有协商、调解、仲裁及诉讼四种，而且对争端的解决会有各种不同的意见，因此教师可要求学生对不同的解决方案进行分析、辩论，进而认定何种方案更为合理、公正。此外，对一些教材中有争议的问题，尤其是某些理论上的争议，亦可让学生各抒己见，共同探讨。

2. 模拟洽谈

国际贸易及国际投资是国际商务活动的两个主要方面，而这些商务活动离不开洽谈这一环节，因此模拟洽谈既可培养学生的语言技能，亦可强化他们的商务技能。采用这种方法时，教师应事前选定合适的主题，比如订立销售合同、合资经营、委托销售、专利转让或许可等作为洽谈主题，然后将学生分成几个小组，并将“外方代表”“中方代表”“翻译”“法律顾问”等角色分配给学生，供其选择扮演，故这种方法亦可称为“角色扮演”。

3. 单证制作

单证制作是从事国际贸易必不可少的环节，单证在国际贸易中具有很重要的作用。例如：提单不仅是运输合同的证明，而且又是货物所有权的凭证；信用证则是银行付款的保证；其他单据如商业发票、形式发票、订单、装箱单、质量证书、原产地证、保险单及汇票等也都有其相应的作用。单据不仅体现了当事人的权利和义务，而且也是仲裁或诉讼时不可或缺的证据。因此让学生亲自动手制作单据是此类课程重要的实践环节，有利于培养学生的商务技能。

4. 野外作业

商务英语类课程的教学不应局限于课堂教学，教师应设法创造条件为学生提供现场观摩、考察及实践的机会。比如说，与企业、海关、商检局、港务局及银行等单位建立关系，作为学生的实习基地，并组织学生到这些单位

参观、考察和实习；此外，还可鼓励学生参加各类贸易洽谈会、展销会，直接与外商交流。通过亲自体验，无论在语言应用方面还是在商务操作方面，学生都会有新的感受和提高。

语言教学离不开教学理论的指导。教学实践证明，运用交际教学法不仅能提高课堂教学效果、活跃课堂气氛、培养学生兴趣、增进师生交流，而且能使学生在语言技能及商务技能等方面得到很好的锻炼和强化。由此可见，交际法是目前指导商务英语教学的一种较为可行的语言教学理论。

第三节 情景教学法

商务英语专业是商务知识与英语语言紧密联系的专业性学科，是培养面向社会的应用型技能培训课程。要求学生应具备扎实的商务知识、岗位基本技能和职业修养。模拟商务场景是学生检验知识储备、体验真实场景、进行人际交往的有效手段。采用情景教学法，创设模拟真实商务场景，在培养学生综合能力、提升岗位意识和职位能力中起到了非常重要的作用。

一、情景教学法的内涵

情景教学法（Situational Method）在 1950 年被首次提出，亦称为视听教学法（Audio-visual Method），指在教学过程中，教师根据教学内容引入或创设具有一定情绪色彩、生动具体的场景，以引起学生的表达兴趣，从而培养学生用英语理解和表达的能力。

情景教学法主要借助多媒体、图片、实物、故事、音乐、身体语言等方法结合课程内容创设教学情景，能较好地启发学生的形象思维，帮助学生理解、掌握具体的知识技能，以达到表达、行为与情感的一致。因其更加侧重听力及口语表达的训练，其区别于其他教学法的特点之一是在教学课堂上不能出现本土语言。情景教学法在口语教学中有着以下优势：①能让学生在真实情景中达到从形象感知到抽象理性的顿悟；②能激发学生的学习兴趣与热情，使学习成为自觉、主动的活动，让学生敢于表达。

二、情景教学法的原理

（一）情感和认知活动相互作用的原理

情绪心理学研究表明：个体的情感对认知活动至少有动力、强化、调节三方面的功能。动力功能是指情感对认知活动的增力或减力的效能，即健康的、积极的情感对认知活动起积极的发动和促进作用，消极的不健康的情绪对认知活动起阻碍和抑制作用。情境教学法就是要在教学过程中引起学生积极的、健康的情感体验，直接提高学生对学习的积极性，使学习活动成为学生主动进行的、快乐的事情。情感对认知活动的增力效能，给我们解决目前小学生中普遍存在的学习动力不足的问题以新的启示。情感的调节功能是指情感对认知活动的组织或瓦解作用，即中等强度的、愉快的情绪有利于智力操作的组织和进行，而情绪过强或过弱以及情绪不佳则可能导致思维的混乱和记忆的困难。情境教学法要求创设的情境就是要使学生感到轻松愉快、心平气和、耳目一新，促进学生心理活动的展开和深入进行。课堂教学的实践中，也使人深深感到：欢快活泼的课堂气氛是取得优良教学效果的重要条件，学生情感高涨和欢欣鼓舞之时往往是知识内化和深化之时。

脑科学研究表明：人的大脑功能，左右两半球既有分工又有合作，大脑左半球是掌管逻辑、理性和分析的思维，包括言语的活动；大脑右半球负责直觉、创造力和想象力，包括情感的活动。传统教学中，无论是教师的分析讲解，还是学生的单项练习，以至机械的背诵，所调动的主要是逻辑的、无感情的大脑左半球的活动。而情境教学，往往是让学生先感受而后用语言表达，或边感受边促使内部语言的积极活动。感受时，掌管形象思维的大脑右半球兴奋；表达时，掌管抽象思维的大脑左半球兴奋。这样，大脑两半球交替兴奋、抑制或同时兴奋，协同工作，大大挖掘了大脑的潜在能量，学生可以在轻松愉快的气氛中学习。因此，情境教学可以获得比传统教学明显良好的教学效果。

（二）认识的直观原理

从方法论看，情境教学是利用反映论的原理，根据客观存在对人主观意识的作用进行的。而世界正是通过形象进入人的意识的，意识是客观存在的反映。情境教学所创设的情境，因其是人为有意识创设的、优化了的，有利于人发展的外界环境，这种经过优化的客观情境，在教师语言的支配下，使人置身于特定的情境中，不仅影响人的认知心理，而且促使人的情感活动参与学习，从而引起人本身的自我运动。

300 多年前，捷克教育家夸美纽斯在《大教学论》中写道：“一切知识都是从感官开始的。”这种论述反映了教学过程中学生认识规律的一个重要方面：直观可以使抽象的知识具体化、形象化，有助于学生感性知识的形成。情境教学法使学生身临其境或如临其境，就是通过给学生展示鲜明具体的形象（包括直接和间接形象），一则使学生从形象的感知达到抽象的理性的顿悟，二则激发学生的学习情绪和学习兴趣，使学习活动成为学生主动的、自觉的活动。

应该指明的是，情境教学法的一个本质特征是激发学生的情感，以此推动学生认知活动的进行。而演示教学法则只限于把实物、教具呈示给学生，或者教师简单地做示范实验，虽然也有直观的作用，但仅有实物直观的效果，只能导致学生冷冰冰的智力操作，而不能引起学生的火热之情，不能发挥情感的作用。

（三）思维科学的相似原理

相似原理反映了事物之间的同一性，是普遍性原理，也是情境教学的理论基础。形象是情境的主体，情境教学中的模拟要以范文中的形象和教学需要的形象为对象，情境中的形象也应和学生的知识经验相一致。情境教学法要在教学过程中收入或创设许多生动的场景，也就是为学生提供了更多的感知对象，使学生大脑中的相似块（知识单元）增加，有助于学生灵感的产生，也培养了学生相似性思维的能力。

（四）人的认知是一个有意识心理活动与无意识心理活动相统一的过程

众所周知，意识心理活动是主体对客体所意识到的心理活动的总和，包括有意知觉、有意记忆、有意注意、有意再认、有意重现（回忆）、有意想象、有意表象（再造的和创造的）、逻辑和言语思维、有意体验等等。但遗憾的是，包含如此丰富内容的意识心理活动仍然不能单独完成认识、适应和改造自然的任务。情境教学的最终目的也正在于诱发和利用无意心理提供的认识潜能。

自弗洛伊德以来，无意识心理现象为越来越多的学者所重视。所谓无意识心理，就是人们所未意识到的心理活动的总和，是主体对客体的不自觉的认识与内部体验的统一，是人脑不可缺少的反映形式，它包括无意感知、无意识记、无意再认、无意表象、无意想象、非言语思维、无意注意、无意体验，等等。该定义强调无意识心理活动具有以下功能。

1. 对客体的一种不知不觉地认知作用

我们在边走路边谈话时，对路边的景物以及路上的其他东西并未产生有意识的印象，但我们却不会被路上的一堆石头绊倒。原因就是“石头”事实上引起了我们的反映，并产生了“避让”这种不自觉的、未注意的、不由自主的和模糊不清的躯体反应；

2. 对客体的一种不知不觉地内部体验作用

常言的“情绪传染”就是无意识心理这一功能的表现。例如，我们会感到无缘无故的快活、不知不觉的忧郁，这往往是心境作用的结果。心境本身就是一种情绪状态，它能使人的其他一切体验和活动都染上较长时间的情绪色彩。

研究表明，无意识心理的上述两个功能直接作用于人的认知过程：首先它是人们认识客观现实的必要形式；其次它又是促使人们有效地进行学习或创造性工作的一种能力。可见，无意识心理活动的潜能是人的认知过程中不可缺少的能量源泉。情境教学的目的就在于尽可能地调用无意识的这些功能，也就是强调于不知不觉中获得智力因素与非智力因素的统一。

（五）人的认知过程是智力因素与非智力因素（或理智活动与情感活动）统一的过程

教学作为一种认知过程，智力因素与非智力因素统一在其中。否则，人们常言的“晓之以理，动之以情”就失去了理论依据。在教学这种特定情境中的人际交往，由教师与学生的双边活动构成，其中师生间存在着两条交织在一起的信息交流回路：知识信息交流回路和情感信息交流回路。二者相互影响，彼此依存，从不同的侧面共同作用于教学过程。知识回路中的信息是教学内容，信息载体是教学形式；情感回路中的信息是师生情绪情感的变化，其载体是师生的表情（包括言语表情、面部表情、动作表情等）。无论哪一条回路发生故障，都必然影响到教学活动的质量，只有当两条回路都畅通无阻时，教学才能取得理想的效果。

三、情景教学法创设的原则

（一）意识与无意识统一原则和智力与非智力统一原则

这是实现情境教学的两个基本条件。无意识调节和补充有意识，情感因素调节和补充理智因素。人的这种认知规律要求在教学中既要考虑如何使学生集中思维，培养其刻苦和钻研精神，又要考虑如何调动其情感、兴趣、愿望、动机、无意识潜能等对智力活动的促进作用。教师在鼓励学生要刻苦努力时，很可能已经无意识地暗示了学生：你能力不行，所以要努力。这样就无形中增加了他们的畏难情绪。如果我们能意识到这一点，就会把学生视作理智与情感同时活动的个体，就会想方设法地去调动学生身心各方面的潜能。无意识与意识统一、智力与非智力统一，其实就是一种精神的集中与轻松并存的状态。这时，人的联想在自由驰骋，情绪在随意起伏，感知在暗暗积聚，技能在与时俱增。这正是情境教学要追求的效果。

（二）愉悦轻松体验性原则

该原则根据认知活动带有体验性和人的行为效率与心理激奋水平有关而

提出。该原则要求教师在轻松愉快的情境或气氛中引导学生产生各种问题意识，展开自己的思维和想象，寻求答案，分辨正误，这一原则指导下的教学，思维的“过程”同“结果”一样重要，目的在于使学生把思考和发现体验为一种快乐，而不是一种强迫或负担。

（三）师生互信互重下的自主性原则

该原则强调良好的师生关系和学生在教育教学中的主体地位两方面。良好的师生关系是情境教学的基本保证。教学本是一种特定情境中的人际交往，情境教学更强调这一点。只有师生间相互信任和相互尊重，教师对学生真正做到晓之以理，学生也必须充分了解教师，彼此形成一种默契。而学生在教学中的主体地位决定了自主性侧重于教师鼓励学生“独立思考”和“自我评价”，培养学生的主动精神和创新精神。这一原则要求教师在情境教学中要从学生的实际出发，使学生在完成学业的同时得到如何做人的体验。它意味着一切教学活动都必须建立在学生积极、主动和快乐的基础上。

四、商务英语实施情景教学法的必要性

随着中国经济的持续稳定发展，在中国沿海地带许多中小企业如雨后春笋般出现，并且随着经济全球化，中小企业也增大了对外合作，对商务英语专业的人才需求稳中有升。根据市场需求，很多高校开设了商务英语专业，旨在培养德、智、体、美、劳全面发展，具有良好的人际沟通能力和团队合作能力，具备扎实的英语语言基础和较强的语言沟通能力，熟悉商务法律、法规，掌握国际商务活动必备的基础理论知识和基本技能，具有较强的运用英语进行商务贸易、商务谈判和企业管理等各类商务活动的实际工作能力，适应现代各类经贸活动要求的高级技术应用型专门人才。

而在教学实践中，往往存在着培养方案和方法与用人单位实际工作任务以及完成任务需要的技能与标准相脱节的问题。那么，除了宏观上的对市场进行认真调研和开展校企合作之外，在微观方面，作为教师，应该在课堂上设置、创设或回归这种社会场景的模拟，进行岗前体验和教学。在这样一种微观小群体社会中，训练学生的职业技能和职业素养，情景教学法是行之有效的和必要的。

五、情景教学法在商务英语口语教学中的应用

语言学习的目的在于交流沟通，而口语交流更是商务沟通中关键的环节。商务英语口语课程着重培养学生国际商务交际能力，除一般口语对学习者的

语音、语调、表达要求外，商务英语口语还要求学生能够在一系列的商务情景下，如接待客户、商务谈判、业务陈述、市场营销等，能地道流畅地表达，从而完成商务任务。因此，商务英语口语课程对学生的综合素质要求较高。而院校商务英语专业的学生普遍口语基础薄弱，掌握的商务知识又均为理论知识而少实操经验，这就造成了商务英语口语课程难以达到教学目标。如何巧妙灵活应用不同的教学方法以提高课堂教学效果已成为商务英语口语课程教师不断探索的课题。

（一）情景教学法在商务英语口语教学中的实施方法

院校培养人才的直接目标是为社会输送面向生产、建设、服务和管理第一线的高技能人才。因此，对院校商务英语专业学生的要求是学生毕业参加工作后能直接从事商务方面的工作。在平时教学过程中创设真实、有效的职场情景可以在商务英语口语教学中起到很好的作用。具体应用主要有以下两种方式：

1. 学生角色扮演融入情景

角色扮演（role playing）是指让学生在模拟的工作环境下扮演一定的角色进行对话表演。学生以自己的实际行动来打造情景，通过演练学习，提高自己实际交际能力。角色扮演可以锻炼学生的胆量，提高学生的自信心，使学生能在轻松的环境下展示其对商务英语的理解及掌握，能更好地让学生把思想感情与语言表达融为一体，学得生动而深刻。例如在上商务英语口语课的第一节课就给学生布置一个任务：自由成立小组（5~6 人一组），每个小组成立自己的一家虚拟公司且须给公司设立不同工作岗位，组员每次课轮流从事自己公司的不同工作岗位的工作。如在讲到“接待客户”这一情景时，学生即可根据自己在公司的职责，分工讨论，再与另一公司，即另一组的同学进行情景模拟。由此，不仅带动了学生的学习热情、参与积极性，也能更好地发挥学生的想象力及创造力。另外，工作环境的情景模拟也可以使教师在课堂上对商务英语专业的学生的商务礼仪知识进行巩固，使学生毕业后更能适应实际的工作环境。

2. 多媒体教学创设直观情景

多媒体教学以其丰富的表现形式弥补了普通教学的枯燥乏味，使课程做到视听结合、情景交融，让学生更好地理解相关内容，增加了学生进行相关联想的线索，从而调动了学生的学习积极性。随着经济全球化进程的不断发展，我国加入 WTO 后市场的逐步开放，国际商贸活动日益频繁，也面临着更多国际商务活动的挑战。通过多媒体手段，教师可以更多地搜集最新国际

商贸动向的发展趋势，收集国际商务活动的新鲜案例，通过图片、视频等方式展示给学生，以开阔学生视野。如笔者在讲授“商务交流”“商务谈判”的商务情景时，为使学生有更直观地了解，搜集到相关网站提供的商务谈判成功及失败的真实案例视频要求学生在观看视频的过程中，记录下商务谈判相关的流程、成功或失败的原因所在。由此，不仅锻炼学生的英语听、写能力，更能让学生在真实的情景中积极主动去感悟商务谈判的相关语言技巧，从而取得较好的教学效果。

综上所述，情景教学法在商务英语口语教学中是有效实用的教学方法。运用情景教学法时，教师应在结合实际教学经验的基础上，不断提高自身能力，结合学生的实际水平，创新方法，采取更多的灵活技巧把学生的注意力、兴趣引导到学习对象上，从而引导学生自主地学习、探究。

（二）情景教学法在商务英语口语教学应用中的注意事项

情景教学法要求所创设的情景要具有真实性及实用性，同时所选情景材料难度要适中，情景应照顾到学生实际水平参差不齐的现实情况，以促使学生全面发展。在院校的商务英语口语教学中应用情景教学法时还应注意以下三点：

1. 创设情景由易及难，帮助学生建立学习口语的信心

院校的学生普遍对自己的口语不自信，认为自己基础较差，在课堂上往往不敢主动发言，即使被老师点名发言，也总是以“Sorry，I don't know.”来回答，未能很好地把握实际的口语操练机会。而商务英语主题下的口语更是要求学生具备一定的商务英语知识，因此在创设相关主题情景时，建议由易及难，如可从简单的与日常生活联系较紧密的“商务会面”“商务介绍”开始。教师同时在课堂上多鼓励学生发言，帮助学生建立自信心，从而使其能积极主动地去学习。

2. 创设情景与教学目标紧密结合，教师应及时做出有效评价

商务英语口语教学与普通口语教学相比，有其“商务性”特点，情景的创设应根据教学目标，选取真实的商务情景，切忌为了迎合学生的实际水平而使所设情景过于“生活化”以致没有任何商务主题。同时，对学生在情景表演里的表现，教师应从商务英语语言积累、商务技巧及商务礼仪等方面及时对学生进行指导、评价，以使学生真正在情景教学中学有所得。

3. 商务英语口语教师应不断提高自身商务实践能力

商务英语口语课程的高要求决定了口语教师岗位须由口语表达能力强、有实际的相关企业工作经验的复合型优秀教师来胜任。但因受到现实条件及

相关体制的限制，目前很多院校的商务英语口语教师只是由英语专业或商务英语专业出身的教师担任，教师的综合素质提高较慢。为此，教师应不断加强自身素质及能力的提高，加强对商贸活动的实际情景的准确把握，才能真实地创设语言情景，为学生提供正宗原味的商务情景主题以提高学生的商务口语交际能力。

六、情景教学法在商务英语阅读教学中的应用

（一）情景教学法在商务英语阅读教学中的实施方法

情景教学法是对传统商务英语教学模式的一种创新。它在传统教学模式的基础上加入了实务场景模拟，吸收了MBA实例教学的方法，逼真地模拟各个商务流程场景，让学习者深入其中。亲身实践、分析案例、深入记忆和熟练操作各个环节，使得以商务语言交际为媒介的商务流程贯穿于教学活动的始终。

1. 创设适当情境，模拟演练

建构主义学习理论认为学习总是与一定的情境相联系的。商务英语课堂教学应该突出学习是学习者主体进行意义建构的过程，努力创设建构知识的学习环境，发展不断建构的认知过程，教师要创设问题情境，使学生在问题解决中自主学习，引导学生解决问题。模拟是连接知识与实践的最行之有效的办法。教师在教学过程中结合授课内容对商务情景进行设置，充分利用图像、动画、音频视频等资料和游戏、辩论、竞赛等方式创设一个虚拟的商务场景，学生通过仔细观摩，初步熟悉情景中的语言知识和商务知识。学生通过扮演情景中的一个具体的角色，强化对情景中该角色的感性认识，并以第一人称的方式理解和掌握所涉及的英语词汇和句型表达，熟悉相关的背景知识。这样，不仅活跃了课堂气氛，充分发挥了学生的主动性和积极性，更锻炼了他们的实际应用能力。

我们可以做这样的设计，运用情景教学法学习如何描述产品销售趋势变化表。首先将教室模拟成公司的销售部门，学生扮演销售主管的角色。在教学过程中，教师通过图片将文章中表示趋势变化的动词及短语，如上升、下降、保持平稳、波动、回升等呈现出来，同时设计游戏环节，让学生通过动手和动口来熟练掌握表示趋势变化的大量程度副词，并通过情景的设置，让学生在公司的销售会议上对产品的销售情况进行描述，让学生在真实的语言环境中掌握如何在商务情景中描述产品的销售趋势变化。

创设适当情景，进行模拟表演，不仅可以使学生学会整套洽谈商务活动

的英语，而且大大增强了实际交际能力。在这种模拟表演模式中，师生应是交际、合作和协商的关系。师生共同置身于语言交际的教学环境中，让学生在教与学的过程中，通过各种实际操作中的角色扮演，学会将英语运用到商务活动中，最终培养和发展学生的语言能力、交际能力、应用能力等社会需求能力。

2. 独立思考，搜集材料，激发学习兴趣

我国著名教育学家朱绍禹先生曾指出“教师的基本作用在于创造一种有利于学习情境而表明良好情境的标志是使学生有广泛地思考自由……”这种情境，不同于一般的教学或艺术上的情境，而是一种促进学生学习主动发展、自由思考的教学。因此在实际教学的过程中，不是由教师直接告诉学生应当如何去解决问题，而是由教师向学生提供解决问题的有关线索。学生带着问题，利用身边一切资源为自己学习、研究服务，激发学生阅读材料的兴趣。

如在讲授 *Stew Leonard's*：*The World's Largest Dairy Store* 之前，可以先让学生预习，猜测将要讲述的是什么内容。For example: they are given a scene one day you come to a place that has Disney-like atmosphere but is not Disneyland... 在老师给出正确答案之前，适当引导学生向材料主题靠拢。鼓励学生利用网络、实物或直观道具清楚地把所涉及的单词、短语或句子及其概念建立最直接的联系。在教授“海关申报单、登机牌、住宿登记表”这样的短语时，完全可以让学生自己动手亲自制作一些相关场景的仿真实物道具。这既有助于锻炼学生的动手能力，又能加深学生对该知识的理解。在阅读国际货币体系及汇率的语料时，也可让学生亲自到银行咨询，了解各国货币交易动态，哪怕是常见的定期或活期利率，都有助于更好地理解阅读材料，加深印象，贴近实用。

3. 设计合理的实践环节，作品呈现，互相交流

对阅读素材的最好理解是达到和材料本身的互动。这种互动体现在先深入到阅读材料里，理解透彻，再走出阅读材料，将学习到的知识运用到实践中。不管这种实践是真实的还是模拟的，对于学生掌握知识、技能都有很大的帮助。如《新编商务英语泛读》的第三单元介绍了营销组合和 4P 策略。文章浅显易懂，贴近生活。但要深入理解 marketing mix 的商务含义，最好的办法是让学生在理论知识的指导下，通过举一反三构建自己的内容图式。因此我们可以给学生布置课后作业为展示（presentation）、选择或假想出一个产品，运用营销组合的 4P（product，price，promotion，place）理论知识为自己的产品量身定制一套营销方案。同时教师也可鼓励学生结合《新编商务英语泛读》的第二单元，国际营销中的文化 *aspects of culture*，通过搜集不同国家在

营销和文化结合中发生的问题案例组织设计。在后续的视、听、说实训课中，学生们设身到洽谈会的情景中，带着各自的方案来自我推荐，通过之前做的PPT展示，赢得风险投资。这种实践与教学相结合，情景与理论相衔接的教学方法极大地丰富了学生头脑中的话题信息，实现了阅读的有效性，锻炼了学生们的视听能力，更是提高了他们的应变水平，也是对他们各自营销方案的一个检验。

（二）情景教学法在商务英语阅读教学应用中的注意事项

1. 对教师的要求

情景教学法以现代心理学所揭示的人的心理活动规律为基础，重视学生的情绪情感生活，既突破了以往唯智主义的框框，又吸取了传统教学方法的优点，集直观性、启发性、形象性、情感性于一体，代表了现代英语教学的方向，有助于学生实际运用英语和交际能力的培养。在商务英语教学中，采用情景教学模式必须从学生的实际水平和学生的特点出发，不能偏离教学目的和教学内容。情景教学必须结合实际，由浅入深，由易到难，从单项到综合，情景教学要符合语言交际的实际，创设情景要新颖，这样才能激发学生的兴趣，意识到学习过程和学习本身是非常有意义的事情。

（1）情景设计应合理，切合学生的实际。在创设具体的情景时，一定要考虑到学生现有知识水平、学生的生活经验，不要超出学生的实际，过分追求情景。合理巧妙的情景设置，可以让学生置身于真实的环境中去感受谈判相关的知识点，提高自身的能力。但学生毕竟并未真正涉足社会，情景设置要贴近生活，但又要能让学生接受，所以在设置中，可以由易到难，由简单到复杂。也可通过让学生开展大量的调研，积累一定资料后，在通过案例教学里类似的情景来设置。

（2）情景创设要结合语料内容，符合语言交际习惯。情景创设一定要紧扣教材，难易要适中，长短要恰当，生词量要少，做到不脱节、不扯远，通过情景教学达到复习旧知识、教授新知识的目的。同时，情景创设要有助于交际双方相互理解和表达思想，激发交流信息的愿望和爱好。这要求教师在轻松愉快的情景中引导学生产生各种问题意识，展开自己的思维和想象，寻求答案，分辨正误。

（3）情景模拟要体现科学性、完整性。所有的情景设置都是为了让阅读更加有针对性和有效性，以理论丰富实践知识。因此，前期的准备工作要尽量做到详尽，明确课程的目的、要求、内容和操作步骤。教师针对所授内容设计场景及角色，并对全程实施监控。在学生演示的过程中，不断提醒、告

知内涵，保证良好的教学效果不被偶尔的偏离打扰，引导学生向教学目标方向前进，使学生有章可循、有规可依，有效地达到情景模拟教学的目的。情景模拟结束后，教师要及时总结，鼓励学生参与评价，有条件的可以用影像记录，作为参评和总结的依据。

（4）情景创设要新奇而富于启发。创设情景要在教学内容（学习语料）基础上挖掘创新点。情景创设可以有真有假、有虚有实，但情景必须来自生活，从既熟悉又有新意的角度，激发学生的探究心理，只有引起学生的重视和探索愿望时，才能发挥情景对教学的最大作用。否则，学生对创设的情景无动于衷，习以为常，则很难达到预期的目的。

（5）利用网络教学手段，汇集多种资源，创设教学情景。多媒体网络教学是一种真正以学生为主体、尊重学生需要、强调学生自主性学习的辅助式教学模式。在商务英语阅读课中，教师课前布置好阅读任务和相关导入性问题，并向学生推荐有关网站，学生可从网站上搜索和下载相关背景资料，教师也可将重要资料（如背景资料、教师讲义或课后练习等）存在服务器上，供学生自由调用。课堂上，教师通过网络系统呈现音频、视频、图像、文字、动画等创建多媒体情境，展示出真实商务情境，辅助学生的阅读理解，相关的网站链接还能帮助学生直观地了解不同的商业和社会文化。对于较复杂的商务知识，教师课前制作好多媒体课件，将复杂的流程内容简易图示化。多媒体技术能充分考虑到学生认知能力的差异，对学习内容实行控制，引导不同的学习者进行个性化学习。课文中需要重点掌握的词汇、语法、难点分析、翻译等均以知识点的形式做成超级链接，供学生自主学习。此外，多媒体最大限度地提供了各种交互功能，它可为知识建构创设一个广泛的学习共同体并提供丰富的资源。教师可利用论坛形式，让学生进入交互性的协作学习，自发地讨论对文章的理解和不同看法，教师适当地给予帮助，并对整个讨论过程进行评价。多媒体技术使课堂教学情景化，改变了传统阅读课的教学模式，使学生思维活跃，激发了学生的学习热情；多种资源支持学习，最大限度地为学生创设了一个主动建构知识、解决实际问题的认知环境。这培养了能力，效果颇佳。

2. 对学生的要求

（1）直面挫折。很多学生一开始时因为不敢面对可能的挫折，不愿意参与。而当在设置的情境中模拟进行的谈判失败或受挫之后，这类学生很容易失去继续参与下去的信心和动力。因此，教师需特别关注这类学生的情绪波动，帮助他们直面挫折。同时，可以通过挫折教育，增强学生将来进入社会之后可能碰到种种挫折的免疫能力。

（2）正视问题。很多学生缺乏实际社会经验，看待问题常出现理想化或片面化的现象，教师则有责任引导学生正确看待问题，不回避、不偏激、不片面地看待问题。

（3）勇于尝试。情景教学法实施中最大的障碍是很多学生不太愿意或不太自信参与到所创设的情境中。可能是对所创设的情境不熟悉、怯场或自信心不足，教师和其他同学则需要帮助他（她）克服心理障碍，尽快熟悉角色，勇于做新的尝试。而只有勇于尝试，在碰到问题和困难时，才会有自己尝试解决的信心和动力，才能实现锻炼学生实践能力的目的。

（4）乐于创新。学生在情景教学法中，既是编剧又是演员。应鼓励学生根据自己对社会的了解，创设情景，更好地发挥主观能动性和创新能力，只有这样，才能更有效地提高学生的参与积极性和学习实践的有效性。

学生在正确处理好上述几方面问题的基础上，还需具备较好的沟通能力。无论是在谈判的准备过程当中，还是在谈判过程中以及谈判后，沟通是这一切活动正常进行的纽带。谈判，不是一个人和另一个人的单独对决，而是集体智慧的结晶。

情景教学法是以建构主义理论为基础的一种教学策略，体现了以学生为中心的思想，注重学生学习能力的提高，并有效地激发了学生的学习兴趣，同时设置的真实情景，使学生不再只是置身于理想状态之中，而是要考虑到真实情景的复杂性，这样，也促进了学生对一些岗位技能的提高，为学生更好地适应今后的工作环境打下了良好的基础。情境法的实施有助于课文中心思想的理解和新的语言知识的获得，有助于调动学生的学习积极性和增强他们的跨文化交际意识。实践证明，在原本枯燥的商务英语阅读教学中实行情境教学法是很有必要的。

第四节 任务教学法

商务英语是以英语作为语言媒介，以商务知识为核心的一种专门用途英语。它要求以目的语讲授，通过以意义交流为目的的任务与活动，以语言知识如语法、词汇、句型等练习为基础，让学生在实践和运用中巩固和加强技能，内化认知学习。商务英语教学目的是培养学生在具体的商务工作环境中实际运用语言的能力。因此，商务英语教学与传统英语专业教学相比，更强调使用目的语交际的有效性，即交际的准确性、得体性和流利度。从商务英语教学目的与特点可以看出，在传统教学方法与手段的基础上，我们还应加强学生语言实践活动环节，在各种实践教学环节设计中，应充分发挥任务型

教学模式的优势，以培养学生实践能力、理论与实践相结合等能力。

一、任务型教学法特点与优势

根据 Nunan 对“交际任务”的定义：任务是学习者用目的语进行理解、操练和产出的课堂交际活动；学习者的注意聚集于意义而不是形式。Skehan 把任务概括为一项活动：意义是首要的；解决交际问题；与现实世界有某种联系；任务执行优先于语言表达；任务完成的质量评估以任务结果为依据；注意认知及交际过程。

与传统教学方式相比，任务型教学法强调意义是首要的，强调任务完成的有效性。学生在参与执行任务的过程中会更主动地调用所学语言知识与专业知识，筛选运用更恰当更合适的文体、专业术语、操作流程等内容来完成任务，并通过不断实践发现问题、解决问题、完善相关知识运用，因此真正培养学生自主学习、探索知识的能力。

同时，任务型教学强调任务执行优先于语言表达，在一定程度上减轻某些学生在使用语言时因较强的自我意识所造成的心理压力，学生更关注交流中意义的传递，减少对形式的关注，可适当增强学生参与的热情与交流的信心，并通过在不断地相对真实的活动中，更习惯使用目的语语言表达方式。

任务型教学是指学生在掌握一定的相关基础知识与基础理论的基础上，结合阶段性所学知识要点与教学内容的要求，充分利用教师提供的有价值和真实的语言，解决与现实世界有所联系的真实的问题。学生真正将所学知识与理论应用于实践中，使所学理论知识深入内化理解，并在实践中得以巩固和加强。

任务型教学法是基于完成任务的一种教学方法，以计划和操作为其中心内容。任务型教学与现实世界的活动连接是紧密的，课堂教学的目的就是学生通过学习和实践完成教师制定的任务目标，并以完成任务目标为目的使学生的语言能力得到发展。学生完成任务的重点则是要将语言的意义表达清楚。学习任务可以被分为两类即真实任务和学习型任务。真实任务是指接近或类似现实生活中各项事宜的任务，如订机票、购物、观光旅游、产品推介等在学习、生活、工作中可能遇到的各种事情。学习型任务是指仅在课堂才有可能发生的任务，如学生分组练习、即兴表演等。

Peter Skenhan 认为任务型教学有三种模式即结构型、交际型、中间型。其中结构型强调对特定语言结构的练习，交际型强调设计任务时的真实性，中间型则强调要保持前两者的平衡。用任务型教学法组织教学活动，中心应为设计任务、执行任务和总结表现。在执行任务时，强调在学中“做”，在

"做"中学，增强学生对已有和新语言资源的应用和掌握。任务型教学法与传统教学方法相比，其强调的是语言意义的表达和任务的完成。学生在学习、执行、完成任务的过程中，运用自己的主动性，在完成任务的压力之下挖掘自己已有的语言资源，学习掌握新的语言从而达到任务目标。在这个过程当中，学生不是被动的接受者，而是学习过程的主动参与者。教师则不再是传统教学方法中的讲授者，而是学生完成任务过程的指导者。采用任务型教学方法的结果则是学生将学习的知识运用在实践中，通过实践提高自己对于知识的理解和掌握，增强学生的互动能力和交际能力，促进学生的思维和决策能力，发展学生用目的语解决问题的能力。

二、在商务英语实践教学实施任务型教学法所存在的问题

当前，任务型教学法已经在商务英语实践教学中运用多年，但仍存在一些问题。

（1）学生的基本能力有局限性。从笔者的教学经历中看，高校院校的学生从小接受的教育都是传统的讲授式教育，学生习惯于被动地接受，而不是主动的思考。任务型教学法强调的是由教师提出问题，学生主动去寻找解决问题的方法，这对于惰性较大的高校院校学生是个不小的挑战。另外，学生用来解决任务的知识储备有限，这就要求教师在提出任务目标之前首先讲授相关的知识，学生才能将知识在解决任务的过程中进行演练和强化。

（2）教师实施任务型教学法的能力存在局限性。任务型教学虽然是以学生为本，将任务交给学生，但是教师应该从宏观角度把握执行任务的进度，完成任务的规范，指导学生采取有效的方法解决任务，监控学生完成任务的过程，一旦过程出偏差或者学生需要帮助，则需要主动进行指导和引导，以防止不能完成任务，或完成任务的效果不佳。因此，如果教师本身能力有限，学生在完成任务的过程中偏离主题或进行不下去，则任务型教学法无法发挥其应有的效用。

（3）任务型教学法的核心是任务，而任务的设计普遍存在问题。具体的问题体现在任务与教材内容的关系，任务的目的性不强，任务的目标过难或过易，任务的内容与现实商务活动联系不强等方面。这些问题在现在的任务型教学中较为普遍，而这种现象原因也是因为部分教师对任务型教学不了解，或者教师的知识和能力有限没有达到任务型教学法的基本要求。

（4）对任务完成程度的评价与总结缺乏完善和充分性。教师在任务布置之后的主要精力是在指导学生完成任务，而对学生完成任务的程度疏于评价。评价和总结在很大程度上能够进一步促进学生对于任务的理解和提高完成任

务的积极性，在学习过程中也是不可缺少的重要部分，而笔者在实际教学中发现，教师对学生的评价和总结经常不够详细，不够科学合理，反馈给学生不够及时，这些都影响了任务型教学法的效果。

三、任务型教学法在商务英语实践教学中运用的重点

尽管任务型教学法在实践中存在着种种问题，但不得不承认，其所产生的作用，对学生能力的提高和兴趣的培养是有着极大的积极意义的。因此，我们还是应该在商务英语实践教学中大量的使用任务型教学法，但是需要注意以下几个重点：

（一）提高教师个人能力

总体来说，任务型教学法对于教师本身的能力要求较高，主要分为两个方面。首先，是课堂组织能力方面，认清自己的作用不是要规定学生学到了多少知识，也不是解释某些单词和句子是什么意思，而是课堂教学的组织者、任务的布置者、学习的促进者、学习环境的建立者、完成任务的指导者、学习难题的解决者。教师在进行任务型教学之前应该做好应对各种问题的准备，在学生偏离任务时进行疏导和管理，在学生解决不了问题时进行建议和指导，在学生产生畏难情绪时进行鼓励和指引。其次，是教师的知识能力业务素养方面，任务型教学法的核心是任务，教师必须要不断与时俱进，充分了解现实生活和商务环境中的任务，从而才能在设置任务目标时，在指导学生完成任务时达到卓有成效，达到游刃有余。由本文第二部分的问题所见，其中三个问题的根源都是在于教师本身的能力问题，因此教师在使用任务型教学之前必须通过各种方式提高个人能力，摆正自己的位置，才能达到任务型教学法的成功。

（二）更加重视任务的设置

任务型教学法的核心是任务，学生能从中得到多少提升和锻炼，学到多少知识，产生多大兴趣的根源都在于任务目标的设置。现阶段笔者所见到的任务很多都是为了完成任务而设置任务，忽视了任务型教学法的核心价值。因此为了更好地突出任务型教学法的优势达到更好的效果，笔者建议在设置任务时应重视以下几点：

1. 任务设计要更加真实，要紧跟时代的发展

任务所使用的背景材料应该来源于最新的商务活动，履行任务的情景以及活动过程应更贴近现实商务环境。笔者所见目前的任务设计目标部分甚至是现代商务活动早已弃用或极少使用的，如传真等，因此教师应根据现实设

计更新更真实的任务。

2. 任务目标要更加强化学生的使用能力

学生对于基础知识更多的是知道语言的意思，而不知道如何取用。那么在设计任务目标时，就应该以此任务为目的，能够使学生明白相关语言怎么用，何时用。

3. 在设计整个任务体系时要更注重连贯性

要强化任务与任务之间的关系，以及任务实施的步骤和流程，即如何使设计的任务在实践教学实施过程中达到教学和逻辑上的连贯与流畅。Nu nan的“任务依属原则”重点是设计任务应该形成“任务链”或“任务系列”，任务之间要有关联，后任务要承接前任务，以前任务为基础或出发点，形成一个完整的阶梯式教学结构，使学生一步一台阶达到预期的教学目的。

4. 任务本身要可操作性强

教师应考虑任务在课堂环境中的可操作性，避免环节过多、程序过于复杂的课堂任务，或者将困难任务进行简化或拆分成几个子任务。必要时要以能够便于学生完成任务为目的，在进行任务之前给学生提供知识点讲解、任务解决模式等信息。

5. 任务设计要注重难易均衡

任务不能为了练而练，而不考虑教学效果。教师应该尽可能多的为所有学生的个体实践创造条件，而不是只为能力强的学生创造条件，要充分利用课堂的有限时间和空间，最大限度地为所有学生提供互动和交流的机会，达到预期的教学目的。

6. 设计的任务要有一定的趣味性

任务型教学法的一大优势就是通过有趣的课堂交际活动有效激发学生的学习动力，使学生自主积极地参与学习。因此在任务设计的过程中，很重要的就是考虑任务的趣味性。过于机械、重复的任务类型会使学生失去参与任务的兴趣，所以任务的形式和目的要更加多样、新颖、真实、富有创造性和创新性。

另外，除了任务目的会影响趣味性以外，还有许多其他因素也会影响，如多人参与、多向互动、人际交往、感情交流以及解决问题或完成任务后的兴奋感和成就感等。在学生素质普遍不高的高职高专院校中，趣味性对任务型教学法来说是决定成败的关键因素之一。

（三）建立完善充分的科学评价体系

如果只完成任务而不进行评价，那么教学效果会大打折扣。在建立完善

充分的科学评价体系时要注意以下几点：

1. 强化过程评价

评价范围应包含整个课堂的各个环节和执行任务的各方面，而不是只注重结果。

2. 进行互相评价

以往常见评价的只有教师评价学生，笔者认为，应该加强学生个体之间的互评，学生小组之间的互评，学生小组组长对于小组成员的评价，学生小组成员对于组长的评价等多向评价，这样能够增强学生的自主管理能力，提高学生学习的主动性和积极性。

3. 考核方式多样化

以往我们只有教师考核学生，笔者建议可以在适当的时候由学生考核学生。

4. 评价标准要科学合理

评分方面要充分包含知识使用、知识基础、能力表达等与任务相关的各方面。笔者认为，科学充分的评价体系是刺激学生参与教学过程从而达到更好实践教学效果的最重要的手段之一。毫无疑问，任务型教学法是现代英语教学中十分重要而高效的教学方法之一，如果使用得当，其在高校院校的商务英语专业实践教学中更是发挥着不可忽视的作用。但是，其毕竟只是诸多教学方法手段中的一种，笔者认为教师应该在实施过程中根据实际需要，与其他教学方法手段相结合，才能使实践教学质量产生质的飞跃。

任务型教学法是商务英语教学法中重要的一种，它更适合商务英语教学特色，强调意义为中心，强调语言交际的有效性与实践性，并能充分调动发挥学生学习的主动性，培养学生合作意识、交际策略、组织协调能力等多方面素质。同时，任务型教学不局限于课堂，更多地需要学生在课下自主探索、梳理掌握的信息，形成任务解决的方案，突出培养学生自主学习与合作学习能力。在现代化多媒体网络辅助学习环境下，学生可以在明确的任务设定下，充分利用各种有效文字、数据搜索图片资源，增加任务的真实性，丰富执行任务的手段。因此，任务型教学在商务英语教学过程中是一个不可或缺的环节，开展好任务型教学活动将会更好地促进商务英语学习的实践意义与交际意义。

第五节 案例教学法

随着对案例教学法的不断深入研究，这种目前仍主要活跃在经济管理学科教学中的方法，将逐渐在各科教学中得到推广。研究案例教学法在商务英语教学中的应用对英语教学方法的改革将起到一定的启发和推动作用。

一、案例教学法及主要特点

案例教学法是指在学生掌握了有关基础知识和基本技能操作理论的基础上，教师根据教学目的和教学内容的要求，运用典型案例，引导学生利用所学的知识就具体问题进行思考分析，最终解决实际问题的教学方法。案例教学法是一种具有启发性、实践性并能开发学生智力和提高学生综合素质的新型教学方法。

当我们探究何为案例教学法时便会先从案例的内容来入手，我们通常所说的案例也可以成为个案、个例或者实例，它最初产生在医学领域，后被广泛地应用于法学和管理学等相关的专业学科。而案例教学法则是在案例提供的一种情景的基础上进行学习，实现对相关知识的认知和掌握的一种教学中方法。这种教学方式以学生作为教学的主体，借助于具有多元表征且具有一定的潜在价值的案例来引导学生进行相应的探讨和学习。通过对典型案例的深入研究学习，使学生们掌握某种规律或者实现对某一具体问题的深刻认识。案例教学法的应用能够实现对学生认知能力和学习积极性主动性的培养，也实现了学生综合能力的提升。在教学中，教师可以根据具体的教学内容选择相应的案例让学生进行深入的分析探讨，并通过课堂的辩论或者学生自己的归纳概括等得出一定的结论或者具体的解决方案，使学习者掌握相关概念等基础知识的同时也提高自己解决问题的能力。

因此，应用于实践教学的案例教学法也便有了真实性、辩论性、综合性、应用性和过程性等特点。真实性使得学生能够更接近教学应用的实践活动，辩论性使得学生在辩论的过程中对相关知识的理解和能力得到提升，综合性则体现为案例学习中知识的综合和能力的综合培养，应用性和过程性则是在案例学习过程中相关规则的掌握和知识的总结应用。

二、案例教学应遵循的原则

（一）培养能力

传统教学的侧重点在于对理论知识的掌握，而实践教学的着眼点则主要是让学生知道如何行动。案例教学法正式将两者结合在一起，更注重对学生能力的培养。能力，是案例教学的出发点和立足点，通过案例教学，培养学生的学习能力、创新能力以及运用所学知识创造性地处理实际问题的实践能力。

（二）理论与实践相结合

在案例教学中，指导学生从现实情况出发，结合所学知识作出分析、判

断，启发学生为案例中需要解决的问题找出切实可行的答案。利用理论知识指导实践应用，反过来，增加对实际问题的思考和研究解决，也能促进学生对所学知识的深层理解与掌握。

（三）教学双方的积极参与

高度参与是案例教学的一个重要原则。因为教学过程是以学生为主体、教师和学生相互作用的双边活动，只有双方共同积极参与，案例教学才能达到预期的效果。

三、案例教学法的优势

在传统的教学法当中，教师比较注重理论知识的讲解，尽管讲授的知识逻辑严密、条理清晰，但灌输式的教学方法形式呆板、内容抽象，忽视了学生学习的主动性。并且传统的教学方法只是为了应付考试，学生的分析和思考能力在教学过程中并没有得到较好的培养，这就导致了学生在实际问题面前经常会显得手足无措，在实际的工作中很难适应，因此这种传统的教学模式不利于培养当今社会所需的技能型应用人才。

而案列教学法与传统的教学模式相比具有以下优势：

（一）案例教学法注重培养学生的主动性，有利于学生在学习过程中自主性、主体性的发挥

案例教学法改变了传统的以教材和教师为中心的教学模式，注重引导学生利用所学的知识对案例进行分析，在解决问题的过程中，学生要收集各方面的信息和资料，尽量做到一个问题多种解法，让学生充分发挥其思维能力和创新能力。

（二）案例教学法有利于学生学会学习

传统的教学方法只是教会学生运用概念去解决问题，学生获得的知识是通过机械记忆得来的标准答案。而案例教学法注重的是让学生自己去查找资料，经过分析和思考得出答案，通过教师的引导让学生自主学习，在这一过程中学生就会开始学会学习。

（三）案例教学法有利于提高学生分析问题和解决问题的能力

在案例教学中，学生面对具体的案例需要进入情境，设身处地地对案例情况进行分析，面对复杂的形势需要自己做出判断，在这一过程中，学生分析问题和解决问题的能力将会得到很大的提高。

（四）案例教学有利于学生之间的相互沟通和合作学习

案例教学法常采用小组合作的形式让学生进行探究性学习，在合作过程中，学生之间的相互沟通使学生学会了相互理解和包容，提高了学生的合作意识。

四、案例教学法在商务英语中的运用

商务专业知识和英语语言技能的紧密结合是商务英语课程的最大特点，因此在教学过程中教师既要强化学生的商务专业技能，也要培养学生的语言能力。随着经济全球化步伐的加快，国与国之间的距离正在不断缩小，商务来往也越来越密切，这就使得培养学生的商务交流能力显得越来越重要。商务英语专业的学生不仅要学习与商务活动有关的真实语言材料，也要学习并掌握当代商务的理念和国际商务的惯例。作为一个商务英语专业的学生，既要具备听、说、读、写等方面的基本能力，能够在商务活动中正常地使用英语，也必须了解英语国家的社会文化和商业文化，培养较高的商务交际能力及创新精神。

根据商务英语教学内容的应用性和实践性特点，教师更加应该改变传统的教学模式，在理论教学的基础上，加强培养学生的实践能力，在教学过程中注重以学生为中心，而运用案例教学法就可以很好地解决这一难题。

当我们认识到案例教学法及其特点以及它在商务英语教学中应用的重要性后便要探索具体的实现方式。首先，根据案例教学法及商务英语的特点合理规划教学环节。在具体的课堂教学中，每个环节都会对学生知识的掌握产生直接的影响。当我们将案例教学法和商务英语相结合时，便要针对两者的特点对课堂构成进行合理的规划，将一个完整的课堂划分为课前的案例准备、教学过程中的案例分析和辩论、对于案例的总结和相关报告的撰写等。当我们理顺该种结构并以此为指导开展教学活动时，便会取得较好的教学效果。其次，注重案例的选择和准备。在商务英语教学中选择具有典型性和一定代表性的案例能够更好地实现教学效果，保证课堂教学的实践性。但是，教师在教学案例选择时，应该注重案例的难度和真实性，保证所选择的案例难易适度并能够有效地激发学生参与学习的积极性。再次，在案例分析讨论过程中，教师要进行一定的指导。案例教学法中讨论是一个必然的环节，这个环节的实现可以通过多组的讨论，使得每个学生都能够参与其中。在讨论前，教师为学生提供相关背景资料并对一些专业问题进行讲解，并限定学生用英语进行讨论。在讨论过程中，教师对于学生遇到的一些问题进行及时解答并对其讨论中的一些知识运用错误及时纠正，使学生在分析讨论的过程中掌握知识并提高英语表达能力。最后，教师应注重对学习过程的总结和相关报告的审核。在案例教学的分析讨论过程中会暴露出学生在知识掌握等方面的问

题，在案例讨论结束后，教师应该对该过程进行相应的总结，及时指出案例学习过程中学生们的优点和存在的问题，为其自身综合能力的提高提出有益的建议。并且对于学生案例学习的相关报告进行仔细评审，提高学生知识概括和语言使用的能力。

（一）案例准备

在商务英语教学中运用案例教学法的第一个环节是案例的准备。在这一环节，教师可以根据教学进度及教学内容来收集、编写和设计相应的教学案例。这些案例可以从网上下载，也可以从相关的案例教材中挑选，如果是中文案例的话还需要翻译成英文。针对案例提出问题让学生思考，要求学生在课后运用各种方式查找资料。

根据查找的资料要求学生结合所学的知识进行独立或合作分析，为下节课的课堂讨论做准备。在这一环节，教师应注意的问题是要详细分析案例中的理论知识点，以及在下节讨论课中可能出现的各种问题，查找资料并分析思考如何解决在教学过程中可能遇到的问题。

（二）课堂分析和辩论

在商务英语教学中运用案例教学法的第二个环节是课堂分析和辩论。这一环节可以分为以下几个步骤：①教师可以将全班学生分为几个小组，学生以小组为单位进行分析、辩论，在这一过程中，教师应督促每个同学都积极参与分析问题，小组讨论结束后要形成一个统一的意见，并且用英语将观点表述出来；②每组学生派一个代表上台对案例做出分析，提出本组成员的共同观点；③由教师点评，在这一过程中教师要注意点评的科学性，对学生的观点进行合理的评价。

在整个讨论和辩论过程中，教师的主要任务就是引导、组织学生对案例进行分析和讨论，教师应把握讨论的方向，避免学生偏离讨论的正题和方向。除此之外，教师还应该营造良好的课堂气氛，使学生能够在自由愉快的环境中畅所欲言。在讨论的过程中教师不能将自己的观点表露出来，以免学生产生依赖的心理。如果学生的观点不一致或是有误，教师可以采用提问或是讨论的方式让学生自己意识到问题所在，进而自觉加以改正。在整个过程中，教师和学生都应该用英语进行交流，这样不仅可以培养学生的思维能力，也可以锻炼学生的英语口语能力。

（三）总结案例

在学生的讨论结束后，教师应针对本节课的情况进行总结。总结并不是指教师轻轻松松地给出答案，而是要针对本次讨论的情况和结果进行分析。学生应指出本次案例分析和讨论过程中遇到的难点和重点，以及还需要解决的问题。教师根据学生提出的问题一一做出解答，并总结这次讨论的结果，指出学生表现的优缺方面，鼓励学生继续发扬好的一面。

（四）撰写案例报告

案例教学法的最后一个环节是组织学生撰写案例报告。针对分析讨论得出的结果，要求学生用英文对案例做出书面形式的分析和总结。教师对学生撰写的案例报告要仔细查阅并进行批改，或者让学生之间相互批改，对报告也要有明确的文体和格式要求。这样不仅可以培养学生的书面表达能力，也可以为学生今后毕业论文的撰写奠定基础。

五、案例教学法对于商务英语教学的重要性

跨国贸易的发展对于高素质商务人才的需求不断增加，商务英语专业人才的培养成为社会发展的一种必然需求。传统商务英语教学中注重语法和翻译的模式已经不能适应商务活动对于人才的需求，新的教学方法的探索为案例教学法的应用提供了一定的空间和有利条件。同时，案例教学本身能够着眼于学生能力培养和案例真实性等特点也为其在商务英语教学中应用提供了一种可能。案例法教学中，学生能力的培养被放在最为重要的位置，将其应用于商务英语教学时，能够改变传统的将商务知识和语言能力作为重中之重的情况，从而使学生的主体地位得到重视，能够实现对学生综合能力的培养。现行商务活动所需要的是具备解决相应问题能力的全面发展的人才，因此案例法教学应用于商务英语教学中时，能够从学生的角度出发，通过对具体案例的学习，在一种相对开放的环境下通过对相关资料的查询、同学间的相互辩论以及自己的思考总结等掌握相关的专业知识并提升自己解决问题的能力。案例学习法下，每个学生的参与和互动都能使他们的学习主动性和对专业知识的理解掌握以及沟通交流能力等方面得到全面的提升，从而实现其商务英语的具体应用能力的提高。

第六节 电子商务英语的教学法及其发展

电子商务是商务领域的一场根本性变革，市场潜力无穷，几乎所有的国家地区和企业都面临着来自电子商务的机遇与挑战。随着电子商务魅力的日渐显露，人们对电子商务相关知识的学习热情高涨。在这样的大环境下，各

个大专院校纷纷开设了电子商务英语课程。如何不断地完善该门课程的教学方法，提高教学效率，培养满足社会需要的电子商务专业人才，是电子商务英语教师义不容辞的责任。

一、电子商务英语的课程特点与教学现状

电子商务英语课程具有以下特点：

（一）课程的实践性强

例如在讲到电子支付时必然涉及网上银行。如何在网上银行进行支付，有哪些支付手段，都需要用多媒体在网络环境下进行实际操作才会让学生获得更感性、更深刻的认识。

（二）内容更新快

伴随着电子商务的迅速发展，电子商务英语的课程内容也要时时更新。目前不少讲授电子商务英语的年轻英语教师虽然有着硕士研究生或博士研究生的学历，但研究的方向大多是应用语言学、英语教学法或跨文化交际等，专门从事电子商务领域研究的教师为数不多，很多担任电子商务英语课程的英语教师都是“半路出家”，由于受到电子商务专业知识的限制，在教学中往往以词汇和语法教学为重点。而讲授电子商务英语的多数专业教师没有从事英语教学的经验，经常采用翻译法，侧重于讲授商务专业知识。在这种情况下，学生与老师在课堂上缺少双向互动交流的机会，因此其运用商务英语的综合能力得不到有效的训练和提高。由于课堂气氛沉闷，难以调动起学生的学习热情，激发学生的潜能。学生在课堂缺少动手参与的机会，造成理论与实践相脱节。

二、电子商务英语教学过程中需要注意的问题

（一）教师要根据教学内容的需要灵活运用多种教学方法

教师在教学过程中要切实从传统的权威、中心角色转变为学生的引导者和合作者，授课时尽量做到综合运用各种教学方法，通过教师在课堂上生动的讲解和教学活动的组织激发学生的学习热情，培养其学习兴趣。例如，在讲述电子支付手段时，可以把任务教学法和小组合作学习法结合起来，教师在具体讲授各种电子支付手段的分类、功能、优势和缺陷等基础知识后，可以让学生分组讨论这些支付手段的异同点、优缺点及针对缺点的改进措施。分组时根据学生的学习能力、语言水平和性格特征均衡考虑，以每组 4 到 6

人为宜。学生明确任务目标后，首先应在小组内部讨论，然后每组派代表在整个班级范围内讨论，最后教师做总结。通过这一系列环节，可以加深学生对所学基础知识的理解，培养其合作参与的精神，总结归纳能力及口语表达能力，取得较好的教学效果。

（二）要重视电子商务基础知识体系的构架

教师在运用各种教学方法组织课堂教学的同时不能忽视电子商务基础知识体系的构架。例如，在讲授“网络营销”时，可以采用案例教学法和小组合作学习法，即在课堂上引入某个具体企业通过网络营销取得成功的例子，比如以米其林集团通过网络营销策略节约成本，开拓市场和提高客户满意度为例，分小组让学生进行分析、讨论、辩论，小组内部达成共识后，各小组选派代表进行全班讨论，最后教师总结并要求学生课后用英文撰写案例报告。教师一定要在组织课堂活动前首先把涉及网络营销的基础知识讲清，包括网络营销的发展历史，主要的营销策略，网络营销的优势、存在的问题，其与传统营销方式相比的异同点。如果没有这些知识点的学习，学生在做案例分析时就会缺乏相关的知识储备，加之不知道相应的英文表达方式和专业术语，必然会遇到很多涉及背景知识和目标语言表达方式的困难，进而影响最终的分析深度和效果。

（三）要重视课堂管理

教师在运用各种教学方法组织课堂教学时要做好课堂教学活动各环节的管理。例如，在采纳任务教学法时，教师在使学生明确任务目标并科学合理地完成小组划分后，要做好时间安排，以确保小组讨论和全班讨论进行之后，教师有足够的时间做总结。任务完成之后对完成任务的效果进行及时评估和分析是很必要的。一方面，要总结完成任务所涉及的知识点及相关知识点之间的联系；另一方面，要总结整个任务完成的过程，包括分析思路的合理性、归纳观点的逻辑性、主旨问题的把握度等。教师的总结有利于学生理清思路、加深理解、增强印象。

（四）教师必须博采众长，拓宽知识面

在综合运用各种教学方法时，教师要面临教学活动中角色的转变：教师从知识的传输者变为指导者，学生从知识的被动接受者变为知识的主动建构者。学生在轻松、积极的教学氛围中往往会提出许多课本以外的问题，因此教师必须在“知识面”上有充分的储备。教师必须具备高度的责任心，在上课前要充分预想各种可能出现的问题，要认真选择并仔细研读发给学生的案

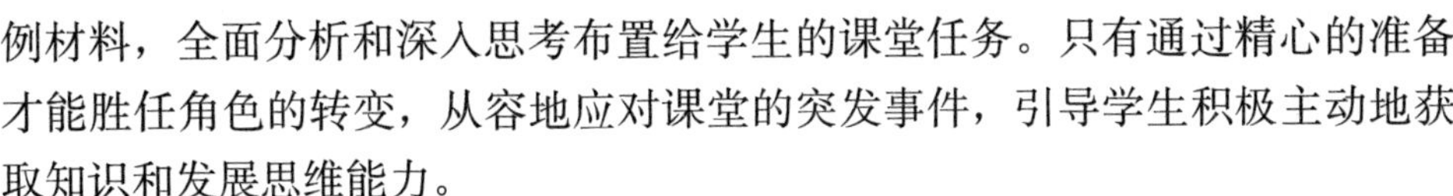

例材料，全面分析和深入思考布置给学生的课堂任务。只有通过精心的准备才能胜任角色的转变，从容地应对课堂的突发事件，引导学生积极主动地获取知识和发展思维能力。

（五）要重视培养学生积极参与的精神

在组织课堂教学活动时，不能忽视培养学生积极参与的精神。在让学生以小组为单位进行讨论时，教师要随机挑选不同的小组参与其讨论活动，监督小组成员积极参与，尤其要鼓励那些性格内向或基础较差的学生发表自己的看法。每次在进行全班讨论时，可以尝试让小组成员轮流担任本组代表总结本组的讨论结果，以防止只有少部分性格外向、成绩优秀的学生成为课堂参与的主体，而大部分学生丧失参与的机会。

综上所述，在实际的电子商务英语教学中，教学方法仍然有待于进一步研究，所以电子商务英语教师要根据所讲授课程的具体内容灵活运用各种教学方法，充分发挥各种教学方法的优势，提高教学质量。

当前电子商务的快速发展对电子商务英语教师提出了更高的要求，教师必须不断拓展和更新自己的知识储备，研究电子商务英语的特点，探讨其教学规律，关注学生的不同特点，这样才能在课堂教学活动中表现得游刃有余。

第六章 商务英语教学评价研究

第一节 教学模式评价概述

一、形成性评价

（一）形成性评价的背景及含义

形成性评价是教师在教学过程中，对学生学习过程的及时反馈。学生在学习英语的过程中，表现出各自的兴趣、态度、参与度以及语言发展状况。教师对这些表现进行记录并给出判断和评价。这种反馈可以帮助学生及时纠正错误并能指导教师根据教学活动的有效性进行修正。评价的目的是使教师和学生更好地认识自身，从而进行改进，发展得更完善。形成性评价的优势在于可以使教师更好地了解学生的学习情况，对症下药，促进其学习进步。从学生的角度来讲，学生在教学活动中既锻炼了自己的能力，又通过老师的反馈了解自己的长处和不足，从而变被动接受信息为主动参与，增强学习的积极性。形成性评价教学，改变了以教师为单一主体的情况，学生也成为教学过程的主体，教与学的过程得到了互相促进的统一。

1967 年美国的 M.Seriven 在《评价方法论》中首次提出了形成性评价的概念，它是通过评价教学计划中存在的问题并反馈给教学人员，由其根据反馈数据修改其教学方法，从而获得较高质量的教学。20 世纪 70 年代布卢姆在《教育评价方法指南》中提出了教育评价的三种分类，即目前教育者熟知的诊断性评价形成性评价、终结性评价。其中形成性评价首次应用于教学实践中，并将其与教学指导相结合，通过评价反馈，使得教学者有目的地改善工作，提高教学质量，促进学生更好地学习。形成性评价关注的不仅是学生的学习过程，更重要的是对于学生反馈信息的处理。因此，20 世纪 90 年代以后，国内外许多学者开始关注形成性评价在教学中的应用。维特在 1988 年探讨了形

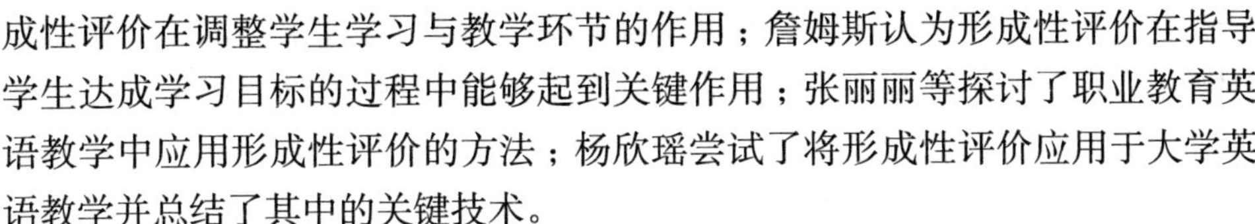

成性评价在调整学生学习与教学环节的作用；詹姆斯认为形成性评价在指导学生达成学习目标的过程中能够起到关键作用；张丽丽等探讨了职业教育英语教学中应用形成性评价的方法；杨欣瑶尝试了将形成性评价应用于大学英语教学并总结了其中的关键技术。

（二）形成性评价存在的问题

在我国，应用形成性评价较为成功的是中小学教学平台，其原因一方面是学校规模较小，易于管理，另一方面则是学生与教师联系更为紧密，各种教学反馈信息易于获取从而使得教师能够做到有针对性地调整教学过程。在大学应用形成性评价的情况却不甚理想，由于传统的考试教育影响以及教师很难投入全部的精力去完成教学，对于形成性评价的应用，事实上常常止步于对试卷的分析，而较少对学生平时学习情况的调查，如试卷分析已经成为考试之后教师必须完成的一项工作。另外，国内高校的教务管理更注重对教师的评价，如课堂教学评价，甚至还有学生对教师的教学评价等，但是，学生作为教育的主体，他们日常的学习过程却一直得不到重视，常常依靠的是学生的自觉学习行为。因此，在大学教育中应用形成性评价仍然需要得到更多的关注和研究。

商务英语作为一门新兴的应用型学科，当前的大学英语评价体系没有针对本学科特点的评价形式，导致教学过程中一直沿用大学英语的评价体系，没有体现出本学科的特点和实践应用性。如果教师在教学过程中能够将形成性评价有针对性地应用到商务英语教学评价过程中去，那么会对商务英语的教学质量产生积极的作用。

（三）形成性评价的实施过程

商务英语的学习，从内容上来说，不但要求学生具备英语的基本能力，还要求具备商业贸易等方面的专业知识；从学生能力的培养上来说，不但要具备较好的书面表达能力，更要具备流畅的口语表达能力，即学生要具有更强的实践能力。根据这些规律，我们运用形成性评价的相关理论，笔者在教学中进行形成性评价的实验，促进学生自主学习，提高教学质量，并为商务英语的教学探索一些具有借鉴意义的新思路。

1. 多元评价方法的综合运用

事实上，目前普遍采用的期末考核方式并没有收到预期的促进学生学习的效果，反而使得相当一部分学生不重视日常的课堂学习，旷课现象时常出现，而到考试阶段则“各显手段”。也有部分教师自发性地采用课堂点名或者课堂提问等形成性评价方式，但一方面由于较大的随机性，另一方面也缺乏连续性，所以对教学效果起不到明显的作用。因此，在期末测试成绩基础上积极采用多元评价的方式，把课堂出勤及课堂表现等情况结合进来，可以有效促进学生的学习自主性。

2. 非测试性评价手段的运用

倡导采用非测试性评价手段，如：课堂、提问、学习讨论、作业、读书笔记、案例模拟等。课堂提问是富有经验的教师较为常用的基本技能，可以有效调动学生课堂注意力。学习讨论也是一种内容活泼的评价手段，将学生分成若干小组，教师提出问题，小组分别讨论，每个学生使用英语表述观点，然后集中观点，教师给出每组的最终评价。读书笔记则要求学生自己寻找商务案例阅读，并用英语写下阅读重点及读后感。商务案例模拟由教师设计场景，组织学生分饰角色，进行虚拟商务交流，这种教学形式对学生具有重要的实践意义，事实也证明，学生对这种活泼生动的教学形式非常感兴趣，积极参与。对于案例模拟成绩的评定采用自我评估，同学互评，教师总评，三者综合的方式更为有效，同时使得学生的积极性更高。

3. 自我评价和问卷调查方法的应用

众所周知，日本在教学评价中采用教师评价、自我评价、学生互评。美国则采用自我评价、同伴评价、教师评价、文件夹评价等方式，并主张评价过程民主化。由此可见，日本和美国都十分重视学生自我评价能力的培养。

为了适应社会对个人终身学习和可持续发展的不断要求，大学生需要不断提高自主学习能力，形成性评价中的学生自评部分便是学生提高自主学习能力的极佳方法。我校的网络教学平台为商务英语专业学生提供了便利的学习机会，每个学生都可以通过自己的学号顺利地登录英语学习网络平台，下载与商务英语教材配套的学习资料；在每次学习结束之后，网络教学平台会保留学生的学习痕迹。每个学期末，教师和学生都可按照网络教学平台确立的评价标准，给出相应的教师评分和学生自评成绩

在实际评价过程中学者们普遍认识到，由于商务英语课程的难以量化和定性的人为因素，教师可以通过问卷调查、访谈等真实活动来评价学生英语学习的综合能力，以弥补上述不足。通过问卷调查和访谈的开展，教师可以了解学生们学习中真实存在的问题和学生对课程的建议和想法。从而根据具体情况，调整教学方案，促进教学的良性开展。

因此，在具体的教学评价过程中，我们要遵循的原则是充分尊重学生的个体差异，促进学生的健康发展。无论是学校还是教师都要把评价对象作为一个平等的对象来看待，在商务英语的具体教学和评价过程中都给予学生以宽松愉悦的学习和评价氛围，让学生在了解自身的同时，明确各项评价指标，

从而在商务英语的学习过程中对自我的学习做出客观公正的自我评价，及时发现自身存在的问题和不足，明确自己今后的学习方法和方向，从而实现课程评价体系的真正目的和意义。

同时教师应该根据学生在商务英语课程教学实践中不同时期出现的学习状况和反馈的信息（学生自评和网络平台），及时变更教学方法，从而调动学生的学习自主性和主观能动性，发挥课程评价的激励、诊断和发展作用，提高英语课程评价的功能性和实效性，使商务英语的教学开展能够更具备针对性和实用性，从而真正提高学生的综合素质和能力。

二、终结性评价

终结性评价是指用来概括一个人成绩的评价，通常在学期末，或课程结束时。终结性评价的目标以结果为导向，以数字形式对学生进行评价和比较。终结性评价能够有效地检测学生知识的累积，但是无法反映学生的学习能力和潜力。终结性评价的作用主要是在课程结束时检查学生的学习水平，像高考或是大学里的期末测试，它是建立在学习经验的积累上的评价手段，考试本质上只能表明学生在考试时所掌握的知识，但不能反映学生的整体学习能力，也不能预测学生未来的潜力，只能作为学习过程中的一个片段的反映。对于学生来说，终结性评价就是以分数来反映自己的学习情况，但这一反映并不全面，分数不能完全反映学生的能力和发展潜力这两方面的状况。

第二节 课程评价概述

目前国内商务英语的课程设置方面几乎都是围绕英语和商务两大模块进行双语或全英教学，对于各门课程建构的必要性和可行性缺乏系统的理论支持和设置原则。随着商务英语的发展，越来越多的人开始关注和提倡商务英语的课程改革，但许多人忽略了课程评价理论的应用。

斯塔弗尔比姆的 CIPP 评价模式是近年来公认的优秀的一般评价模式，一些学者也把 CIPP 模式运用到高校课程评价中，形成 CIPP 课程评价体系，随着 2007 年商务英语专业的获批，课程体系建构的研究也受到更多的关注。CIPP 模式作为公认的、实用性强的评价模式，强调教育评价的改进作用，因此特别适用于商务英语课程体系的改进。本书从 CIPP 评价模式出发，分析目前课程体系的现状，发现存在的问题并给出建议，以推进和完善商务英语课程体系建设。

一、CIPP 评价模式简介

课程评价是课程开发的基本问题和核心环节，我国的评价工作多数是以拉尔夫·泰勒的目标导向评价模式为中心的，该模式把目标、教学过程与评价作为一个循环圈，预先设定的目标是评价的唯一标准，评价的对象是目标中规定或涉及的对象，很显然这种模式“将预先选择的目标提升到过程之上而且外在于过程本身，然后再根据目标选择经验并加以组织，最后通过评价确定目标的达成度”。但随着教育理念的发展，这种目标导向评价难以评价教育活动中的非预期效果，例如教师和学生的即兴发挥，以人为本的教育理念不能得到真正地体现。在目标模式基础上发展起来的过程导向模式更能满足教育实际的需求。

CIPP 评价模式是由美国著名教育评价家斯塔弗尔比姆及其同事于 20 世纪 60 年代末 70 年代初提出来的。在很长的时间内，CIPP 模式主要包括了四种评价即四个步骤：背景评价（Context Evaluation）、输入评价（Input Evaluation）、过程评价（Process Evaluation）、成果评价（Product Evaluation）。取这四种评价的英文的首字母，即形成所谓“CIPP 模式”。

二、阶段划分

不过，从 21 世纪初开始，斯塔弗尔比姆重新反思自己的评价实践，感到四步骤的 CIPP 模式还不足以描述和评价长期的、真正成功的改革方案。为此，他对其做出了补充和完善，把成果评价分解为影响（Impact）、成效（Effectiveness）、可持续性（Sustainability）和可推广性（Transport ability）四个阶段下面是构成该评价模式的具体内容：

1. 背景评价（Context Evaluation）是对所在环境的需求、资源、问题和机会的评价。“需求”主要包括那些为实现目的所必需的、有用的事物，“资源”是指在本地可以得到的专家和提供的服务，“问题”是指在满足需要时必须克服的障碍，“机会”主要指满足需要和解决相关问题的时机。

背景评价的主要目的在于：（1）描述所需服务的背景情况；（2）界定预期的受益人并评定其需要；（3）弄清满足需要所存在的问题和障碍；（4）界定本地资源和资助时机；（5）评定方案、教学和其他服务目标的清晰度和适切性。背景评价的基本取向在于确认方案目标与方案的实际影响之间的差距，本质上属于诊断性评价。

2. 输入评价（Input Evaluation）是在背景评价的基础上，对达到目标所需的条件、资源以及各被选方案的相对优点所做的评价，其实质是对方案的可

行性和效用性进行判断，对本方案的设计和工作计划、本方案的财政预算等进行评价。评价者的任务包括：鉴别和调查已有的方案，以便作为新方案的对照；评价方案建议的策略。

3. 过程评价（Process Evaluation）是对方案实施过程中作连续不断地监督、检查和反馈，其目的：一是为方案制定者、管理人员、执行人员提供反馈信息，以便了解方案实施的进度以及是否有效地利用可用的资源；二是用于发现方案实施过程中的潜在问题，为修正方案提供指导；三是为定期评估方案的参与人员提供有效信息。总之，过程评价在于调整和改进实施过程，本质上属于形成性评价

4. 影响评价（Impact Evaluation）是对方案达到影响目标受众的程度作出评价，评价结果所要回答的问题是：(1) 观察到了何种影响（肯定的和否定的、预期的和非预期的）？（2）各类资助人怎样看待这些影响的价值和优点？（3）获得满足了方案预期对象需要的程度如何？

5. 成效评价（Effectiveness Evaluation）是对结果的品质和重要性进行评价。

评价者的主要任务包括：访问主要的利益相关者；选择合适的受益人，进行深度的个案研究；汇总和评价方案对于社区的成效；撰写评价报告；把成效评价报告整合到不断更新的方案档案库中，以及整合到最终的评价总报告中。

6. 可持续性评价（Sustainability Evaluation）是在某种程度上，方案成功地制度化了，将长久地得以实施下去。评价者访问方案领导和职员，方案的受益人确定是否有可持续的可能性和必要性，并通过讨论和反馈确定可持续性的程度。

7. 可推广性评价（Transport ability Evaluation）即在何种程度上，方案已经和将会成功地被调适和应用于别处。评价者需要分析方案是否能够成功地被适用和应用于别处，汇总和报告可推广性评价的发现；在反馈讨论会上，讨论可推广性评价的发现；撰写可推广性评价定稿，提出具体的改善措施，并提供给委托人和公认的利益相关者。

CIPP 模式是一种以过程为导向的决策模式，其主旨是目标的合理性和可行性，评价并不是为了证明，而是为了改进，评价不应单纯地以教学目标为中心，应以以决策为代表的社会为中心。评价应为决策服务，为决策收集、组织和报告信息，它是“为决策提供有用信息的过程”。因此 CIPP 评价模式的介绍与分析对丰富现行的商务英语课程体系建构有着指导和实践意义。

第三节 商务英语实践教学评价研究

根据我们的调查发现，商务英语专业虽然都有实践教学的课程设计，也都在实施，但大多数教师过于重视实训内容及相关的硬件建设，忽略了关系到实训成败的重要环节—考核评价体系的构建，普遍缺乏科学的实践教学评价标准，严重影响了实训的效果。科学客观的评价标准的缺失，致使任课教师在实际教学中按自己的理解去实施考核标准，考核大多仍以语言基本技能为主，忽视学生应用能力、创新精神、情感、态度等综合素质的发展，忽略了从小组讨论、学生之间的团队协作、情景模拟、项目操作、解决问题的能力和效果等多个方面来综合评估学生；作为主要评价者的教师，根据自己的喜好和主观感觉评价，学生的积极性得不到发挥；评价结果仍是简单的分数呈现，缺失有指导意义的反馈，不能真实反映学生的学习情况，教学效果得不到保证。没有对实训效果的及时检验，便无法开展对实训工作的合理总结，学生如果不能在实训中及时地发现错误，认识到自己的长处和缺点，便难以实现综合能力的提高；教师如果不能在实训结束后准确地把握参训学生的实操情况，便难以反思教学效果，为后续的教学工作提供鲜活的教学素材。这种纸上谈兵的做法不能客观地反映实践教学的真实状况，教师也无法准确把握学生学习状况和实践教学效果，不能帮助学生及时发现不足和提高学生的实践动手能力，达不到实践教学预期的目标。如此单一的考核内容，单一的考核形式，单一的评价主体，偏离了商务英语实践课程设置的培养目标和高等教育办学宗旨。针对这种现状，我们有必要构建一个科学的实践教学考核评价体系，运用“理论学习、仿真实训、轮岗实习、严格考核”的模式培养真正符合市场需求的商务人才，从英语中学习商务，从商务中体会英语，实现理论与实践相结合，提升学生的实践能力。

一、定性评价与定量评价相结合，形成性评价与终结性评价相结合

定量评价通过考试，以数字来评定学生的发展状况；定性评价通过描述性语言对学生的表现进行定性分析和综合评判。形成性评价是通过诊断教育方案或计划、教育过程与活动中存在的问题，为正在进行的教育活动提供反

馈信息，以提高实践中正在进行的教育活动质量的评价，可以采用课堂活动和商务实践活动记录、网上商务活动记录、学习档案记录、访谈和座谈等多种形式，以便对学生学习过程进行观察、评价和监督，促进学生有效地学习。终结性评价是在教育活动发生后关于教育效果的判断，忽略了对学生思考能力、解决问题能力、相互协作与沟通能力等的考查与评估。形成性评价与终结性评价的不同之处在于后者强调教学结果，前者则关注教师的整个教学过程和学生的整个语言学习过程，它强调学生通过自我评价不断观察和解释自己的语言学习过程，了解自己的发展水平和提高的途径；而且可以督促学生反思学习过程，体验成功，增强自信。科学合理的教学评价体系不仅能够调控教学过程，对教学起到监督与诊断的作用，而且可以督促学生反思学习过程，调整学习策略，这样教师与学生双边就能够一起努力以达到优化教学的目的。改变单一的“平时成绩＋期中考试＋期末考试”考核方式，更加注重能力、知识、素质三位一体的考评。突出商务英语专业特点，加大操作技能和实践能力的考核，强调考试对学生学习的促进作用，但同时也更加注重学生职业能力的提升。将过程考核与最终考核相结合，即考核学生对各种知识和技能的理解程度和运用能力，又要兼顾学生参与实训的态度和认真程度。

二、绝对性评价与相对性评价相结合

绝对性评价是在被评价对象集合之外预先确定一个客观标准，将评价对象与考核标准进行对照，给出一个绝对分数，从而判断其达到标准的程度。相对性评价是在被评价的集合整体中选取一个或若干个评价对象作为标准，然后把其余被评价对象与该标准进行比较，判断优劣。在商务英语实训评价体系中，对某些项目可制定评价标准，然后对照标准给出相应的等级评价，比如：剑桥大学 BEC 高级、中级和初级的认证考试。由于实训过程是动态的，实训内容和条件也是相对的，在商务实践活动中，可以先选取一个最好的，然后把其他的与之做比较，得出一个相对性评价。绝对性评价与相对性评价结合能使整个评价方式更合理、科学，更具有可操作性。

三、确立明确的考核标准

商务英语专业实践教学体系的建立和实施中应该有明确的考核依据与标准，用以指导考核的进行。商务英语专业的人才培养方案是根据社会的需求来制定的，因此，可以引进社会的评价体系和评价标准来制定我们的考核标准。用评价模式来评价，4Cs 代表 Four Core Competences（四项核心能力），包括：Communication（沟通）、Commerce（商务）、Culture（文化）、

Collaboration（协作），这四方面是实践教学评价体系的四项重要指标，充分体现了商务英语专业的人才培养目标。其中，“沟通”是指学生通过语言类基础知识学习，能够运用英语作为与他人进行书面、口头交际的媒介；“商务”是指学生通过商务类专业知识学习，能够掌握未来适应岗位群所要求的各项职业技能：“文化”是指学生通过课外阅读及探究活动，能够具备一个社会人应有的人文素养；而“协作”则渗透在该课程学习过程的每一环节，是学生通过主动参与教学活动获得并进而内化的一种社会能力。

四、考核主体多元化

商务英语实践教学考核评价过程中，不仅包括学生自我评价、教师评价，还包括社会评价。多角度、全方位的考核学习效果，既有静态的笔试，又有动态的操作等多样形式，充分体现了学生的知识、能力和态度，体现知识与技能、学习与合作、过程与方法、情感态度与价值观念等多项指标相结合的评价要求，确保学生学习能力和综合素质的提升。指导教师不再是唯一的评价主体，可以引进先进企业的专业人员对学生的实践能力进行专业评估，主要包括：企业鉴定、学生实训报告、企划书、方案等的可行性和可操作性，有助于学生对实训实习的重视，从而有效实现实践教学的目标。由于企业专家兼职教师拥有大多的实战经验，因此他们精彩的点评往往让大家心服口服，如现场点评学生制作的公司简介、产品目录能否吸引消费者；如何制作广告进行市场营销等等。让学生参与评估，使评估的主观性降到最低。指导老师难以在短时间了解所有学生的表现，若能指导学生互评，不仅可以提高评估的质量还可以通过竞争提高实践的质量。运用多层次的评价标准、全方位的评价内容、多样化的评价方法以及多元化的评价主体，构建科学的商务英语专业实践考核评价体系，全面激活教学要素，有效地促进学生的学习、实践和创新发展，把知识、能力、过程、方法、情感、意识结合起来，使教学活动充满生机和活力，使学生在探求新知的过程中走过学习、生存、发展、创新的心路历程，为将来就业和人生发展奠定坚实的基础。

第七章 商务英语教学实践研究

第一节 商务谈判课程教学模式探讨

随着中国经济与世界接轨以及快速发展，中国对外贸易活动越来越频繁，对该领域人才的要求越来越高，企业对涉外谈判人员的需求也逐渐增加，各高校也更加注重该方面人才的培养。商务谈判是一门综合性较强的应用学科。一场谈判涉及经济学、市场学、营销学、管理学、心理学、行为学、语言学等众多学科知识，最新的科研成果被不断吸收进来，有关商务谈判的研究就是在这些学科的基础上展开的。商务谈判课程对提高学生的综合能力发挥着重要作用。然而，纵观该课程的教学现状，仍存在诸多问题需要解决。

一、商务谈判教学现状

（1）教学内容忽视实践教学。商务谈判课程的教学方式较落后，大多数教师在课程教学过程中，还在沿用传统的以教为中心的“填鸭式”教学模式，不注重对学生学习积极性和主动性的激励。教学过程中，学生被动接受知识的灌输，导致书本上学到的知识无用武之地。目前，大多商务谈判教师仍按照传统专业课的讲授方法，完全按照教学大纲与教学目的的要求组织教学内容，着重讲授理论内容，让学生了解商务谈判的定义、流程、类型、原则；熟悉商务谈判过程；了解商务谈判的礼仪；具备一定的心理素质、思维能力、伦理观念；掌握商务谈判的基本方法、技巧和策略。在课堂教学的过程中，教师也能够进行具体案例分析，引用相关案例进行理论知识的实际应用。虽然，这一方法保证了课程内容的系统性和条理性，但是缺乏实践性和灵活性，不利于培养学生的能力。

（2）第二是教学手段单一。近年来，许多专业教师也在积极尝试多样化的教学方式，如案例教学、情景教学、角色扮演等。由于教师能力和教学资源的限制，教学效果并不显著。教师借助于多媒体教学手段主要是为了向学生传递更多的理论知识和信息，而没有真正地将多种教学方法融入其中，这当然影响学生的兴趣和学习欲望。

（3）考核方式忽视对谈判能力的测试。商务谈判课程传统的考核方式主要是闭卷考试，以期末考试的卷面成绩作为考核学生水平的最终标准。这种考试方式忽视了对学生运用所学理论知识去策划、组织和实施谈判能力的考核。因此，学生对谈判技能、谈判技巧的掌握能力无法通过传统的闭卷考试方式衡量。

（4）教师实战经验不足。作为一门应用性和操作性极强的课程，商务谈判课程要求教师不仅要具备相关理论知识，更要有丰富的谈判经验。然而，很多教师却缺乏实际的商务谈判经验，在讲授商务谈判课程时，无法将真实的谈判经历融于课堂之中，只能讲授课本中的理论知识和现有的案例，导致课堂教学缺乏生动性和活跃性。

（5）学生自主学习能力弱。在传统教学模式下成长起来的学生，相当一部分人不具备自我管理、自我学习和自我服务的能力和意识；在学习、思维能力培养上，与人沟通以及自我管理方面对老师有强烈的依赖性。在学习方面，学生存在着严重的惰性，自学意识差，很少利用网络、图书馆等手段查阅资料，对于知识的获取仅仅局限于教材，并且很少主动思考、质疑教师课前布置的教学案例，导致在学习过程中无法发散思维，进行创新。同时，学生合作能力差，不善于与人沟通、协调。因此，在面临日益激烈的市场竞争时，传统教学模式下培养出的学生的就业能力和心理基础往往很脆弱，无法满足社会对他们的要求。

由此可见，商务谈判课程教学在教学内容、教学手段、考核方式、实训教学、师资等方面还存在着一系列的问题。传统的灌输式的教学跟不上当今社会对教学的要求，因此教学模式的改革势在必行，而且对提高教学效果至关重要。针对这些问题，如何才能培养出高素质、合格的谈判人员来满足企业的需求呢？这就要求教师必须改革现有的教学模式，提高教学实践创新，注重培养学生的谈判能力和综合素质，不断拓宽自身的视野，在原有教学基础上对课程进行改革已成为商务谈判课程发展的必然选择。

二、商务谈判课程教学模式改革探索

（一）商务谈判课程教学内容改革

教学过程中，教师应当灵活组织教学内容。教师必须阅读与课程相关的教材，发现目前教材中普遍存在的问题，了解每本书的优势与不足，掌握商

务谈判课程的整体框架及本学科的基本内容，分析实际谈判的内在规律。这样，才能很好地组织教学内容，讲授时做到条理清楚，深入浅出，避免被指定教材牵着鼻子走。

具体地讲，教师在教学过程中，可以采取基础理论与案例研究、模拟谈判穿插的方式，让学生充分体会理论在实战中的应用。首先讲解商务谈判的基本原则，使学生对商务谈判有初步的认识；接着讲解谈判的基本程序和步骤，并要求学生掌握实际操作的框架，了解商务谈判是依原则而进行，有章可循；最后，讲解谈判的基本技能和技巧，使学生认识到商务谈判也是一门艺术。教师无须局限于某本教材，可以自己进行教学设计，将理论、案例和模拟实战融为一体，让学生在有了理论知识的基础上，能通过案例分析和模拟实战理解并灵活运用理论。

（二）商务谈判课程教学方法改革

为调动学生学习的积极性，真正做到学以致用，提高学生的商务谈判能力，在具体的教学上需要采取一些新的方法和手段：

（1）以“学”为中心的讲授法。商务谈判作为一门课程，教学过程中的知识传递必不可少。一方面，教师要向学生讲授商务谈判的基本原则，商务谈判的技巧、策略以及商务礼仪，让学生掌握商务谈判的基本理论和基本技能，为适应未来国际交往和商业活动的需要奠定坚实的理论基础。另一方面，对于可以自由发挥的内容，可由学生上台讲解，教师最后进行总结，就其中不足的地方、重点的地方加以阐述，课堂讲解不以“教”为中心，而以“学”为中心。这种方式可以充分调动学生的积极性，相对于单纯的讲解，这种教学的效果非常显著。

（2）采用模拟谈判的方法。商务谈判作为一门实用性极强的课程，模拟谈判的设置必不可少，也体现了这门课程的特色。相对于讨论和讲演等纸上谈兵的方式，模拟谈判更易于教师评估学生实际应用能力并发现存在的问题，以便给予更具针对性的指导。另外，在学生模拟谈判时，教师可以将谈判过程用相机记录下来作为课堂讨论的一手资料。

模拟谈判可以帮助学生熟悉和了解实际谈判中的各个环节，对于锻炼与提高自身综合能力大有裨益，也更好地体现了素质教育的实质。模拟谈判不仅使学生的观察能力、表达能力、交际能力得到充分体现，还培养了学生的团队协作能力，因为谈判小组的分工与配合是达成谈判目标的重要基础。另外，通过自我总结，学生也可以更深刻地体会谈判中存在的问题以及从中汲取谈判的经验、教训。学生不仅可以从其他同学的表现中学习，还可以从自我的表现中总结经验，学习能力得到了更充分的锻炼。

通过模拟谈判，对于培养学习兴趣也起到了积极的作用。这种方式促使学生在前期准备阶段时主动找教师探讨谈判方案，并提高自己以后从事类似工作的信心。这充分证明，模拟谈判可以调动学生将学到的知识运用到实际谈判中，促使学生去实践所学的知识，体验学习的快乐，是实践教学中行之有效的模式。在模拟谈判中，学生可以熟悉不同类型商务谈判的特点并分析谈判成败的经验教训，有助于培养良好的职业素养。

在实战教学环节，教师应给学生充分的时间发挥，不能为了教学进度而仓促了事。当然，这就要求教师在教学的灵活性和规范性之间做好计划。为了让每个学生都参与其中，教师应尽量选取学生日常生活中能接触到的经济活动，使其更容易进入角色，有话可说，在学到知识的基础上进行运用。

（3）组织相关专题讲座。邀请商务谈判人员到课堂上为学生做专题讲座，可以使学生在了解谈判基本理论知识的基础上，加深对谈判实战的切身体会，进而更为具体地掌握商务谈判的基本流程；并且更深刻地领悟课堂上所接触的谈判策略和技巧。此外，务实性讲座可以使学生课堂学习的目的性得到加强，唤起学生加入谈判实战的热情。借此教师可以督促学生及早树立理论与实际相结合的观念，并为迎接毕业后从事商务谈判实践工作做好准备。

另外，对于在校的学生来说，谈判经验是最薄弱的环节，同时也是最需要学习的内容。由于企业谈判人员具备在各种场合谈判的丰富经验、思维敏锐，有必要邀请他们到学校做讲座。他们可以通过鲜活的事例、务实的讲解激发学生的学习兴趣和热情，增强学生对实践的认识，这是与课堂教材学习最大的区别。若效果好，讲座会成为最有吸引力的一堂课，提高学生的积极性。因此，在学校支持且时机适当的情况下，教师可以依据谈判人员讲座的质量，定期聘请他们做实务性讲座，并通过与学生的互动建立良好的长期交流机制。

（4）创造企业实习机会。商务谈判作为一门实践性极强的专业课程，学生仅仅依靠课堂上的理论教学与模拟谈判是不够的。因此，教师一方面应鼓励学生把握所有可能的机会，进到企业中体验真实的商务谈判过程，将理论付诸实践。另一方面也应为学生创造机会。比如，以学校为官方代表，为学生签订一定数量的以校企联合为主要形式的实习、实训基地，让学生利用实习周或假期等空闲时间，集中或分散地深入企业参与谈判实践，让学生将课堂所学的理论知识与基本操作技能应用于实践。这种方式既有益于学生巩固商务谈判基础知识，又能让学生体验到理论转换成实践的喜悦。总之，学生的综合谈判能力将大大提高，并为日后从事商务谈判工作积累必要的实战经验。

（三）提升教师自身素质

哈佛学者斯腾恩伯格认为，一个优秀的教师应该具备三个层次的知识（即原理性知识、特殊案例的知识、把原理和规则运用到特殊案例中的知识）的完备体系，而不是只能喋喋不休地向学生进行从概念到概念的演绎。教师只有具备扎实的理论知识，突出的实战能力，才能在教学中得心应手地运用各种教学手段，做出对学生具有说服力、吸引力、影响力的评议。

（1）教师应熟练运用多种教学方法。多数教师都是在长期的“填鸭式”的教育模式下成长起来的。而如今，教学理念不断更新，这对教师提出了更高的要求。教师要认真研究教学方法，不断创新、互相学习，尤其要多学习国外一些成功的教育方式，采用更为灵活的、人性化的互动式的教学方式，才能做到提升自身素质的同时培养出优秀的学生。

（2）教师应丰富自身实战经验。增加经验的有效途径之一就是要积极参加谈判实践活动，充分利用课余时间或假期到企业中去，把搜集到的第一手资料应用到教学中，使教学内容具有说服力，并且富有新鲜感、时代感。

（四）商务谈判的考核方法改革

对学生的考核，教师不应该再以传统的期末考试卷面成绩作为最后的考核标准，应该采取多样化的考核，全面评估学生的能力。考核标准可以包括学生搜集整理和运用信息的能力、英语口语表达能力、事前分析能力、谈判能力、角色配合与团队协作能力等。课程采用百分制核算，平时表现占20%，模拟谈判表现占20%，谈判实践表现占30%，期末考试成绩占30%。其中，谈判实践成绩由学生实习企业主管人员根据学生的具体表现给出分数。这种考核的突出优点是能够促使学生从课前准备阶段就全身心地投入本课程学习，平时表现比重的加大能够避免学生在课程学习过程中产生松懈，也有助于学生对课程内容的持续消化和吸收。这种考核方式的顺利实施，要求教师在第一节课上明确课程考核方法和要求，向学生清楚地交代每阶段学习任务完成的截止期限，这样既能很好地体现教与学的互动，又能使学生在学习中获得更大的主动性。

第二节 商务英语专业实践教学模式研究

随着经济全球化进程的加快和中国经济改革的深化，我国与其他国家的国际交流和合作日趋频繁，商务活动不断增多，社会形势的发展要求我们培养越来越多的具有“较强的英语语言技能＋一定的商务专业知识”的复合型、应用型人才。实践教学则是高等院校培养“英语＋商务”复合型、应用型人才最有效的途径。

实践教学模式主要指能面向生产实践第一线，为社会提供应用型技术人才的一种专业技能训练模式。该模式的内容主要包括技能训练课程体系和技能训练场所。

一、商务英语实践教学模式现状分析

随着经济全球化的发展，企业对应用型人才有着广泛地需求，商务英语专业也应运而生，国内多数高校都增设了商务英语专业。然而商务英语专业毕业生的实践能力与企业对商务英语人才的需求存在很大的差距，商务英语人才培养出现了偏差。主要原因在于商务英语专业在实践教学中存在以下几个问题。

（一）商务英语教学模式理念的落后

商务英语教学的目标是培养学生在国际商务活动中熟练使用英语交流的能力，这也是开放教育要求坚持的教学实践性原则。然而，很多一线教师并没有真正意识到商务英语教学的实践性。他们仍旧使用传统的“填鸭式”课堂教授法来设置课程，主要以教师为中心进行单向输出。而且只重视语言和商务基础知识的教授，却忽视了学生社会实践能力的培养，不能真正地实现将“语言知识＋商务知识”学以致用。所以，最终的结果就是难以培养出既具备较强的语言运用能力又具有商务知识与业务操作技能的复合型人才。

（二）师资队伍自身的专业缺陷

商务英语教学对教师自身的专业素质要求很高。它既是语言教学，又是业务技能教学。商务英语课程的教学不仅要求教师具备很好的英语基础与语言运用能力，而且还要求教师具备扎实的国际商务知识和实践操作技能。然而目前商务英语专业的教师队伍中，多数都是英语语言文学专业出身的本科生或研究主，从事商务英语教学工作。他们的英语理论知识可能丰富，但是多数缺乏商务专业知识，根本就不具备“英语语言＋商务知识”的实践操作能力和经验，所以很难真正地给学生以“传道授业”的指导，就更不用提“解惑”了。

（三）商务英语教学实训基地利用不当

实践教学是商务英语教学中一个至关重要的环节，而实训基地恰恰是实践教学必备的硬件设施。学生可以通过实训基地这一平台将理论知识运用于

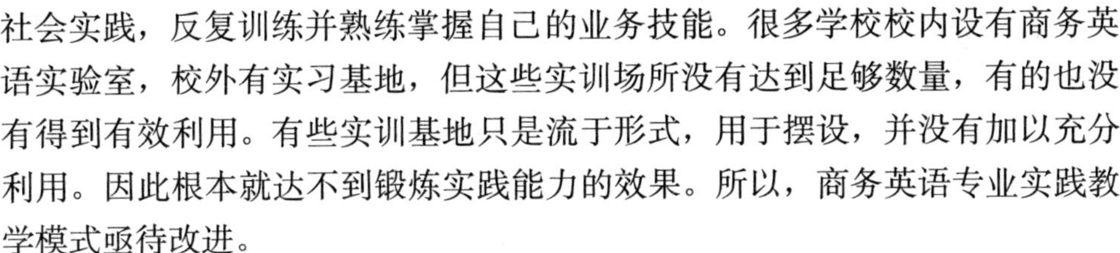

社会实践，反复训练并熟练掌握自己的业务技能。很多学校校内设有商务英语实验室，校外有实习基地，但这些实训场所没有达到足够数量，有的也没有得到有效利用。有些实训基地只是流于形式，用于摆设，并没有加以充分利用。因此根本就达不到锻炼实践能力的效果。所以，商务英语专业实践教学模式亟待改进。

二、商务英语实践教学模式的改善措施

（一）增加“案例教学法”和“任务教学法”在商务英语实践教学中的比例

“案例教学法”是美国哈佛商学院MBA教学中最成功的教学方法，主要通过描述一个案例，引导学生对案例进行分析、讨论、总结和报告，从而缩短理论学习的世界与真实环境之间的距离，使学生在案例分析中加深对理论知识的理解，并提高自身分析问题、解决问题、人际协调的能力和沟通能力等。“任务教学法”就是把任务作为教学重点，强调“以学生为主体”和“在做中学”。学习者通过任务设置、任务执行和任务总结三个环节实现任务目标，提高自身分析问题、解决问题的能力。不同于传统的“填鸭式”教学法，这两种教学法都是以学生为中心，突出学生在教学实践中的主体地位，从而使学生在完成教师布置的任务过程中及时发现问题、分析问题并能最终解决问题。这两种教学法的优点在于注重实践教学，将理论教学与实践教学结合起来，符合商务英语教学的实践性要求。

（二）充分发挥多媒体教学的优势

由于商务英语专业所学课程内容和现代国际商务活动密切相关，所以计算机多媒体教学是商务英语实践教学未来发展的方向。校内外虽设有商务实验室和实训基地，但是教师和学生不可能长期在真实的商务环境中操练，因此充分发挥多媒体教学的优势就显得十分重要。教师可以利用网络、多媒体课件等技术把教学变得更加生动、直观、有趣。教师可以自由设计集文字、视频、图像于一体的内容丰富的多媒体课件，向学生展示一些在线演示课程，比如外贸函电的制作过程、商务谈判的场景等，激发学生的学习兴趣。同时，老师可以在课堂上随时利用网络查阅商务最新动态，和学生一起探讨最新商务话题，拓宽学生的视野，强化对商务前沿的敏感度。

（三）加强师资队伍建设，着力培养“双师型”教师

商务英语专业人才知识的复合型及能力的应用型，要求教师在“英语语

言+商务技能”方面既具备复合性又有实践性。“双师型”要求教师不但要有扎实的外语语言功底和丰富的商务理论知识，而且要有丰富的实践经验和较强的业务操作能力。目前国内能达到“双师型”要求的教师少之又少，所以大力培养“双师型”教师的任务刻不容缓。笔者建议可以从以下几个方面入手：首先，对那些有较强的企业实践能力而理论基础相对薄弱的教师而言，学校要送他们到重点院校进行学习深造。其次，对具有丰富理论知识而缺乏商务实战能力的教师要去企业一线进行顶岗实践，以此来培养他们的商务实战能力并丰富实践经验。此外，要鼓励教师参加国内各种与商务英语相关的学术交流会，扩大视野，丰富自己的教学经验。最后，积极引入具备“双师型”素质的教师，也可以聘请社会实践领域内拥有较高理论知识水平及较强实践操作能力的权威专家和业内资深人士做兼职教师。他们将成为教师队伍的中坚力量，带领广大青年教师不断改进教学薄弱环节、加强实践，最终建立一支结构合理且科学高效的“双师型”教师队伍。

（四）开展校内实训和校外实习相结合的实践教学活动

教师应充分利用各种教学资源，开展多种形式、多种渠道的实践教学活动，让学生在实践中运用所学知识，提升语言运用能力和业务实践能力。实行校内外相结合的实训教学，是商务英语教学模式改革的重要一环。在培养复合型应用人才的高等教育中，实训教学起到至关重要的作用。实训课程是培养学生商务实战能力最实用、最有效的教学组织形式。实训的目的在于充分发挥和运用商务英语专业学生的个人与集体智慧，锻炼他们在不同商务活动中的应变能力、组织协调能力、实践操作能力以及创新能力，同时也通过逼真的模拟实践活动提升学生英语听、说、读、写、译的综合能力，使他们能更好地掌握所学的理论知识并灵活地运用商务知识和技能，以便在未来竞争激烈的职场中做到应对自如。

1. 校内实训

在校内建立商务英语模拟实验室，从中进行像外贸函电、英文制单实训、国际贸易实务等一系列实践操作性很强的商务英语课程。商务英语实验室是学生将所学的理论知识转化为实践操作能力的重要平台。学生可以亲自练习自己所学理论知识，亲身体会商务活动的每一个流程，反复实践并独立解决商务实践中出现的问题。最常见且成本较低的一种商务实践模拟形式就是“商务模拟公司”。“模拟公司”主要设立人力资源部、财务部、采购部、销售部、市场部等多个职能部门。学生可以在每一个部门实行轮流上岗，体会并熟悉各个岗位的具体职能，达到提前“熟悉业务”的目的。此外，学生还可模拟

各种商务活动，比如在会议室，学生可以摆放一张会议桌和多把座椅，开展一些像商务英语谈判、营销策划及高端国际会议之类的活动。学生还可以在办公区模拟如询盘、发盘、还盘等一系列国际贸易的基本流程，第一时间做到学以致用。

2. 校外实训

校外实训是校内商务英语实践教学的延伸。校外实训包括基地实训和实习在岗实训。学校应该充分利用各种社会资源，主动加强和校外企业（特别是一些大型的知名企业）的合作与交流并建立长期、有效的校外实训基地，为学生创造更多的在岗实习机会。教师指导学生进入实训基地实习，帮助翻译商务英语资料如合同、电子邮件等，也可参与实训基地的日常活动，如商务洽谈、外宾接待等。实习结束后，学生要在教师和企业的指导下进行反思和总结，找出不足，以便在未来的工作中加以改进。

通过校外实训，学生能够感受真实的商务环境，切实地处理商务活动中存在的问题，培养自己独立分析问题、解决问题的能力，从而巩固自己的专业知识，增加商务实践经验。在岗实习还可以帮助学生及时了解就业市场的动态，培养学生的职业兴趣，理性地确定自己未来的职业意向。这样的实训活动最终的效果就是要让学校培养的人才与商务实际工作岗位的要求实现完全匹配。

目前很多高校开设了商务英语专业以迎合社会发展的需要，但是商务英语的实践性教学多数还是纸上谈兵，依然存在这样或者那样的问题，比如教学模式的落后、实训基地的匮乏等，不能真正达到预期的实践效果。虽然笔者提出了实践教学模式的改进措施，但对一些高校而言，实现全部改进还存在一定的困难。一方面，加强实训基地建设这一措施中，校内实训若要建立商务实验室，所投入的费用可能对一些条件不好的学校而言有些困难。这样的话，校内实训会打折扣，反而不利于实践教学的开展。另一方面，校外实训需要和校外企业进行合作并建立长期联系，其中也会存在困难。由于商务英语专业实践性教学内容通常会涉及有关企业的商业机密，因此在输送学生实习时，一定要严格要求学生遵守纪律，做到奖罚分明。实习前中后期都应有固定老师对学生进行负责、指导和监督。这样才可能圆满完成实习任务。

总之，商务英语实践性教学的改革和发展会随着经济全球化的进程的深入及中国经济改革的深化而不断进行。要想解决目前实践性教学现状中存在的问题，就要从实践出发，建立合理高效的商务英语专业实践性教学体系，完善商务英语教学课程体系，使实践教学趋于规范化和可操作性，切实提升学生的实践操作能力并强化其商务实战经验，真正为社会的发展输送既具备很强的英语语言运用能力，也具备基本的商务知识及商务实践操作技能的复合型应用人才。

第三节 商务英语教学中的跨文化交际能力培养

商务英语是英语语言与商务知识的有机结合，在商务英语教学中，教师需在注重培养学生的语言能力及专业技能的同时，兼顾对学生跨文化交际能力的培养。这是因为在商务英语毕业生工作中，会经常接触到西方文化，因此，跨文化交际能力是商务英语专业学生的必备能力。教师在商务英语教学中，一方面，需使学生学习和掌握国际贸易实务等相关商务知识，熟悉相关操作流程和运作规则。另一方面，教师需着力培养学生跨文化交际能力，从而最终能胜任用英语进行国际商务活动的工作。其实，商务工作的过程实质上是一种交际过程。商务英语的教学目标是培养学生在国际商务环境中用英语进行沟通的能力，培养学生跨文化意识，使学生掌握跨文化交际技能。

一、跨文化交际能力培养的必要性

商务英语要求学生能用熟练的英语进行沟通，同时要掌握丰富的国际商务领域知识。但这也不足以成为合格的商务英语人才的标准，因为日后在工作中会接触到来自不同区域、文化背景的人，他们彼此间由于文化的差异所导致的不同思想观念、思维方式、做事方式将影响到商务活动的顺利开展，使双方产生矛盾和误解，这势必会增加合作交流的难度，成为商务交际中的障碍。因此，学习和掌握这些不同的文化差异是顺利开展国际商务活动的基础。教师在英语教学中应更加注重讲解西方社会文化知识包括西方人的思维方式、价值理念、行为方式、生活习惯、合作方式等。商务英语教学不仅要讲授英语语言知识，也需使学生了解国际商务环境并注重语言交际能力的培养。无论是外国人还是中国人，对于在语言上使用的语法错误、用词错误、发音不准确是可以接受的，但对于文化方面的错误却难以接受。国际商务活动中的失败有很多种原因，但缺乏对于文化背景差异的理解无疑是主要因素。

二、跨文化交际能力的培养手段

为了尽量避免国际商务活动中的误解、矛盾和冲突，保证商务活动有效成功地进行，我们必须采取切实可行的措施。加强商务英语教学中对跨文化交际知识的渗透，因而可考虑采取如下措施：首先，根据心理学家弗洛伊德

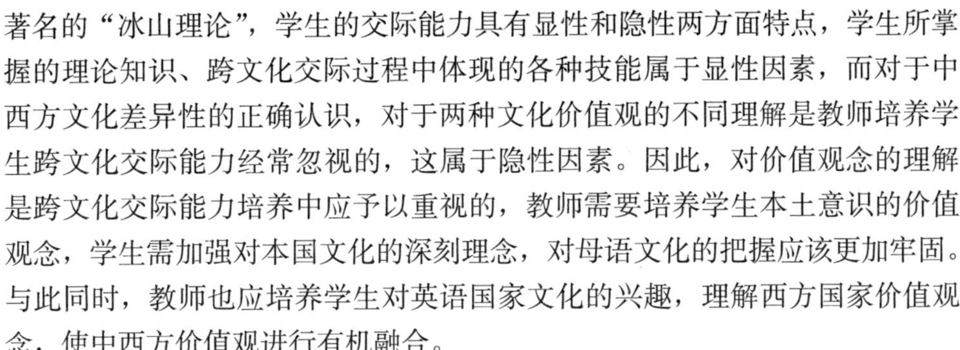

著名的“冰山理论”，学生的交际能力具有显性和隐性两方面特点，学生所掌握的理论知识、跨文化交际过程中体现的各种技能属于显性因素，而对于中西方文化差异性的正确认识，对于两种文化价值观的不同理解是教师培养学生跨文化交际能力经常忽视的，这属于隐性因素。因此，对价值观念的理解是跨文化交际能力培养中应予以重视的，教师需要培养学生本土意识的价值观念，学生需加强对本国文化的深刻理念，对母语文化的把握应该更加牢固。与此同时，教师也应培养学生对英语国家文化的兴趣，理解西方国家价值观念，使中西方价值观进行有机融合。

同时，在传统的商务英语教学中，教师主要讲授英语语言知识和国际商务知识，往往会忽视对西方文化背景的讲解和介绍。因此，授课教师要切实从根本上认识到文化差异引起的冲突和矛盾的危害性以及培养学生跨文化交际能力的重要性。商务英语教师在教学模式上应进行改进。传统的教学模式以教师为主导，教师设计课堂内容、讲解知识、安排学生课堂活动，学生按照教师的要求进行记笔记、记忆知识点，但这样的模式长此以往会使学生觉得乏味，失去了对学习的兴趣，缺乏学习的主观能动性，不利于培养学生的创造性、发散式思维。教师应采用以学生为中心的教学模式，使学生成为课堂的主角，学生可充分发挥创造力，教师起到引导者和协调者的作用，只有这样，学生的能力和对学习的兴趣才能提高，学习效果才能增强。在教学模式方面，体验教学模式是跨文化交际能力培养中比较适合的模式。在此种教学模式中，教师要求学生进行课前预习，对材料中涉及的文化背景进行资料收集和深入研究。在课上，教师让学生就其预习的内容进行展示，以小组讨论的形式进行点评和总结，同时讲授课堂材料中的文化知识重点。课后，教师帮助学生对所学内容进行深化总结，教师可布置给学生写作或口头报告任务，使学生通过课后练习巩固所学知识。情境教学法是指教师为学生创设体验情境，辅导学生进行课文的改编、角色的扮演，激发学生的学习兴趣，可借助多媒体技术，运用原版影视材料创设情境，使学生身临其境地体验跨文化交际场景，从而提高能力。在讲授具体内容时，教师应有意识地将文化意识贯穿于整个教学过程之中，比如在精讲文章时，可同时具体介绍一下文章的文化背景，以增强学生的文化意识。在讲解词汇时，不仅要讲词的意义、用法，还应着重介绍其文化内涵和文化含义。同时，学生仅仅了解目的语文化是远远不够的，与此同时，学生还应掌握本族语言文化。在此基础上，商务英语教学内容还要包括对外交往的礼节礼仪、英美国家的风俗习惯、外商的商务交往习惯、跨文化谈判技巧等知识，注重文化差异在不同语域中的表现。在讲解课堂材料时，对涉及中西文化差异，比如宗教信仰、风俗习惯、风土人情、社交礼仪等内容，应着重具体进行讲解，尤其可重点讲解人们在实际跨文化交流过程中经历的文化冲突的真实案例。在考评机制方面，应予以适当改革，使闭卷的笔试终结测试加入实践考评的因素，不仅注重理论知识的考核，同时兼顾学生在实践活动中的表现，这样的评价机制会更客观、更科学。对于学生的形成性评价包含课堂表现、出勤、课堂活动参与情况、小组合作学习能力、单元测验、课外作业等。

此外，教师可开设文化及跨文化交际方面的讲座，就某个主题进行深入分析，与学生进行探讨，形成良好互动氛围，使学生开阔视野、拓展知识。此外，学校可适时组织各种与文化相关的竞赛或大型活动，如英文演讲竞赛、戏剧比赛等，调动学生深入探究文化的主观能动性，在活动中培养他们的跨文化意识，提高他们的交际能力。同时，也可组织学生进行参观、游览、访问，如出国学习访问，很多学校开展了“2+2”“3+1”项目，使他们接触社会，增加对异国文化的把握。教师在课堂上进行跨文化交际内容的传授的时间是有限的，因此可考虑开展多渠道多方面的跨文化讲解。例如，教师可考虑引导学生欣赏英语原版影视作品，因为影视作品会从不同的角度体现英语国家社会文化特点，学生通过欣赏，可以更加直观地了解英语国家的生活方式、思维方式以及价值观等。课下欣赏后，教师还可以在课堂上采用交际教学法，引导学生进行角色模仿、戏剧表演，甚至还可以进行配音比赛，对于精彩的片段和重要语言点，教师可进行着重讲解，提高学生的综合文化素养。

在教学大纲方面，需要根据商务英语课程特点对现有教学大纲进行重新改革补充，着重补充跨文化商务交际内容，切实拓宽学生的跨文化视野。同时兼顾跨文化交际技巧的培养，要使跨文化交际内容与学生所学语言知识紧密结合。同时，大力推行工学结合，突出实践能力培养。人才培养模式可进行相应改革，可推行校企合作，学校可与企业联合建立实习、实训基地，学生可有机会在企业中实习，把所学知识进行实践。真实的商务环境有助于学生增强现场工作能力，了解掌握最新的商务知识和信息，亲身感受跨文化交际的真实场景，使理论与实际有机结合，发展创新思维和团队合作精神，提高服务意识，建立良好的人际关系。实践基地为学生提供了社会课堂，具有传统的教师课堂无法企及的优势。

在课程设置方面，学校应考虑从低年级的基础课到高年级的专业课均加入跨文化元素。在低年级的写作、口语课程中，很多是由外籍教师讲授的，这就为培养学生跨文化交际能力提供了很好的机会。学生在与外教的接触中，切身感受到了中西方文化的差异，提高了自己的交际能力。在高年级专业课中，应大力加强英美文学、英美国家文化等课程，使学生们更深入了解西方

文化。与此同时，教师应鼓励学生利用假期时间丰富自己的实习经验，在外资企业、跨国公司寻找实践机会或到一些大型涉外活动中担任志愿者，通过工作接触真实的跨文化场景，提高自身能力。很多高校开展了赴国外带薪实习项目，或一些短期国外夏令营和游学活动，为学生接触异国文化搭建了平台。

在教学材料选取方面，教师要注重课堂教材的新颖性和实用性，尽量选取具有鲜明代表性的、案例分析丰富的实用性教材，使学生在实例的学习中了解西方文化，掌握跨文化交际的技巧。同时，教师还可选取一些信息量丰富，能引起学生兴趣的视频材料在课堂上给学生进行展示，这样的教学资料会激发学生的学习兴趣，有助于学生对课堂知识的理解。在课下，教师要引导学生广泛阅读报纸杂志和时事评论等材料。这样，学生可了解到世界各国的商务文化、交际习惯和社交礼仪等。教师还可引导学生观看商务英语和跨文化交际方面的视听材料，不但能丰富学生的商务英语语言文化，拓宽视野，而且有助于加深商务文化的敏感性，培养健康的商务文化意识。教师应着重引导学生阅读大量英美文学作品。文学作品往往是社会文化的产物，阅读文学作品可以间接地丰富人的生活体验，使学生掌握更多的文化知识。而当学生真正与作者的作品产生共鸣时，这种记忆是深刻的。教师也可建立文化学习网站，使学生更加直观地获得知识和信息。

在商务英语教学中，有效使用现代教学及信息技术会促进学生跨文化交际能力的培养。互联网技术的飞速发展，提供了大容量的多媒体资源，充分开阔了商务英语教学的内容和灵活度，可使学生通过视听资源、图标信息等资源多角度、全方位地了解西方社会和文化。同时，在商务英语教学过程中，计算机网络教学使学生能够利用多媒体课件和网络丰富的学习资源进行交流互动，学生仿佛置身于真实的商务环境中，且不受时间、空间的限制。这些现代化教学手段会极大地促进商务英语教学的高效、优质，学生可根据自己学习的需要、兴趣和爱好，自主选择学习内容，不断改进学习方法。除了商务知识，计算机网络还可为学生提供学习语言的资料。学生可以利用互联网阅读一些在线文献，获取网站上的信息，也可观看在线原声电影，收听英文广播等，以提高商务英语听、说、读、写、译的基本技能。总之，综合应用多媒体教学，可以更好地激发学生的学习兴趣，克服传统教学方式单一、被动的缺点。因此，有效使用现代教学及信息技术可以提高教学质量和教学效率，提高学生对学习的兴趣，增加学习的主动性。

人才培养质量的关键在于师资。教学水准的高要求对教师本身的素质也提出了更高标准。教师本身的素质也确实对教学质量起着至关重要的作用。作为教学的引导者，教师不仅要具备深厚的中、英文语言功底，而且要具有

丰富的商务及相关学科专业知识。学校应该有计划地为教师提供培训机会，加强学习跨文化交际理论和商务知识。在教学中，教师应讲解中外文化比较、中外思想比较，介绍本族语言文化的方方面面，包括社会价值观念、文化信念和民族心理等。比如可考虑推荐有潜力的教师到英语国家高校去进修，或者到中外合资或外商独资企业去考察、学习，以便及时获得跨文化交际的亲身体验；还可以安排教师到企业挂职实践，感受真实的商务环境，这样可以使教师对商务理论有更深入的理解。同时，可鼓励教师进行在职进修或攻读硕博学位等，还可以聘请一些国外商务英语专家和商界成功人士对教师进行培训，做专题讲座或学术交流，帮助教师对英语语言文化与商务英语实际应用进行进一步的了解和掌握，提高教师自身的跨文化交际能力和知识水平。此外，也应鼓励教师多参加跨文化交际领域的相关学术研讨会。在科研方面，应加强教师在此领域的研究，从而促进教学方法的完善。师资对于学校教育质量起着决定性作用。学校应建立有效的激励机制，充分调动教师的工作积极性，可以进行物质方面的激励，如奖金、职务晋升等，同时，还可进行精神方面的激励，如进行表彰、树立先进个人模范形象等。只有充分调动教师的工作热情，教学质量才能得以提高。

第四节　商务英语口译课程研究

近年来，随着中外企业的频繁交流，各企业国际化进程加快，社会对既懂商务知识，又具备扎实语言功底的口译人才需求迫切。在这种形势下，在商务英语专业中，商务英语口译是核心课程之一。商务英语口译课程旨在培养全面掌握商务知识，具备良好的语言能力，同时具有较高口译水平的复合型外语人才。具有良好的商务英语口译水平的毕业生大多工作在外资企业、三资企业、国家机关等单位，能胜任商务接待、谈判，甚至小型的新闻发布会等工作任务，在国际商务活动中起到纽带和桥梁的作用。因此，商务英语口译课程的教学应结合社会、市场对人才的需求和要求，尽量为学生创设真实的国际商务环境和场景，训练培养学生口译技能，使学生了解掌握最新的国际商务知识，学习西方文化，提高英语口译水平，培养通识型口译人才。

一、对商务英语专业口译人才的基本要求

做商务英语口译工作，首先译员要具备非常扎实的语言功底，因为口译工作需要译员的听力理解及快速思维反应多项能力有机结合，只有在语言知识、技能全面综合水平较高的基础上才能完成任务。而这种功底的具备不是

一朝一夕可以练就的，需要长期不懈地学习和努力。此外，做商务英语口译不仅需要学好语言知识，还需大量广泛地涉猎其他领域知识，尤其要学习、掌握国际商务类知识，要做一个懂商务、外语好的全才。只学英语、知识面较窄的人是无法成为合格的商务英语口译员的。商务英语词汇专业性较强，语言形式较固定，表达需要正式、规范，口译员在传达信息时一定要明确、清楚。因此，优秀的口译员应具有渊博的领域知识和良好的口语表达能力。除了掌握商务知识，商务英语口译人员因为是现场工作人员，需要与外宾进行直接的接触，了解西方文化对于商务英语口译人员而言也是必不可少的。语言是文化的载体，口译人员作为两种语言的沟通者，需要掌握中西方文化的不同之处，不同文化背景者的思维差异，确保沟通顺畅进行。同时，译员作为外交使者，也应充分了解不同国家的风俗习惯、宗教信仰，做到有礼有节。除此之外，作为口译人员，还要具备过硬的心理素质和抗压能力。口译工作是现场进行的，译员要反应机敏、迅速，语言表达能力要强，具备独立完成工作任务的能力。因为在现场是无法查阅词典、资料，也无法向旁人寻求帮助的，需要译员具备随机应变的能力，而这需要进行大量的训练和实践。

二、商务英语口译的特点

商务英语口译是一项贸易过程中语言发生变换的媒介，它的专业性是因为它所服务的对象多数境况下是在国际化经济贸易，涉猎的方面更多的是商务经济等范围，需要很强的知识性。

（一）不可预测性特征

进行口译工作中，其属于无法被准确预测的语言转化活动，开展商务谈判时，谈判内容的不可知性决定了口译的不可预测性。而商务谈判的过程中，要求表达要明确，不能出现含糊不清的地方。英语口译本身就有一种不可预测性，而商务英语口译更是充满未知性。即便口译者做好了足够的准备，有很高的翻译技巧，但在现场商务英语口译过程中，还是会出现很多未知意外。尤其是在进行谈判的过程中，通过口译的内容也具有一定的未知性。

（二）时效性特征

开展口译活动时，其属于一种实时口译活动，在时间方面的要求十分严格。对于贸易双方而言时间极为重要，需要在最短的时间内传递信息。所以商务英语译员需要有高超的临场应变能力和实时表达能力，同时必须对英语和商务类专业进行系统的学习。如果只学英语专业不学商务类专业则无法成为一名优秀的商务英语口译人员。

（三）高度互动性特征

通过口译活动能够确保贸易各方可以更加顺利进行交流，进而达成贸易关系。优秀的商务英语口译不仅仅是一个让双方交流的工具，更应该起到沟通的作用，积极地与双方进行信息互动，促进谈判的成功。

（四）文化转换性特征

开展国际贸易过程中，口译活动的重要作用便是进一步促进贸易各方有效交流，口译服务的具体对象具有不同的文化背景，受到不同的历史、文化、教育的感染，甚至有很多与政治存在一定关联性。所以，这就要求口译人员除了应当具备较为专业英语知识以及商务知识之外，同时也要求具备较强的双语转换能力，还应具备很多专业之外的知识。

（五）翻译的准确性

商务英语，最终的目的就是为商务活动服务。在商务活动中，涉及最多的就是订单量和价格，口译过程中需要译员对数字格外注意。数字的翻译一旦出错，很有可能会让整个商务活动失败，为贸易双方带来巨大的经济损失。因此，商务英语翻译中信息的准确性要求特别高，可以说是不能出一点纰漏。

（六）专业性特征

商务英语对于语言的要求高，需要译员翻译表达规范且具有专业化。在商务英语中，最常见的就是专业术语语言。这类术语的熟练使用需要译员有很强的翻译技巧能力和大量的知识积累。另外，商务英语经常使用一些缩写，如此，便要求口译人员要掌握相关的专业表达方法，同时可以非常迅速以及准确地进行翻译。

三、商务英语专业口译课程存在的问题

当前，商务英语口译课程仍然存在着不少问题。首先，从教学模式上，目前的口译教学模式大多是教师讲授口译相关理论，给出例句进行说明，同时播放提前准备好的录音，组织学生进行口译，然后根据学生的表现进行点评。这样的教学模式仍然以教师为主导，学生只是被动地接受、记录、记忆，在有限的课堂时间内，学生真正锻炼、实践的机会很少，这样的教学模式不太适合突出实践性的口译课程，显得过于单调、交流互动不够，不利于从根本上提高语言技能和口译水平，学生的学习积极性无法有效地调动起来。另外，在教学过程中，教师所教的知识包括一些练习已不符合时代要求，很难在今后的职场实践中进行应用，而且，在实践中遇到的问题也无从解决，只

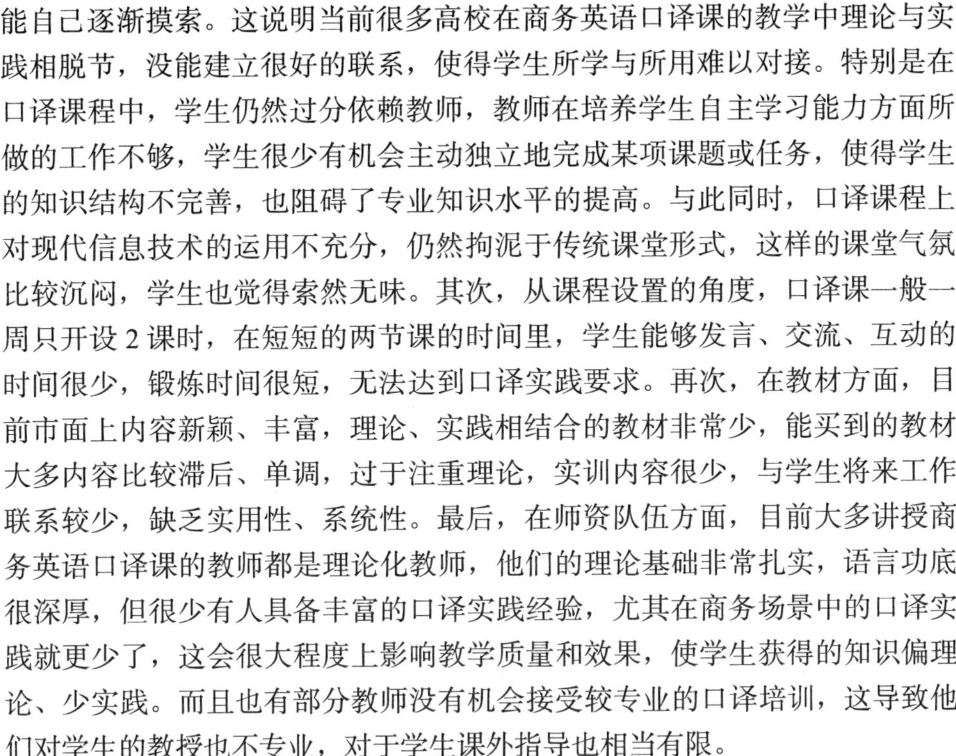

能自己逐渐摸索。这说明当前很多高校在商务英语口译课的教学中理论与实践相脱节，没能建立很好的联系，使得学生所学与所用难以对接。特别是在口译课程中，学生仍然过分依赖教师，教师在培养学生自主学习能力方面所做的工作不够，学生很少有机会主动独立地完成某项课题或任务，使得学生的知识结构不完善，也阻碍了专业知识水平的提高。与此同时，口译课程上对现代信息技术的运用不充分，仍然拘泥于传统课堂形式，这样的课堂气氛比较沉闷，学生也觉得索然无味。其次，从课程设置的角度，口译课一般一周只开设 2 课时，在短短的两节课的时间里，学生能够发言、交流、互动的时间很少，锻炼时间很短，无法达到口译实践要求。再次，在教材方面，目前市面上内容新颖、丰富，理论、实践相结合的教材非常少，能买到的教材大多内容比较滞后、单调，过于注重理论，实训内容很少，与学生将来工作联系较少，缺乏实用性、系统性。最后，在师资队伍方面，目前大多讲授商务英语口译课的教师都是理论化教师，他们的理论基础非常扎实，语言功底很深厚，但很少有人具备丰富的口译实践经验，尤其在商务场景中的口译实践就更少了，这会很大程度上影响教学质量和效果，使学生获得的知识偏理论、少实践。而且也有部分教师没有机会接受较专业的口译培训，这导致他们对学生的教授也不专业，对于学生课外指导也相当有限。

四、对商务英语专业口译课程的改进建议

针对上述问题，高校及课程教师应采取措施，不断改进。首先，商务英语口译课的教学模式要加以改进。学习口译必须先打好一定的理论基础，因此，商务英语口译教师在讲授理论知识时要注重实用性。社会上的单位雇主要求员工语言功底好，可以流利地与外宾进行交流并能做好相关翻译工作。语言好是基本要求，先打好坚实的语言基础，也是教师的首要任务。其次，商务英语口译教师需要教授给学生实际的商务知识，如国际贸易惯例、法律、金融等知识，尽量使学生熟悉国际商务活动的操作程序和环节。

在理论讲授的基础上，还应注重对学生们的实践教学，应给学生提供进行实践的机会。在实践活动中，学生们可检验自己理论知识的学习，可以发现自身的问题与不足之处，扩展自己的知识面。在实践中丰富自己的知识，了解口译人员的工作过程和状态，体验口译过程的紧张性和复杂性，并通过积极参与实践活动，找到自己的优势和不足，提高学习的积极性和主观能动性。很多商务英语口译教师采用任务驱动型教学方式，教师为学生设计实际商务任务，安排学生通过完成这些任务，了解商务操作规程，运用所学理论知识使自己的商务口译水平得到提高。教师除了讲授理论知识，还要设计一

些项目作为工作任务，使学生在完成项目的过程中将所学理论与实际工作任务相结合。教师应设计较真实的模拟商务情景，组织学生进入模拟现场进行实践，并根据工作任务的难易程度进行参与、锻炼。

教师可邀请其他专业教师或企业中的实际商务口译人员作为模拟实训的评委，其他学生作为观众，评委和观众可对实践中的学生表现做出客观评价，并对整个实践过程进行记录。这样的商务模拟场景可以激发学生的参与兴趣，使他们较早接触口译实际工作，在模拟的真实情境中，提高口译水平。除课堂上的实践、实训活动以外，教师需引导学生将课堂实践与课外自训相结合，鼓励学生课外进行单独训练或合作训练，比如可以安排学生进行分组训练，进行视译练习，或进行复述所听短文练习后互相帮助检查、纠正。提高学生的口译能力需遵循循序渐进原则，教师需改变固有的单一教学模式，尽量使教学方法灵活多样，提高学生的综合素质。在课堂上，教师可尝试先提供一些翻译素材给学生进行练习，而后，教师可准备一些听写素材通过机器或人工给学生朗读，提高学生的听力并探索适合自己的速记方式。在这个基础上，可组织学生观看一些国际商务活动的视频材料，组织学生进行实时翻译练习。很多教师选用了记者招待会的录像作为学生训练素材，效果良好。

除了对学生进行英语语言、商务知识的教授，教师们还应注重在教学过程中文化的介绍和讲解。作为口译人员，是中外双方直接沟通的使者，因此在接触外宾前，译员需充分了解西方国家的风土人情、风俗习惯、社交礼节，同时尽可能熟悉对方国家的政治制度、法律体系、商务政策等，使沟通能顺畅进行。因此，学生平时应积极通过各种途径了解商务文化，关心国际国内大事，掌握新闻，通过报纸、电视、网络等媒体拓宽自己的知识面，收集有价值的信息，为今后实际口译工作打下坚实基础。

在课程考核方面，目前大部分高校在商务口译课程中实行期末考试制度，考试成绩在全年成绩中占有很大比重。但对于口译这种实践类课程，任课教师需更注重学生平时的表现，将学生平时课堂参与情况、理论知识掌握情况和实践训练表现相结合进行客观且科学的评价。

在教材方面，目前市面上的商务英语口译教材浩如烟海，但大多内容相对滞后，实用性不强，理论讲述占主要成分，不能激发学生的学习兴趣和热情。因此，商务英语口译教师应根据教学经验和学生的实际需求编写教材或课堂补充材料。这需要教师能主动与企业接触，了解在实际商务活动中需要涉及的内容，来补充教学材料，制订教学计划。

要使商务英语口译课程教学取得成功，师资力量是教学质量的重要保障，教师本身不仅应具备坚实的理论基础，同时也应具有丰富的实践经验。学校应多给教师提供培训机会，教师也应在讲课之余，认真研读专业书籍，参加口译实践活动。口译教师可自行参加各种翻译资格证书考试，以不断提高自己的口译水平。

第五节 商务英语阅读课程研究

随着我国加入世贸组织，中外企业的商务活动日益频繁，社会需要英语语言水平高且商务知识丰富的复合型人才。因此，在近几年高校商务英语专业建设中，商务英语阅读课程是专业中的核心课程之一，是培养合格商务英语人才的必修课。商务英语阅读课区别于其他普通阅读课，它的目的不仅在于提高学生的英语水平，与此同时，要教授给学生很多商务相关知识。例如，学生在阅读材料时会接触到经贸方面的专业术语，这为以后从事国际商务工作打下了良好的基础。鉴于商务英语阅读课的重要性和特殊性，商务英语阅读课教师应不断探索和改进教学模式，使学生不仅增强了阅读理解能力，同时还获取了丰富的商务知识。

一、商务英语专业阅读课程的特点和现状

在英语专业中，阅读课是非常重要的专业基础课，阅读课的教学材料往往是英美文学作品，教师引导学生在阅读中学习新的词汇、语言知识，从而增强阅读理解能力，提高阅读理解速度。但商务英语阅读具有一定的专业性，在商务英语阅读教学材料中有很多商务专业术语，文章中的内容涉及很多行业，这对学生提出了更高的要求。商务英语阅读课的目的不仅使学生提高语言水平和理解能力，同时要使学生学习实用性较强的商务专业知识。教师一方面要指导学生掌握阅读技巧，提高阅读理解能力、增强语感，使实际语言能力得以提高。另一方面教师通过引导学生阅读材料，学习到更加实用的商务知识，以适应未来社会和职场对学生的要求。因此，在日常教学过程中，教师需要既注重学生阅读能力的提高，又要兼顾学生商务知识的获取。现阶段，商务英语阅读材料主要来源于国外商务报纸或杂志的原版文章。大部分文章的实时性较强，均为最近世界商务活动的纪实，商务专业术语较多，且篇幅一般比较长。这门课程的讲授对象一般为商务英语专业低年级学生，这些学生虽然通过苦读积累了大量的语言知识，但缺乏相关商务专业知识作为基础，同时也没有实践经验，使得学生商务英语阅读能力较欠缺，增加了对商务文章的理解难度。目前，我国对高层次复合型商务英语专业人才的需求数量越来越大，但毕业生要么具备较高的外语水平，但对商务知识了解很少；

要么只具有良好的商务知识基础，但外语水平有待提高。因此，商务英语专业若想培养出“商务＋外语”的复合型人才，必须加强商务英语阅读课程建设，才能为国家培养更优秀的高素质复合型商务英语人才。

二、对商务英语专业阅读课程的改进建议

从学生角度来讲，很多学生由于刚刚进入大学学习语言专业，还没有找到适合的学习方法，而是大多沿用高中时代的方法。一部分学生仍然会存在一些不良的阅读习惯，比如在阅读文章时，必须逐字逐句读，一遇到生词马上要查词典等，这些习惯在大学商务英语阅读课的学习中应予以调整。大部分学生在平时努力积累词汇，但对于商务英语阅读文章中的专业词汇掌握不多，有的单词的平常含义学生均能掌握，但在商务环境中的专业意思却无法掌握，又加上商务文章一般句式和语法结构比较复杂，也成为学生遇到的一大问题。学生在阅读课上不仅要理解语言表面的含义，更应读懂语言背后深层次的内容意思，理解所涉及的商务知识。因此，商务知识基础也是学生面临的一大挑战。从教师角度来讲，在教学方法上，教师的方法有时过于保守，在阅读课上只是着重讲解生词、分析句法，或进行段落、篇章翻译，在教学过程中，以教师讲授为主，学生只是被动地接受、记忆。这样以教师为中心的课堂模式不利于学生阅读能力的提高。此外，教师大多注重教材的内容讲授，没有引导学生进行课外的阅读学习，这不利于学生开阔视野和阅读能力的实质性增强。另外，教材也是影响课程质量的关键。

目前，国内有不少商务英语阅读类教材内容比较滞后，形式比较单一，无法引起学生的学习兴趣，不利于培养学生的阅读技能。

（1）在教学方法方面，教师应在教学中注重不同教学方法的灵活应用。传统的教学模式是以教师为中心的，教师在课堂上扮演主要角色，教师讲授知识，具有一定的权威性，学生只是被动地接受知识，缺乏主观能动性。教师应转变教学理念，应以学生为中心，使学生成为课堂的主人，充分调动学生学习的积极性，教师的角色不再是知识的灌输者，而应成为引导者和促进者。教师在教学过程中，要培养学生在课前进行相关资料搜集、预习的习惯。学生对课上即将要讨论的相关篇章话题进行深入理解，通过图书馆、网络等资源进行相关信息的搜集学习，尤其对课文所涉及的商务专业知识进行自主学习，并在自学过程中善于找出问题，记录下不理解的内容，这样可以培养学生良好的课前预习习惯，使他们的自学能力得以提高，使学生变被动为主动，充分调动学习的积极性。在课堂上，教师扮演协调者的角色，可充分运用头脑风暴法，就某篇课文中的相关内容进行讨论，探讨不同的理解和看法，

不仅探讨英语语言知识，同时也沟通对商务专业知识的理解。这样的讨论环节可以使学生对知识加深印象。与此同时，教师可组织学生对商务阅读材料中的案例进行模拟角色扮演，教师尽可能为学生创设真实的商务情境，比如组织学生模拟商务谈判，学生扮演不同的角色，使学生把所学知识进行实践应用，学会真实的商务操作知识，并培养自己用英语语言思维及国际化视角去思考问题、处理问题，这样的教学模式可使学生身临其境，更有效地调动他们的学习兴趣。课后，教师仍需引导学生整理自己的思路，总结所学，并及时记录自己的理解和体会。这样长期坚持下来，学生会形成自主归纳总结的能力，提高对问题的分析能力，终身受益。除了课堂教学，学校和教师应同时注重实践性教学：①学校和院系可考虑建设商务英语实验室，创设商务运作情景，使学生在实验室进行训练，对所学理论知识进行检验，学会处理不同的商务问题。②学校可与企业、酒店、商场等单位联系，建立学生实训基地，使这些单位成为学生的第二课堂，学生在实训过程中，进入社会，感受真实商务环境，接触商务工作各环节，使理论与实践有机结合。③学校可组织学生进行模拟公司运作的创业大赛，使学生在比赛中通过相互的交流互相取长补短，取得对知识认识和理解上的深入与进步。

（2）在教学内容方面，教师也应予以改进。教师不仅应讲授课文中的生词、句法，也应教授阅读文章的技巧，提高学生阅读能力。教师应指导学生在阅读过程中，把握全篇重点，理解全文主旨、大意，比如先阅读首尾段了解主旨，在阅读每段之前，先找出主题句，从而使学生掌握阅读策略。在加强英语阅读技巧讲授的同时，教师应始终关注商务知识的讲解。比如在有些商务英语文章中会涉及一些经济方面的时事，这些文章需要学生首先具备一些商务方面的基础知识才能读懂。因此，在商务英语阅读课的教学中，除了语言知识，一定要同时加强商务背景知识的讲授，才能使学生提高商务英语阅读的实际水平。对于一些商务专业术语、词汇，在教学过程中，教师要引导学生进行整理和积累，让学生的专业词汇量在阅读中不断扩大。另外，在商务英语教学中，要加强培养学生的听、说、读、写能力，同时，也应在阅读英文原版商务文章的过程中，了解西方文化、西方商务操作规程，注重跨文化知识的传授与跨文化交际能力的培养，以此培养他们在国际商务环境中的交际能力和技巧。

（3）在商务英语阅读的教学过程中，教师还应充分运用多媒体资源进行辅助教学，以活跃课堂气氛，增强教学效果。比如可为学生展示大量的文本、图片，播放新颖的视频材料，为学生提供真实的语言学习环境，教师可自制多种多样的电子课件为学生进行补充练习，指导学生记忆词汇等。同时，教

师也可利用网络进行模拟公司的运作和操练，使学生能有更真实的体验。

教材的质量和选择至关重要。目前，市面上的大多商务英语教材内容比较单一、保守，实时性不强，教师应选择内容新颖的、与时俱进的教材，这样可以引起学生的兴趣，充分调动学生的积极性。同时，教师可通过多种途径寻找适合的阅读材料作为补充，以开拓学生的视野。

（4）在师资方面，目前大多商务英语阅读教师是纯语言专业出身，掌握丰富的语言知识及相关的教学经验，但对商务专业知识却不太了解，掌握得不全面、不深入。这就需要教师们不断充实自我，加强商务知识的学习，积极参加相关的培训和进修，成为跨学科教师，做到既懂语言、又懂商务，以培养合格的商务英语人才。

第六节 商务英语翻译课程存在的问题及改进措施

近年来，随着我国加入世贸组织，很多中国企业实施国际化战略，加快了与国际接轨的步伐，国际商务活动越来越频繁。很多企业用人单位对商务英语翻译人才的需求越来越迫切，尤其需要既具有过硬的英汉语言知识、良好的商务英语翻译技能，又具有广博的国际商务领域知识的复合型、应用型商务英语翻译人才。为了满足社会对商务英语翻译人才的需求，不少高校都纷纷开设了商务英语专业，并把商务英语翻译课程作为必修的重要课程。商务英语翻译课程是实用性很强的课程，因此，在课程的讲授过程中，如何使学生既掌握丰富的理论知识，又具备胜任具体工作的实践能力，是商务英语教师面临的首要任务。

一、商务英语翻译的特点

（一）准确简练

商务英语顾名思义就是在商业活动中及最为突出的国际商业活动交流中主要使用的语言工具，不管是基于商务英语自身作为英语翻译的重要组成部分，还是商务英语所主要服务的活动领域，其在翻译的过程中明显体现了准确简练的特点。具体而言，准确即为商务英语在翻译的过程中要从大的翻译范围准确到具体单词、句子的翻译，不可存在模糊的翻译，否则将会遗漏掉商务交流活动中的重要信息，其所出现的歧义错误的现象造成的经济代价和社会代价也是非常大的。简练主要指的是商务英语作为一种语言交流工具，其在翻译的过程中遵循简练，能够通过短小精悍的句子将交流双方所要表达

的意思传达给对方，切忌长篇大论的翻译，能够通过简短的句子让交流双方明白彼此的意见，促进商务英语交流功能的实现。

（二）专业熟练

商务英语在翻译的过程中一方面要遵循英语翻译的基本原则和掌握英语翻译的技巧，另一方面商务英语翻译的过程中还要熟练地掌握商务英语翻译的特点和行业规范，而且在翻译的过程中还要能够掌握相关联的商业活动所具有的商业文化。在这些综合体现上，商务英语的翻译工作者能够熟练地掌握商务英语中的专业词、缩略词、外来词以及新出的商业词汇。此外，商务英语的主要特点为长句比较多，而且句子的结构也是比较复杂的，但是多以陈述句为主，所以在翻译的过程中为了将翻译的误差和偏差降到最低，应注意对长句和复杂结构句子的翻译，并能够将商业文化和社会文化恰当地融合在句子的翻译过程中。如，现今商务英语中出现频率较多的专业词和缩略词 Free loan 应翻译为无息贷款，而 Absolute interest 则翻译为绝对产权绝对权益。

（三）文化承载性

商务英语作为现今国际交流活动的主要交流语种和交流工具之一，在翻译的过程中为了能够让负责翻译的对象理解特定句子及词语的意思及蕴含在背后的商业意义和社会意义，这就要求在翻译的过程中能够将特定的所属国家地区文化和社会文化冗余在翻译的过程中。这样做不仅能够保证商务英语翻译的准确性，而且能够保证商务英语的翻译的质量，保证商务英语翻译的专业性。如，我国的商务英语在翻译的过程中能够将个别单词和句子的翻译与我国的传统文化和社会文化融合在一起，而美国地区的商务英语翻译者则要根据美国的文化进行具体的融合和使用，以此准确的传达交流主体所要表达的意思。

二、商务英语翻译课程存在的主要问题

商务英语翻译课程的讲授效果与教学方法密不可分，良好的教学方法会使学生对所学知识的理解更充分、更深刻。目前，商务英语翻译课程的教学仍偏重于应对考试，这样一来，学生的注意力主要集中在掌握考试侧重的内容上，而忽略了对专业知识的整体性把握。在课堂上，教师的授课方式大多仍属于传统型，即以教师为主导，学生被动地接受老师所讲知识。这种陈旧的教学模式，不利于培养学生的发散性思维和创造力。因此，改进教学方法，也是当前商务英语翻译课程所面临的一大挑战。

目前，商务英语翻译课程的教学场所仍以普通教室为主，教学环境较单

一，而此门课程具有较强的实践性，在讲授中，要尽量将课堂延伸到社会，但社会上能真正接受商务英语翻译的实习单位很少，而且学生在实习过程中的参与程度较低，因此，高校应考虑如何为学生创造更多的实习机会。此外，课程对学生的考核评价也体现了课程的水平，但目前大多数课程的评价方式为闭卷终结性考核测试模式，这种模式势必会导致学生学习上的应试倾向。因此，考核评价机制有待完善，也是商务英语翻译课程面临的问题之一。

课程的讲授离不开教材。大部分教师在教学过程中，都按照教材组织教学。商务英语翻译课程作为一门理论与实践相结合的课程，所使用的教材应内容新颖、理论知识全面，应与实践联系具有代表性，但市面上能获得的教材大多内容相对陈旧，不能很好地配合课程讲授，无法提高学生们的兴趣。因而教材的选取也是该课程亟于解决的问题之一。

课程质量的好与坏，很大程度上与师资水平有关。当前，同时拥有商务英语和翻译背景的教师比较少。商务英语翻译课程教师理论知识较丰富，但大多缺少专业从业经验，这必然会影响教学质量，也会阻碍学生技能的发展。因此，如何培养双师型教师，是商务英语翻译课程面临的又一重要问题。

以上这些问题，是商务英语翻译课程发展过程中亟待解决的。只有解决了这些问题，才能培养出复合型、应用型的商务英语翻译人才。

三、商务英语翻译课程的改进措施

教学理念需要更新。传统的教学模式是教师在课堂上起主导作用，教师负责知识的讲解、课堂内容的设计、课堂活动的组织等，而学生则只是听从教师的指挥，将知识点逐一记录和记忆。这样一成不变的课堂角色，使学生觉得学习索然无味，丧失学习动力，只是机械地应付考试。长此以往，这样的模式肯定会影响课程效果。因此，树立新的教学理念，是非常必要的。商务英语翻译课程教学方法，要从传统的教师一言堂，转变为以学生为中心的互动式教学模式，学生在课堂上是主要角色，教师应起到协调、辅助、引导的作用。这样的模式，有利于学生发挥自身的主观能动性，可以更有效地提高其学习效率。

在商务英语翻译课程教学中，能取得较好的教学效果，且可以为大部分高校商务英语专业所借鉴的教学方法主要有任务驱动教学法和案例教学法。任务驱动教学法是指在教学过程中，教师指导学生以完成一项既定任务为目标，通过积极探索，充分运用资源，彼此间互动协作，以使任务得以完成。任务驱动教学法的核心是任务，教师需充分考虑学生的实际知识水平和心理特征，以创建适当的情境，使学生仿佛置身于真实的商务工作环境中。“做

中学”是任务驱动教学法强调的核心，学习者可在执行任务的过程中，充分体验所学语言。同时，任务使教学活动具有明确的目的性，它不是让语言的学习只停留在表面的形式上，而是切实地去解决一个实际问题。这种方式，更有利于培养学习者对商务英语的实际应用能力。运用此教学方法时，教师在任务设计上，应更注重任务的真实性和具体性。真实的任务，可充分激发学生的兴趣，调动学生的主观能动性，使学生在任务执行过程中提高自身能力。与此同时，在任务设计时，教师还应注意任务的难易程度。教师在选择商务翻译材料上，应做到贴近实际商务需求，难度适宜，使任务具有可操作性。过于复杂的或难度太大的任务，容易使学生无法完成并产生挫败感；太过容易的任务又难以调动学生的积极性，使其缺乏兴趣；难易适度的任务则可使学生通过一定努力得以完成，这样学生才能放手去做。完成任务时，学生才能体会到成功的乐趣，增强信心。此外，教师对学生执行任务时所采用的不同方法，应抱着包容开放的态度，不要轻易否定学生们的新想法、新提议，应允许学生采用不同的方法完成任务，这样才能培养学生的发散式思维和创新能力。在任务驱动教学法中，教师可采用给学生分组的方式，引导学生执行任务，每组可由三、四人构成。小组合作方式可使学生增强合作意识，互相取长补短、交流想法，有利于培养学生的团队精神。教师在教学过程中，应起到引导而非主导作用，及时了解各组进展，做好任务执行过程中的检查和控制，以确保整个教学过程高效有序地进行。在商务英语翻译教学中，适当采用任务驱动教学法，可调动学生的学习主动性，培养其分析问题和解决问题的能力，可有效提高课堂教学效果。

案例教学法必须与传统的理论教学相结合的方式进行。传统的教学方法教授学生必要的理论知识，案例教学应以理论知识为基础。同时，教师在选择案例的过程中要审慎、考虑周全，结合教学目标进行选择，选取的案例应具有典型性，只有这样，才能使学生举一反三，了解掌握此类案例的解决方法。此外，案例教学法要求教师不仅具有渊博的理论知识，同时还需具备较丰富的实践经验，并能使理论与实践很好地融合在一起。运用案例教学法时，教师要做好充分的课前准备。教师可参阅大量的案例资料，并从中选取具有代表性的案例。教师可将案例材料提前发放给学生，让他们预习，对案例涉及的领域和知识点做前期的了解和研究，并找出相应的问题，以便在课堂上进行交流。在课堂上，教师可将全班分成若干小组，让各小组先进行组内讨论，使小组内部形成统一的意见，并找出共同的问题。然后，各小组选派代表进行总结发言，阐明各组观点，提出有待讨论的问题。案例教学法初始运用阶段，教师应和学生一起分析案例，以培养学生分析问题的能力。当经过大量的训练，学生们的案例分析能力逐步提高后，教师可逐渐退居旁观者角色，以培养学生独立分析问题的能力。在课堂讨论环节，教师的主要角色是引导者和协调者，应致力于营造积极自由的讨论气氛，同时及时纠正讨论中出现的错误和偏差，但不要将自己的观点强加于学生。案例教学必须注重总结和反馈。教师应及时与学生沟通交际交流的技巧，要求学生撰写书面报告，以培养学生的归纳、整理和总结能力。

在商务英语翻译课程讲授过程中，教师还要努力培养学生的跨文化意识。在课堂教学过程中，教师可根据实践训练材料，深层次挖掘其中蕴含的文化内涵，向学生渗透文化差异性概念，并使学生有意识地比较中西文化差异。文化知识的学习应该是日积月累的，教师可以根据翻译活动，设计补充相关文化知识，并组织课堂活动，设计相关的文化差异讨论活动。这样不但可以激发学生的求知欲，提高他们的兴趣，还能丰富学生的文化知识，促进其翻译水平的提高。教师在教学中，还应充分利用网络及多媒体手段丰富课堂内容，比如可编制电子教案，利用电子课件代替板书，向学生展示搜集到的一些新资料，如音频和视频文件等，这样可以给学生展示一些真实的工作场景，使课堂气氛变得活跃，以进一步激发学生的学习兴趣。当然，除了课堂上的学习外，课下的学习和练习也很重要。教师可组织学生结成学习小组，彼此交流学习经验和方法，以纠正其翻译实践中的错误，这将有助于学生之间形成良好的互助型学习氛围，以激励学生不断进取。对于学生的课后作业，教师应及时批改，指出其不足之处，也可组织学生先在课堂上匿名互评互改，然后再由教师评阅。在这个过程中，学生可通过指出他人作业中的不足，加强其对知识的掌握，可借此培养学生细心耐心的学习态度。另外，教师还可教会学生使用网络翻译软件等翻译工具，培养他们实际运用工具的能力，也可非强制性地建议学生参加翻译资格考试，以提高其实际翻译能力，了解自身不足，从而明确今后努力的方向。

开设商务英语翻译课程的高校，可与企业合作，建立商务英语翻译实践工作室。该工作室集教、学、做于一体，旨在提高学生的翻译实践能力和职业技能。学校接受企业有关商务翻译的项目后，教师可带领学生一起完成。学生可在工作室充分锻炼自己的翻译能力，同时也可借此接触社会实际，有助于增强其对未来职业的自信心。

在课程评价机制上，以往的评价方式多为闭卷终结性考核，它最大的弊端在于只注重结果不注重学习过程。这种评价方式比较表面化，侧重一次性的评判结果，无法衡量深层次的学习效果。为了更加客观公正地考量评价学生，在商务英语翻译教学中，教师应采用过程性考核方式，对学生进行多元

化评价，可综合学生平时表现和各项学习成绩，将评价纳入整个教学过程之中，以此促进学生努力学习，勇于实践，不断进取。

目前适用商务英语翻译教学的教材非常少，鉴于此，教师可考虑根据课程需要和学生实际情况，自主编写适用教材。自编教材可选择当前新颖的实际案例作为实训的部分内容，以使内容更丰富，更加与时俱进。当然，教材也可配套附带 MP3 或光盘等音频、视频支持材料，以供学生课下学习练习使用。与此相应，商务英语翻译课程的教学，需要具备深厚的翻译知识理论和技巧，具有一定国际商务知识背景，以及一定实践经验的教师。理论知识的获得，可以通过进修培训得以加强，但实践经验则很难获得。因此，为了增加教师实践经验的积累，一方面，学校可组织教师到企业实践，参与企业运营过程中的翻译任务；另一方面，学校也可聘请企业中一些具有丰富实践经验的商务翻译人员作为兼职教师，以构建双师结构的教师队伍。

随着中国企业国际化进程的加剧，社会对商务英语翻译人才的需求在不断增加，商务英语翻译教学改革和创新势在必行。高校应在教学方法、校企合作、评价机制、教材建设、师资培养等方面进行适当的改进和创新，以提高教学质量和学生的学习效果。同时，教师应不断加强自身理论学习和实践，钻研符合商务英语翻译教学的新思路、新方法，以培养出更多社会需要的商务英语翻译人才。

第八章 商务英语课程体系研究

第一节 商务英语课程体系构成要素

一、课程的理解

“课程”一词在我国始见于唐宋期间。唐朝孔颖达为《诗经·小雅·小弁》中“奕奕寝庙，君子作之”句作疏：“维护课程，必君子监之，乃依法制。”但这里课程的含义与我们今天所用之意相去甚远。宋代朱熹在《朱子全书·论学》中多次提及课程，如“宽着期限，紧着课程”“小立课程，大作工夫”等。虽然他对这里的“课程”没有明确界定，但含义很清楚，即指功课及其进程。这里的“课程”仅仅指学习内容的安排次序和规定，没有涉及教学上的要求，因此称为“学程”更为准确。到了近代，由于班级授课制的施行、赫尔巴特学派“五段教学法”的引入，人们开始关注教学的程序及设计，于是课程的含义从“学程”变成了“教程”。新中国成立以后，由于受凯洛夫教育学的影响，20 世纪 80 年代中期以前，“课程”一词很少出现。

在美国课程论范式中，“课程”一词的含义十分多样，没有形成定论，但是从“课程”一词的词源来分析，“课程”（curriculum）一词最早出现在英国教育家斯宾塞的《什么知识最有价值？》（1859）一文中。从词源上来说，“curriculum”同有名词和动词两种词性。作为名词，其侧重点在“跑道”的“道”上，主要是学程的意思。根据这个词源，最常见的课程定义是“学习的进程”（course of study），简称学程。这一解释在各种英文词典中很普遍，英国牛津字典、美国韦氏字典、《国际教育字典》都是这样解释的，但这种解释在当今的课程文献中受到越来越多的质疑，对课程的拉丁文词源有了新的理解。“currere”一词的名词形式意为“跑道”，由此课程就是为不同学生设计的不同轨道，从而引出了一种传统的课程体系；而“currere”的动词形式是“奔跑”，理解课程的着眼点就会放在个体认识的独特性和经验的自我建构上，

就会得出一种完全不同的课程、理论和实践。

人们对课程的内涵一般有三种认识。

（一）课程即教材

课程内容在传统上历来被作为学生习得的知识来对待，重点在向学生传递知识，而知识的传递是以教材为依据的。所以，课程内容被理所当然地认为是上课所用的教材。这是一种以学科为中心的教育目的观。教材取向以知识体系为基点，认为课程内容就是学生要学习的知识，而知识的载体就是教材。这种观点的代表人物是夸美纽斯。

（二）课程即活动

把课程界定为活动或进程是一种生成性的课程观，这种观点认为课程不是静止的“跑道”，也不仅仅是需要贯彻的课程计划或需要遵循的教学指南，而是个体生活经验的改造和建构。把课程视为活动或进程，意味着课程观应当发生如下变化：课程不再只是特定知识的载体，而是师生共同探索新知的过程；课程发展的过程不再是完全预定的和不可更改的，而是具有开放性和灵活性；课程不再是控制教学行为和学习活动的工具和手段，而是能有效地弥合个体与课程之间的断裂，成为师生追求意义和价值、获得解放与自由的过程；课程形态不再是在教育情境之外固定的、物化的、静态的知识文本，而是在教育情境中师生共同创生的一系列“事件”，是师生开放的、动态的、生成的生命体验。由于注重开放、动态和生成，这就对教师的能力和素养提出了更高的要求。在实践中，如果把握不好，活动有可能沦为无序躁动和粗浅的体验，过程也可能意味着美好时光的白白流逝。

（三）课程即经验

在泰勒（Tyler，R.W.）看来，课程内容即学习经验，而学习经验是指学生与外部环境的相互作用。他认为，“教育的基本手段是提供学习经验，而不是向学生展示各种事物”。这种观点强调学生是主动参与者，学生是学习活动的主体，学习的质和量取决于学生而不是课程，强调学生与外部环境的互相作用。教师的职责是构建适合学生能力与兴趣的各种情境，以便为每个学生提供有意义的经验。

回顾课程发展的历史，课程概念的内涵一直在教师、学生、知识经验间摇摆，不同时代的价值要求决定了孰轻孰重。新人类教育以生存教育为主题，将深谙人类文化轨迹教师的隐性引导与启发、学生生存性探索活动而形成的生态性知识经验有机结合在一起，使人类文化在发现中继承，在发现中创新，是课程历史文化的继承，更是课程历史文化的超越，是继承与超越的统一。

二、课程的分类

课程类型是指课程的组织方式或设计课程的种类，主要有下面几类划分。

（一）分科课程与活动课程

分科课程也称文化课程，是一种主张以学科为中心而编订的课程。主张课程要分科设置，分别从相应科学领域中选取知识，根据教育教学需要分科编排课程进行教学。20 世纪 60 年代以来关于学科课程的理论主要有美国教育心理学家布鲁纳（BrunerJ.S.）的结构主义课程论、德国教育学家瓦根舍冈（Wagenschein M.）的范例方式课程论、苏联教育家兼心理学家赞可夫（BahkobJ.B.）的发展主义课程论。

1. 布鲁纳的结构主义课程论

该理论的基本观点是：首先，主张课程内容以各门学科的基本结构为中心，学科的基本结构是各学科知识的基本概念、基本原理所构成的。其次，在课程设计上，主张根据儿童智力发展阶段的特点安排学科的基本结构。最后，提倡发现法学习。布鲁纳很多思想体现了很强的时代精神，对当前学校教育仍具有很强的现实意义。不足之处在于片面强调内容的学术性，致使教学内容过于抽象；将学生定位太高，好像要把每一个学生都培养成这门学科的专家；同时在处理知识、技能和智力的关系上也不是很成功。但布鲁纳的思想对今天我们的课程研究仍具有重要的借鉴意义。

2. 瓦根舍因的范例方式课程论

对于瓦根舍因的范例方式课程论，值得关注的是：它强调课程的基本性、基础性、范例性，主张应教给学生基本知识、概念和基本科学规律，教学内容应适合学生智力发展水平和已有的生活经验，教材应精选具有典型性和范例性的内容。该理论的主要特色在于：①以范例性的知识结构理论进行取材，其内容既精练又具体，易于举一反三，触类旁通。②范例性是理论同实际自然地结合的。③能解决实际问题的内容都是综合的，不是单一的。④范例教学能更典型、具体、实际地培养学生分析问题和解决问题的能力。

3. 赞可夫的发展主义课程论

赞可夫把“一般发展”作为其课程理论的出发点和归宿，因此，他的课程理论被称为“发展主义课程论”。“一般发展”是指智力、情感、意志、品质、性格等的发展。赞可夫的发展主义课程论主要强调以下几点：第一，课程内容要有必要的难度。难度有两个含义：一是指教材要有需要克服的障碍，

有一定的复杂性；二是学生学习教材时要做出一定的努力，把学生的精神力量调动起来。这一主张要求在“有分寸”的“高难度”水平上选择一些现代科学技术知识编进教材，删除那些肤浅、狭窄的内容，加强知识的系统性和知识的联系性。第二，课程内容要有必要的广度。即课程内容不能搞重复，而要不断向学生展现事物的新貌，用各方面的内容来充实学生的头脑，为学生越来越深入地理解所学的知识创造条件，揭示知识之间的本质联系。使学生从有机联系中掌握越来越多的系统知识。第三，理论知识要在课程内容中起主导作用。赞可夫认为，学生只有掌握了理论知识，才能认识事物的本质和规律，并以此去认识新的事物，促进他们的一般发展，并为他们进一步掌握知识和技巧提供可靠保证。因此，他主张把理论知识放在教材的重要地位，尽早教给学生规律性的知识，教给学生解释现象、事实的一般原则。

（二）核心课程与外围课程

由于学生在校学习时间和资源等的限制，不可能将所有学科纳入学校课程体系之中。于是，必然出现这个问题：所有学习者都应该学习的共同知识核心是什么？美国著名课程论专家泰勒（R.Tyler）曾指出，为了回答这个问题，学校课程体系开始被视为由两部分构成：核心课程和外围课程。

核心课程（core curriculum）可以看作分科课程的反动，它一反分科课程将各门学科进行切分的做法，而是在若干科目中选择若干重要的学科合并起来，构成一个范围广阔的科目，规定为每一学生所必修，同时尽量使其他学科与之配合；核心课程在一定程度上也可被看作对儿童中心课程的反动，它在产生之初，尤其反对课程只从学生个人兴趣、需要动机出发的做法。它提醒教育者注意，儿童并非生活在真空里，而是在一个特定的时间，地点和特定的社会环境里成长的，课程需要反映儿童所赖以生活的社会的需求。因此，核心课程在产生之初，其显要特征就是注重社会需求以及以生活为中心。及至后来，核心课程在此立场上稍有改变，其实施也吸纳了活动课程的一些成分。

核心课程产生于20世纪二30年代的社会动荡时期，改造主义功不可没。改造主义自称“危机时代的哲学”，宣称社会文明已面临毁灭的可能，必须改造社会，使人们能够共同生活。这种改造不只通过政治行动，更通过社会成员的教育去实现人们共同的生活目标。因此，在他们看来，教育必须专心致志于创造一种新的社会秩序，在人们的心灵中引起一场意义深远的变革。于是他们倡导一种“以未来为中心”的教育纲领，其目的是通过说服而不是强制的办法来实现“社会改造”，以“社会改造”为核心来构建核心课程，打破原有分科课程的界限。有人认为，核心课程的真正特点是注重社会需要及以生活为中心。

核心课程的特点除了学科间的综合并构成一个“核心”之外，它还有另一显著特征，即这种课程是要每个学生都掌握的，是需所有学生共同学习的。这样就带来一些问题：一是社会生活的需要是多种多样的，哪部分课程需纳入“核心课程；二是随着新学科的不断涌现，这些学科的拥护者都极力希望纳入课程中来，并且，有的学科也的确需要在核心课程中得到反映。这就又使得课程选择与设计中的古老问题——时间和可利用资源——反映了出来。在这种情况下，如同分科课程自身的缺失造就了活动课程一样，与核心课程互补的外围课程也就应运而生了。

外围课程（peripheral curriculum）是为不同的学习对象而准备的，它不同于照顾大多数学生、面向所有学生的核心课程，而是以学生存在的差异为出发点的；它也不似核心课程那样稳定，随着环境条件的改变、年代的不同及其他差异而做出相应的变化。核心课程与外围课程的差异，如同一般与特殊、抽象与具体的对立，是相辅相成的。

（三）国家课程、地方课程与学校课程

从课程开发的主体来看，可以将课程分为国家课程、地方课程与学校课程。国家课程也称“同家统一课程”，它是自上而下由中央政府负责编制、实施和评价的课程。其管理权属于中央级教育机关。国家课程是一级课程。地方课程介于国家课程与学校课程之间，指由国家授权，省、自治区、直辖市教育行政机构和教育科研机构根据自身发展编订开发的课程，属于二级课程。学校课程是在具体实施国家课程和地方课程的前提下，通过本校学生的需求评估，利用当地资源，由学校全体教师、部分教师或个别教师编制、实施和评价的多样性的可供学生选择的课程。

国家课程是从宏观方面反映国家对人才素质的要求，是国家意志的体现，是所有学校教学的出发点，具有普适性、强制性和权威性的特征。国家课程体现的形式是不一样的。在澳大利亚、美国等实施教育地方分权的国家，国家课程由各州政府负责编制、实施和评价。通常，学校教师在国家课程的编制和评价方面没有或者几乎没有发言权或自主权，但他们必须成为国家课程的实施者。在实施国家课程的过程中，学生往往需要参加国家统一考试。

学校课程是相对国家课程而言的，它是一个比较笼统和宽泛的概念，并不局限于本校教师编制的课程，可能还包括其他学校教师编制的课程或校际之间教师合作编制的课程，甚至包括某些地区学校教师合作编制的课程。与国家课程相比，在学校课程的开发过程中，课程编制、课程实施和课程评价

呈“三位一体”的态势，形成统一的三个阶段，并由同一批教师负责承担。

一般来说，中央集权的国家比较强制课程的统一性，较多地推广国家课程，而地方分权的国家比较强调课程的多样性，较多地推广地方课程、学校课程。现在，越来越多的国家政府已经认识到，虽然国家课程与地方课程、学校课程是不同的课程形式，但它们之间是相辅相成、互为补充的关系。在推广国家课程的同时，应该允许开发一定比例的地方课程、学校课程，而推行地方课程、学校课程的学校，也不应该贬低或排斥国家课程。

（四）显性课程与隐性课程

显性课程亦称公开课程，是指在学校情境中以直接的、明显的方式呈现的课程。这类课程是根据国家或地方教育行政部门所颁布的教育计划、教学大纲而规定的。显性课程的主要特征是计划性，这是区分显性课程和隐性课程的主要标志。美国著名教育学家、课程论专家杰克逊（P.W.Jackson）于1968年出版了《班级生活》一书，并首次提出“隐性课程”这一概念。隐性课程包括除上述课程之外的一切有利于学生发展的资源、环境、学校文化建设、家校社会一体化等，是指学生在学习环境（包括物质环境、社会环境和文化体系）中所学到的知识、价值观念、规范和态度。研究中有很多类似的名称，如隐蔽课程（hidden curriculum）、潜在课程（laten curriculum）、非正规课程（informal curriculum）、未研究的课程（unstudied curriculum）和未预期的课程（unanticipated curriculum）。隐性课程指学生在学校情境中无意识地获得经验、价值观、理想等意识形态内容和文化影响。也可以说它是学校情境中以间接、内隐的方式呈现的课程，具有非预期性、潜在性、多样性、不易觉察性。这类课程是学术性内容与非学术性内容的统一综合体。

隐性课程与显性课程有三方面的区别：一是在学生学习的结果上，学生在隐性课程中得到的主要是非学术性知识，而在显性课程中获得的主要是学术性知识；二是在计划性上，隐性课程是无计划的学习活动，学生在学习过程中大多是无意接触隐含于其中的经验的，而显性课程则是有计划、有组织的学习活动，学生有意参与的成分很大；三是在学习环境上，隐性课程是通过学校的自然环境和社会环境进行的。而显性课程则主要是通过课题教学来进行的。

隐性课程也被称为非正式课程、非官方课程、潜在课程、隐蔽课程和无形课程等，是不在课程计划中反映的、不通过正式教学进行的。对学生的知识、情感、意志和行为观等方面起到潜移默化的作用，促进或干扰教育目标的实现。这类课程主要是通过校园文化、校园生活、校风、人际关系、集体

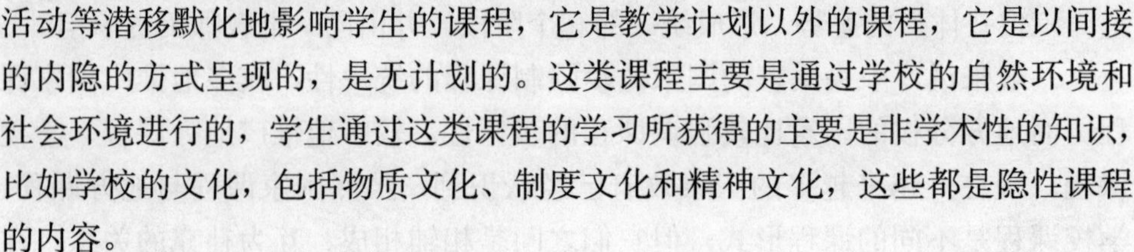

活动等潜移默化地影响学生的课程，它是教学计划以外的课程，它是以间接的内隐的方式呈现的，是无计划的。这类课程主要是通过学校的自然环境和社会环境进行的，学生通过这类课程的学习所获得的主要是非学术性的知识，比如学校的文化，包括物质文化、制度文化和精神文化，这些都是隐性课程的内容。

隐性课程的特点主要有：

第一，隐性课程的影响具有弥散性、普遍性和持久性；第二，隐性课程的影响既可能是积极的，也可能是消极的；第三，隐性课程的影响是学术性与非学术性的统一；第四，隐性课程对学生的影响是有意识性与无意识性的辩证统一；第五，隐性课程是非预期性与可预期性的统一；第六，隐性课程存在于学校、家庭和社会教育中。

正是由于隐性课程的这些特点，我们在实施过程中应该注意：首先，优化学校的整体育人环境；其次，特别重视学习过程；最后，通过隐性课程的实施，塑造与完善学生的人格结构。

（五）基础型课程、拓展型课程和研究型课程

这是根据课程任务所做的区分。基础型课程注重学生基础学习能力的培养，即培养学生作为一个公民所必需的以“三基”（读写算）为中心的基础教养，是中小学课程的主要组成部分。

拓展型课程注重拓展学生的知识与能力，开阔学生的知识视野，发展学生各种特殊能力，并迁移到其他方面的学习中去。

研究型课程模式的核心在于改变学生的学习方式，强调学生的主体作用和参与性，信息技术可以作为学生的学习工具。要求学生能从多种渠道寻找信息，能对各种资料进行分析、归纳、整理、提炼并从中发现有价值的信息，能熟练使用各种信息工具，体验科研的过程和方法，准确表达自己的观点。研究型课程有以下几个特点。

就课程目标而言，研究型课程表现为目标的开放性。课程目标不仅指向某种知识内容，而且指向各种知识的综合探究过程，指向在这个探究过程中，学生所发展的探究意识、探究精神和探究能力，指向学生对各种知识的情感体验。并且这些目标指向在不同的课题探究过程中有不同的侧重，除探究能力和探究精神外，学生所达到的知识目标是开放的。

就课程内容来说，研究型课程在内容上呈现出综合、开放、弹性的特点。其中综合性与弹性是体现其生命力的重要因素。此类课程的内容弹性非常强，在保证一定学习量的前提下，学习所探究的内容和主题，不同地区、学校、

班级，甚至不同的学习小组，都可以进行不同的选择。

就课程组织来说，以开展合作性的、综合探究型的课题活动为主要学习方式的研究型课程。教师在组织形式的选择上，应体现出合作性与独立性相结合的特点。学生的探究过程既有个体的活动，也有学习者之间的合作和交流。因此，在课程的组织形式上，既有体现独立性的个体活动和体现合作的小组活动，也有体现集体性的全班交流活动。在某一个课题的探究过程中，这几种形式都会出现。

就课程评价来说，由于研究型课程在课程目标和内容上具有开放性的特点，因此，在课程评价中，不宜采用目标评价方式，而应该采用过程性评价方式。这样，研究型课程的评价就具有了过程性的特点。

研究型课程作为一种开放性的课程，为学校课程的开发提供了很好的契机，使学校课程的开发有了一定的载体。各个学校可以根据“以学习者、以社会发展中心”的原则，开发适合学校实际教育条件和具体特点的课程。在研究课程中，课程的设计者除课程方面的专家、专门的课程设计者、教育行政部门人员之外，还有学校和教师，这是研究型课程的一个最典型的特点。

三、课程体系建设研究

课程体系指在一定的教育价值理念指导下，将课程的各个构成要素加以排列组合，是各个课程要素在动态过程中统一指向课程体系目标实现的系统。简言之，一个专业所设置的课程相互间的分工与配合，构成课程体系。课程体系是高等学校人才培养的主要载体，是教育思想和教育观念付诸实践的桥梁。高校人才培养目标是对受教育者的知识、能力和素质方面做出的理想预期，课程体系则在很大程度上决定了受教育者所能达到的理想程度，课程体系是否合理直接关系到人才的质量。因此，课程体系的建设是大学教育的核心。

目前国内各高校，无论是研究型还是教学型，无论师范类、综合类还是艺术类，其专业课程体系的结构类型，大致都是基础课与选修课的二级制结构模式，即在开设一系列专业基础课的基础上，再开设一系列专业选修课。这种基础课加选修课的二级结构专业课程体系至少存在着两个方面的不足与局限性。

首先，这种二级制的专业课程体系在课程类型以及课程内容的层次划分上不够准确细密，难以充分体现和落实不同学校、不同专业的不同培养目标。这种情况下，大多数专业，特别是一些办学历史悠久、学科发展成熟的专业，在专业基础课与专业选修课之间存在着很大的专业知识与技能空间，也就是设课、开课的空间。而对于如此大的设课空间，仅仅大略地确定专业基础课与专业选修课两级课程类型与模式，势必导致课程设置及具体课程内容上相当的不确定性；也就是说，必定出现有的选修课可能较为贴近专业基础课，有的选修课则具有相当大的专业深度精度而接近专业学术前沿，二者之间可能差距甚大。而教师资源以及相应的可能开课门数都是有限的，所以面对如此广泛地课程选择空间，除了专业基础课的设定之外，在所谓的专业选修课的设置上，容易出现以下两种倾向。第一，课程的设立具有不确定性，即需要开设的选修课可能没有教师开设，已有的课程也可能由于教师的原因而时有时无。知识、能力、态度、情感、价值观的多元取向，不用统一的规格、标准评价学生。第二，选修课在专业深度上具有无序性，容易失衡。课程引渡困难多，因而很难构成真正具有系统性的专业课程体系。

其次，这种二级制的专业课程体系在专业选修课的建设上必然导致“因人设课”的倾向。“因人设课”主要是指在专业选修课的设置及具体授课内容的安排上不是完全依照专业培养目标的需要来考虑专业选修课的设置及内容的安排，而是更多根据教师的研究方向、水平或者兴趣等来考虑选修课的设置及内容。如前所述，专业基础课与专业选修课之间存在相当大的课程选择空间，这就势必使开课教师具有很大的设课以及课程内容安排自由。虽然教师在考虑开设怎样的专业选修课程时，也会相当程度地考虑专业培养目标的贯彻和落实。但是，教师个人的考虑不能代替专业培养要求的体制性设计和制度性安排。专业选修课的开设必需符合专业培养目标的要求。这不应仅仅是教师自由设课后的一种考虑，而必须是专业课程体系建设的一项基本前提和原则，是对教师设课自由的限定。此外，“因人设课”还必然产生的另一个后果是，专业选修课的兴衰存亡往往与教师个人的选择与去留有过于紧密的联系，常常是人在课在，人走课无，课程设置的随机性和偶然性很大，这不利于课程体系的建设。而且，这种给予教师个人较大选择自由的设课体制，也直接有悖于以学生为主体的教育教学理念。

第二节 商务英语课程体系设置现状

一、核心课程不突出

目前很多学校普遍存在商务英语专业的核心课程不突出的问题，大部分商务英语专业课程仅是英语专业课程和一些与商务知识相关的课程（如国际贸易、管理、经济学等）的叠加，核心课程不明显，该专业的毕业生缺乏能独当一面的本领和技能，在实际工作中发挥不出特色优势。例如一些外贸工

作，商务英语专业的学生能做，国贸专业的学生也可以做，但如果遇到一些专业性更强的工作，后者依然胜任，而前者却不一定能坦然面对。商务知识与语言知识课程比例失调。商务课程开设时间极其有限，且缺乏连续性，所有的课程只开设了一个学期。有些应开设一个学年的课程只开设了一个学期，第二学期所换的课程又与其无关。内容笼统。方向不明确，针对性不强。学术性课程过多，职业导向性课程少，商务知识和英语知识结合度不够。商务理论与技能课程同英语脱节。该专业毕业生缺乏优势，实际工作中体现不出特色。例如，商务岗位上的工作，商务英语专业毕业生能做，国际贸易或电子商务专业的毕业生同样胜任。而国际贸易专业毕业生承担的工作，商务英语专业的毕业生却未必能胜任。核心课程的不突出导致学生缺乏核心竞争力。

二、专业课程设置不全面，整体性松散

首先，商务英语学科的课程类型设置、性质划分和学时安排不尽合理。其次，部分科目的设置顺序颠倒。各课程之间无紧密的关联性和承启性。课程的设置在整体上缺乏科学而严谨的规划。

专业英语课程在量的分布上不均。因为一、二年级注重的是基本技能的训练和专业英语四级的过关训练，而四年级则要进行毕业实习，同时还要准备考研、择业、撰写学位论文等，因而专业课程均积压在三年级，时间短，内容多，任务重，学生往往很难适应。而且，一、二年级的课程相对稳定，有现成的统编教材、明确的教学目的（如专业英语四级统考过关）、统一的教学计划与安排等，教师操作起来相对轻松，而三年级后的选修课就出现了一系列的问题，比如教学质量的评估、学员需求的满足等。

三、实践环节欠缺

学生缺乏实践环节，欠缺动手能力的培养，以至于实际动手能力较差，不能将所学应用于实际，遇到实际问题不知如何着手。尽管大多数高校都设有实习环节，但在实施过程中问题不少。首先，主观认识上，部分院校对实践或实习重视不够，“重知识，轻能力”的观念顽固。其次，客观条件上，院校对实践实习的投入有限，过程管理难度颇大，致使实习实践通常是走马观花，流于形式。课程设置多以理论为主，实践为辅。最后的课程评估也是以理论成绩为主要参数，实践项目作为附加部分，可有可无。这种安排不利于学生知行合一。

对商务英语的定位不明确，使得商务英语在课程设置上过于偏重理论性，忽视了实践性，实践性不足的课程设置主要是由于教学课程过于注重学生的

理论学习，文本学习和研究是教师和学生开展商务英语学习的基本方式和主要途径，但是这种模式却无法提高学生的实践能力。从具体课程设置来看，基本上都是一些理论型的教学模式，很少有具体的实践课程，说明在课程设置上对学生技能训练的重视度还不够。这对商务英语这样一门从经济发展实践中衍生出的实用型课程来说，教学模式和课程安排无法达到预期目的。从对高校和社会教学的对比分析来看，高校教学偏重理论，社会教学偏重实践。之所以出现这种差别，主要可以归结于两种原因。

第一，师资。由于高校教师除了教学以外还要从事一定的科研工作，具备较高的理论素质，基本上也偏重于理论教育；社会培训机构的教师基本上都是将基本的理论知识结合自身的实践经验，因此必然会注重实际工作经验的传递，尤其是能满足职业发展的需要，但是这种实践性的理论基础不够扎实，实践经验的知识体系不够系统和完整。因此，目前高校的师资资源的特点就决定了很难达到商务英语中“实践”的要求。

第二，教学效果的评判标准。众所周知，目前对学生学习效果和教师教学效果的评价大多数还是以书面成绩为主，很少能够以学生对商务英语的掌握和运用程度为评价标准。商务教学效果的评判标准，不是教者能够告诉学生什么，而是能帮助学生做什么。传统的评价模式具有简单、明了的特点，能够对学生的理论知识掌握程度有较好的追踪和判断，且具有一定的说服力，能够减少争议。事实上，这种评价模式对大多数的基础学科非常合适和有效，但是对于商务英语这类处在时代发展前沿的复合型、实用型学科来说，存在一定的问题。比如，对于学生来说，能力（实际动手能力、学习能力、适应能力等）培养的重要性要远远高于知识的掌握，而用理论知识的评价方式来判断一个学生的能力水平，实际上还存在欠缺。为了解决这个问题，有些高校已经采取了“平时成绩 + 期末成绩”的方式来减少书面考试可能带来的不合理现象，部分高校则用“口语 + 笔试”的方式来判断学生对商务英语的掌握程度，尽量对学生的能力进行综合判断。但是无论是哪种因素造成的原因，都说明当前我国要更加注重商务英语学生实践能力的训练。不仅能够提高学生在职业生涯中的竞争力，对日后从事商务英语学科的科研工作也是很好的实践基础，能够全面、系统推进商务英语学科的发展。

四、课程设置与学生需求不符

商务英语是一门发展的课程，要能与时代发展保持一致的态势，而现在商务英语学科中的有些课程已经远远不能满足学生的学习需求，严重滞后。商务英语课程的时效性问题一方面是由于课程没有进行及时调整，有些课程

已经不能适应当今国际商务的发展状况，而一些亟须开设的课程则没有开设，造成了学生的知识和技能储备不能满足社会的要求。除此之外，某些高校即使开设了相关的课程，但是在师资配备和教材储备方面存在很多不足。比如，教师教育水平不足或者综合素质尚未达到既定要求，或者教师根据个人的兴趣爱好或个人对培养目标的理解来设计课程。学校语言教师注重的往往是英语，是语言知识，而学生注重的是专业业务知识和技能。专门用途英语课程与双语课程教学之间，“有没有”与“好不好”之间，课程目标与学生需求之间的混淆如何澄清并适度平衡，都是教学者与求学者都要考虑的问题。

五、商务英语教材编写与实际脱离，选用缺乏标准

当前市场上的商务英语教材大致分为两类：一类是国内出版社直接从国外引进的经济学、金融学和 MBA 系列英文影印版书籍；另一类是国内学者根据原版教材改编或自编的教材。各类教材的选择基本是各随己便。商务英语没有统编教材和明确的课程大纲，教师自编讲义缺乏系统性，师资资源互补利用率低，导致培训专业不对口，不切合实际，各门课程之间无法统一，就更谈不上相互配合，因此也就无法做到各课程之间相辅相成、相互促进。教材因素的滞后性是造成商务英语时效性不足的重要原因。对物理、化学以及数学等基础学科而言，其自身学科多年的发展特点使其知识更新速度相对较慢，即使出现某些前沿课题也仅仅是其中很小的分支部分，所以对课程时效性的要求不会那么高。

商务英语则是一门发展中的学科，它的知识体系随着社会的发展而发展，很多知识和技能会随时被取代甚至消失。例如：过去电报是国际商务间非常重要的一种传送方式，在外贸函电课程中，如何写电报、发电报是比重很大的内容。而随着互联网的兴起，电报在国际商务中的重要性逐渐降低，近乎消亡；同时电子邮件作为主要的通信工具和传送载体正在成为主流通信方式。这种发展变化正在不断地改变商务英语从业人员的交往方式和工作内容，所以相应地，商务英语专业学生必须熟练掌握并运用这些技能，从而更好地适应并推动社会发展。

第三节　商务英语课程体系设置原则

在对商务英语课程设置原则进行分析之前，首先，应当从专门用途英语的角度进行分析，更加宽泛地把握课程设置原则。在对 ESP 的分析中，应该避免这样一种现象，即课件、网络的使用只是更换教学媒体而已，而未对教

学产生任何实质性的影响。多媒体的使用的确使教学信息更为直观和形象，也为学习者提供了前所未有的巨大信息量。而一些课件的制作、授课的方式仍以教师为中心。在整个教学过程中，教师仅利用多媒体教学设备的便利，通过网络（取代以前的粉笔）面向全体学生传授知识，学生仍是被动的接受者，整个学习的过程仍在教师的控制下进行。这样，网络的教学特性就没有体现出来。网络的多种教学功能也就很难发挥出来。其次，ESP 的课程设置原则中“课件的制作应考虑学生的兴趣”，以学习者为中心，并给学习者留有余地，即不是一味地详尽陈述某一章节的全部内容，而是结合每一课的不同特点，给学生留出提问、思考、讨论和查找更多更详细相关资料的时间和机会，将课堂教学变为以多媒体教学设备为辅助手段的师生间、学生间互动的动态过程。再次，专门用途英语要“对教材进行合理的选择”，目的在于建立完善的 ESP 语料。最后，专门用途英语要“明确 ESP 课程的学习目的”。

专门用途英语课程设置原则的研究阐明了明确专业用途英语课程目的性、选择合理教材、以学生为中心以及如何对待互联网等多媒体教学手段的重要性，论证了要从以上四个方面出发来设置专门用途英语的课程。同样，对从属于专门用途英语的商务英语，也应该按照上述原则来设置具体的课程体系。商务英语在课程设置上应遵循以下几项原则。

一、注重理论研究和应用研究

商务英语是一门理论和应用并重的学科，理论性和应用性相辅相成。对于理论研究来说，是要找出商务英语的发展规律、学科特点。因为商务英语是一个概括性很强的功能语体，它包含许多次语体。按语化可以区分为商业英语、贸易英语、财经英语、会计英语、金融英语、法律英语体按语旨的变化可以区分为邀请、问讯、报价、还盘、谈判、投诉、索赔、次语体按语式的变化又可区分为电话、传真、函电、电子邮件等次语体。应用文体学的研究方法可以对商务英语的及物性结构特征、语气结构特征、主位结构特征及字系结构特征进行定量研究，从而得出有关商务英语的语义特征、词汇语法特征，即字系特征方面的较为科学的结论。这有别于传统印象直觉分析法得出的结论，二者是定量与定性研究之分。

商务英语是应用语言学与经济学科和管理学科应社会发展的需要而相互交叉，相互融合产生出来的一门新兴的交叉型应用学科，除了要按照理论研究进行课程设置外，还应当注重商务英语的应用研究。应用性是商务英语最重要的一个特点，必须在具体的课程设置过程中注重学生应用能力的提高，也要提高学科在现实生活中的应用程度。应用研究主要解决与商务英语教学

有关的系列问题，如教学大纲的制定、课程设置、教材编写、语言技能的培训、测量和评估以及教学法等。商务英语教学还必须注意应用语言学的复杂性和多学科性。语言教学是一个涉及诸多因素的系统工程，这些因素相互影响、互为补充，但由于教学目标不同，各个因素在教学过程中所起的作用不一致，必须因地制宜，因时制宜，制定不同的教学方案。应用语言学是把相关学科的理论、科研成果应用到外语教学的学科，它涉及语言学科和一些与语言学相关的边缘学科（心理语言学、社会语言学、计算语言学、语用学、神经语言学等）以及与外语教学相关的学科（教育理论、教育测量、计算机科学、统计学、多媒体教学手段等），它本身具有多学科性。而商务英语也具有交叉性、多学科性。应用并非完全强调实践。商务英语应用研究并非限于搞好教学，商务英语应用研究也有理论研究的责任，即建立一个与商务英语学习者相关的商务英语语言模型。

商务英语设置原则，大体上要遵循理论研究和应用研究的发展需要，根据理论和应用的研究可以确认要开设的课程，确定相对应的课程范畴和标准，从而再确定与课程相关的教学材料、教学手段和教学方法等。所以，无论是在何种状况下，要对课程进行设置，必须要考虑到商务英语理论和应用并重的特点。所设置的学科必然也要反映出理论和应用两者之间的联系，能够将两者进行有机的结合，而不是纯粹为了理论而理论或者为了应用而应用。按照马克思主义的基本观点，实践是理论的源泉，也是检验理论正确与否的唯一标准，而理论也能反作用于具体实践。科学、合理的理论能够推进实践的发展，而不科学、不合理的理论则会对实践发展造成一定的负面影响。因此在设置商务英语课程时，除了要设置理论和应用的课程外，更重要的是如何安排理论课程和实践课程，以及这两者之间的权重关系。

二、前瞻性、时效性

课程设置受制于生产力的发展水平，生产力越发达，对劳动者的素质要求越高。国际商务英语作为一门与社会经济生产紧密相关的高校课程，也应该顺应高等教育课程现代化的国际潮流，形成鲜明的时代特色。商务英语是一门与社会经济发展紧密相连的学科，适应社会发展需要是商务英语课程设置的最基本要求。时效性是指信息的新旧程度、行情最新动态和进展。比如新闻节目，今天听是新闻，明天听就是旧闻。整体分析策略方案在一定时间阶段是有效的。决策的时效性很大程度上制约着决策的客观效果。

从商务英语的起源可以看出，该学科本身就是从国外的商务实际发展过来的，因此从发展的实际情况来看西方国家远远领先于发展中同家。对于我国这样的新兴国家，尽管在商务英语领域取得了飞速发展，但是就总体层面而言还是比较落后的，这种落后主要表现在我国国民整体的外语语言能力、我国对外经济贸易（尤其是在国际资本市场上的交易）以及我国在 WTO 中的商务谈判地位（包括反倾销、反关税补贴等）。这种落后在具体的商务英语学科课程设置中主要表现为很多教学内容已经过时，与培养目标脱离。例如：外贸英语函电，很多教材版本不少内容还是计划经济时的外贸进出口情况，严重落后于时代的发展。内容覆盖也不够广。还有许多国际商务课程或内容，在西方英语同家是普遍开设或涵盖的，但在我国还是空白，如国际结算、国际物流等内容。这些课程是近年来才开设出来的，这些新的课程或内容都是西方发达国家在市场经济和社会发展过程中为适应需求而开设的，具有较强的合理性、科学性和前瞻性。

课程设置的落后不合理，必将会使所培养学生的知识储备和技能训练远远落后于时代需求。实践课时比例太小，而且安排不合理。在四年的学习中，真正的实践教学课时数严重不足。在时效性的问题上，我们要做的就是充分借鉴国际上的先进经验，结合现实国情校情，并将这些经验用来对当前的课程进行重新组合和安排，确保能够在最大限度内发挥该学科的教育和科研功用。具体到如何吸收国际先进经验，设计新的课程体系时，国外成熟的课程内容可以为我所用。这对建构国际商务英语课程内容和体系具有很大的启示与帮助。因此应认真学习和借鉴西方英语国家国际商务英语教学的经验，吸取他们先进的课程设置思想、方法、课程内容等，在某些方面可以与国际接轨，实行拿来主义。这样，涉及的课程体系与内容可以站在较高的起点上，而且内容更地道、更具实用性。

毋庸置疑，吸取西方发达国家的先进经验一定要结合自身的实际情况，将国外的先进经验纳入我国的实际发展背景中，实现“中国化”。正如马克思主义从西方同家传递到我国，也必须经历一系列与我国实际国情相结合的“中国化”过程，形成有中国特色的社会主义理论，才能指导我国的社会主义建设。若是全盘吸收，完全照抄其理论，恐怕很难取得成功。针对教材编写，教材要适应我国使用者的情况。目前，从国外引进了许多类型的被称作商务英语的教材。这些教材假设了一个通用的商务模式，以西欧和北美的商业文化为背景，这其中的商务活动和业务未必为中国的学习者所需要。因此，有必要对这些国外教材进行改编，或编写适合中国学习者的商务英语教材。关于课程设置的“全盘西化”问题，不仅是教材可能有这方面的问题，在具体课程、教学方法上也均存在此类问题。总之，在研究商务英语课程的时效性时，必须明确这种研究在我国这样的环境下所进行的商务英语教学和科研活

动，要能结合并反映我国的特色，能够将中西方文化进行有效结合。

前瞻性是我国商务英语课程设置的另一个重要原则。前瞻性研究就是把研究对象选定，研究方案预定好，根据预定方案去对入选受试者进行研究。在这些条件下，根据这些因素去做持续的追踪研究，分析判断，最后在原订计划的时间内做出评估，符合原来设计方法的所有例子都要列入统计（这个阶段，不只是选有效的来统计），全部结果都要呈现。最终，选择的结果经过计算，纳入统计范围中，相关影响波动有效的因素构成重点目标，继而对这些因素进行深入研究，这就是前瞻性研究。前瞻性研究注重对研究对象的牵连性、影响性、可发展性的把握，对研究对象的本质（潜在性）的挖掘。在当今社会科技迅猛发展下，提前把握具有潜力的对象非常重要。在研究过程中，研究人员通过加强对该对象动态的理解，从而延伸出一些新的理论，再作用在该对象上，形成一个新的体系。商务英语课程设置所要求的前瞻性，主要表现在两方面：一是要能预测并适应时代变化，进行不断调整。在设计课程体系时，我们需要注意课程的前瞻性。由于国际社会、国际市场经济和国际商务社会的情况是在不断变化的，随之带来需求的变化也多元化。所以，我们应该以一种开放的姿态应对这种情况的变化的，不断完善课程体系，推陈出新，这样才能建立起科学的、反映时代发展需求的课程体系。高等教育必须随时代发展而变化，人才需求的层次也会发生变化，这些变数都会直接影响到课程体系、课程设置。面对这些变化，我们要不断调整和完善课程体系。另外，国际商务英语学科框架内有各种层次。调整课程设置时，我们还应考虑各学校的特点和层次。从中看出，社会发展所带来的变化是商务英语课程变化的最重要原因。除了根据社会的发展调整自身的课程设置外，还要对未来的发展趋势进行预期，对某些课程进行削减或者增加。正如在 20 世纪末，很多人都没有预期到互联网会发展得如此迅速，会对商务英语这个领域起到如此大的变革作用。因此商务英语的教师和科研人员必须预测这些变化发展趋势，从而得以提前设置相关课程或者预先对某些课程内容进行调整，从而使我国高校的商务英语学生在未来的国际竞争中有较强的综合竞争力。

前瞻性的另一方面则表现在对社会经济发展的引领作用。虽然商务英语是一门随着时代发展而发展的应用型学科，但是商务英语学科（尤其是理论创新）不仅可以指导具体的工作实践，同时能够通过总结商务英语学科的发展特点和规律，结合全球化的实际情况和变化发展，对商务英语学科进行创新研究，起到引领社会经济发展的作用。在遵循这一原则的前提下，商务英语学科开设的课程除了要教授学生相关的知识和技能外，还要教会学生“学习”和“创新”能力。良好的学习、思考和行为习惯的养成有助于实现教育和教学的目的和目标。尊重习惯形成的规律，围绕良好习惯的内容，在课堂上进行“问题式学习”的教学，有助于对学生问题意识和问题解决能力的培养，从而提高学生的学习能力和创新能力。这种“学习”和“创新”能力绝不是凭空而来的，而是要在相关知识和技能的基础上，通过开展相关原理和案例分析课程，提高学生在商务英语领域的“学习”和“创新”能力。由此可以看出，商务英语学生不仅要对自身学科进行预测和适应，从而对商务英语课程进行调整；同时也要通过自身对商务英语学科的学习和创新，推动商务英语学科的发展，引领国际商务乃至社会经济发展。

除了上述原则，商务英语课程设置中还应该加入人文素养方面的课程，包括许多中国元素也应该融入商务英语的课程中。中国文化底蕴深厚，不仅影响着一代代国人，也正在被全世界所接受和认可。北京奥运会向世人展示了几千年优秀的中华文明，也在全世界掀起了一股“学习汉语热”；孔子学院的设立、汉语桥活动的开展、汉语能力考试的兴起等无不证明这点。学习外语、毕业后从事涉外工作的学生是不是更应该了解自己的文化呢？教师应该引导帮助学生更加“知己”。

第一，从思想上让学生意识到在外语学习中以及今后从事涉外工作时中国文化的重要性，做到“知彼更要知己”，学习中国文化的知识并掌握用英语表达中国文化的技能。因为语言交流有输入也有输出，要教会学生用英语表达中国文化、中国的事物，以体现出中国的文化软实力。通过举办各种有关文化的讲座和读书活动，让学生自觉、自愿地学习本民族文化，热爱本民族文化，为自己的文化感到骄傲，而不是一味地崇洋媚外。

第二，专业课教师应该自觉学习中国文化，提高自身文化修养，注意中国文化的英语转换，并在教学过程中结合外国文化的导入向学生传授中国的文化。这也是为了增强学生的文化对外介绍能力。传统的英语教学中，大部分英语教师平时的教学重点一直是英语语言知识点的讲解和传授，忽略或无暇顾及中国文化知识的传播和用英语表达中国文化知识能力的提高。要改变这种现象，日常累积是很重要的。例如：英语专业多开设“英美文化概况”等课程，可是中国文化的课程大多被列为全校公选课，课程时间短，考评较随意，有“娱乐”之嫌。结果就是英语专业的学生能对西方文化略知一二，可对本土文化却知之甚少。另外，由于目前很少有系统论述中国文化的英语教材，也为教师熟悉中国特有文化的英文译法造成了一些困难，这就需要教师平时多积累，比如参考林语堂和赛珍珠的作品，作为向英语世界介绍中国的最有贡献的作家，他们的作品涉及大量中国文化的元素。

第三，鼓励教师开设关于中国文化的公共选修课，为学生创造良好的学

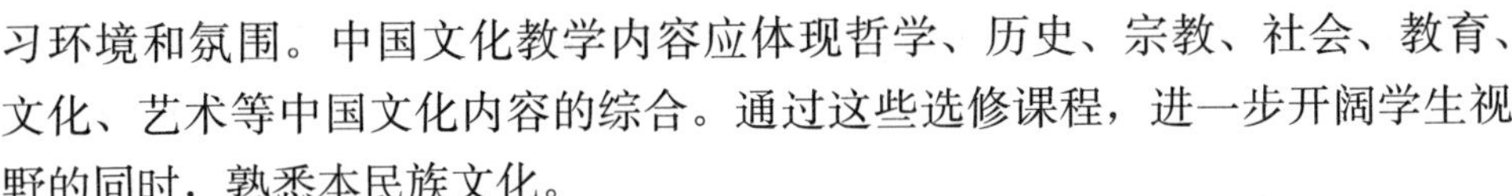

习环境和氛围。中国文化教学内容应体现哲学、历史、宗教、社会、教育、文化、艺术等中国文化内容的综合。通过这些选修课程，进一步开阔学生视野的同时，熟悉本民族文化。

除了上述原则，我们还应注意以下几点。一是商务英语专业的课程应该是英语专业主干课程和商务专业主干课程的有机结合，而不是简单的相加。二是在商务英语专业下分设不同方向时，专业方向课应该更加具有针对性，更加体现方向性。三是商务英语专业课程要避免蜻蜓点水，课程开设应该具有广度和深度，并且注重精品课程的开发。四是商务英语专业的课程设置应该走出“因人设课”的尴尬局面，注重复合型教师的引进和培养。在符合商务英语设置依据的前提下，通过分析商务英语的原则，设置更加科学、合理的课程体系。课程设置原则的科学合理与否，是商务英语学科发展最为主要的准则和框架，即所设置的具体课程能否满足以上原则成为学科发展的重要因素。由此可见，科学、合理的课程设置是商务英语学科发展最为重要的要素之一。

第四节　商务英语课程体系设置依据

在讨论如何制定商务英语的课程体系之前，首先应当对商务英语的课程体系建设进行翔实、具体的论述。商务英语课程体系建设之所以重要，是因为其面向的对象不仅仅是商务英语专业的学生，还会涉及其他非商务英语专业的学生。许多在校的非商务英语专业的学生都在学习国际商务英语。特别是随着我国加入世界贸易组织，商务英语将愈来愈重要。一方面对普通非英语专业的学生来说，英语知识和技能是非常基础的要求。从未来的发展趋势上看，商务英语在整个英语体系中的比重会越来越大，这是由于社会对大学生的英语要求更多体现在实际的操作层面，而不仅仅是对英语词汇和语法的掌握。商务英语的实践性特点以及自身的发展历史和特点决定了商务英语必将是今后英语学习的主要方向之一，因此建立并健全商务英语自身专业的课程体系，不仅有助于本专业学生能力的提高，同时也能提高非英语专业学生的英语能力。另一方面对商务英语专业来说，它本身就是一门发展中的复合型学科，整体的定位和发展仍在不断地探索之中。如果将商务英语比作一座大厦，课程体系就是这座大厦的“地基”，只有将这“地基”建设得扎实、稳健，才能让这座大厦更加稳固。另外，由于商务英语和其他学科存在一定的交叉，譬如，商务英语涵盖了金融英语这门课程，而在金融学的课程中也常开设金融英语这门课程。无论对金融学的学生还是商务英语的学生来说，金融英语都属于商务英语的范畴。因此，从发展商务英语专业、培养国际化高端人才的角度来看，非常有必要从商务英语的课程体系建设出发，从而达到学科建设的目的。课程体系改革和课程建设历来是外语专业教学改革的重点和难点。要从21世纪对外语人才的需求、21世纪外语人才的培养目标和复合型人才的培养模式出发，重新规划和设计新的教学内容和课程体系。

从我们对商务英语的定义分析可以看出，商务英语包括哪些具体的内容是很难罗列清楚的，因为商务英语所涵盖的内容本身就在不断发展变化，所以商务英语具体内容的描述基本上很难实现。但是商务英语的本质范畴还是可以确定的。尽管从商务英语的课程设置来看，各个高校对商务英语的判断不一致，课程设置也存在不一致的现象，但要了解商务英语应该包括什么课程，以及课程之间的比重如何协调，就应该从商务英语这门学科的本质出发，将发挥这门学科对社会和高校的积极作用作为课程设置的落脚点，从而在课程设置上形成从商务英语出发再回到商务英语的发展逻辑，使得课程设置能够更加科学、合理。

学科课程设置方面，除了要研究其出发点和落脚点以外，还要掌握其具体的课程设置依据。因为只有在“合理”的设置依据下，才能设置“合理”的课程以及相关的教材、教学模式和教学方式等。为了更好地分析商务英语的课程设置依据，众多专家、学者依据自身对商务英语学科的研究，提出了几点相关的课程设置依据。比较有代表性的有以下几点。

莫莉莉指出：ESP课程的设置不应是简单地按照某种或某些理论框架和课程设置专家的观点，而是基于观察和实践。只谈论行动研究的理论是不够的，我们需要表明对于我们所倡导的是如何实践的，否则，想法只会停留在想象中而不会变为现实。行动研究的优势之一是开始于实践，人们通过实践产生自己的理论。行动研究是在真实情况下真实的人所进行的研究，这需要大量的案例研究来证明研究者是如何改进学习者的学习和状况，并给他们自己和他人带来了利益。同时，行动研究也构成了一种学习的形式，为社会的未来产生了深远的影响。ESP教师在规划、实施和评估该类课程过程中的观点和实际举措，关键是要坚持以学习者为中心，设计出专门用途英语的课程和大纲。强调“由于ESP课程的特殊性，在设置的过程中除了一些普遍要素外，还应着重考虑ESP课程的特殊要求以及ESP课程的特殊性。但ESP课程的设置还应当以一定的理论为基础、为指导，遵循一定的设计原则，从而设置出适合ESP教学发展的课程体系”。2004年1月，教育部颁发的新制定的《大学英语课程教学要求（试行）》就明确规定：各高等学校应根据自身的条件和学生情况，设计出适合本校情况的基于单机或局域网以及校园网的

多媒体听说教学模式，有条件的学校也可直接在互联网上进行听说教学和训练。此外，莫莉莉认为，基于网络的 ESP 课程设计首先要以建构主义理论为基础，主要是由于建构主义理论是“认知学习理论的一个重要分支，强调认知主体的内部心理过程，并把学习者当作信息加工的主体，网络化教学方式为学生创造了发现式学习环境和方法，充分发挥了网络信息量大、交互性强、多媒体传递信息等功能，能提高学生学习的积极性，增强学生学习的自信心，并有助于学生按照自己的实际情况安排学习内容和进度。在整个学习过程中，教师和学生平等地参与教学活动。教师只是教学活动中的管理者和指导者，整个教学活动大多是在学生控制的情况下进行，学生利用网上信息探究和学生之间系统学习交替进行，学生在教学活动中的主体作用得到充分发挥”。关于建构主义学习理论的基本论点，主要是学习者不是信息的被动接受者，而是知识意义的主动建构者：学习过程是新旧经验之间的双向作用过程；参与式学习是其重要学习形式，师生及学习者之间的沟通与合作在知识建构中愈加重要。同时建构主义理论比较注重学习环境的设计，莫莉莉指出，学习必须处于丰富的情景中，因为学习是在一定的情境下，借助人与人之间的协助活动而实现的意义构建过程，因而提出了学习环境中情景、协作、会话和意义建构是建构主义学习过程中的 4 个基本要素。建构主义是认知主义的进一步发展，建构主义学习理论强调学习过程中学习者的主动性、建构性，提出了自上而下的教学设计及知识结构的网络概念的思想以及改变教学脱离实际情况的情境性教学等。而交互性网络不仅为学习者提供丰富多彩的学习资料，为其学习的主动性提供必要的支持，而且为学习者之间的合作与交流提供了方便，加强了学习过程中学习者之间的协助性以及老师与学生之间的互动性（interaction），从而提高了学习者的认知能力和语用能力。束定芳曾指出：“课程是教师和学生交流的主要场所，是教师控制学生情感因素、协调学生学习行为、保证语言输入质量的地方。”

从莫莉莉对专门用途英语课程设置依据的分析，可以发现其要求在设置过程中除了考虑常规因素外，还要考虑商务英语自身的独有特点，其中最突出的就是要以“实践”也就是具体的工作经验和要求作为出发点，保证学生能够满足职业的需要。另外则是要基于建构学习理论的原理，以互联网教学为载体，充分发挥学生在学习过程中的主体作用，真正实现以学习者为中心的教学原理。从逻辑的角度看，我们知道商务英语是专门用途英语的一个分支，专门用途英语的设置依据也是商务英语的设置依据。由此，遵循“实践性”和“学习者为中心”的理论原理，就形成了商务英语的设置依据。

从专门用途英语这个角度出发来分析商务英语的设置原理，具有覆盖范围广的优点，但是考虑到商务英语有突出、明显的自身特点，故可以直接从商务英语的角度出发来分析。鲍文在对商务英语课程体系设置依据的分析中提出：（1）以需求分析为依据。“需求分析”是 ESP 一个重要概念，是 ESP 课程设置的基础阶段。（2）以专业协会与团体意见为依据。鲍文对此特别强调“商务英语是一门应用性更强、与社会经济发展更紧密相连的学科。因此，专业协会性质的组织和体制对国际商务英语学科具有更为重要的意义”。

近年来，我国国际商务活动发展极为乐观，尤其是我国加入世界贸易组织后，国际商务活动增多，随着外国投资大量进入中国，新的企业管理模式、理念层出不穷。通过需求分析和对专业协会及团体意见的分析，得出：在专业委员会或学科协会建议、意见的指导下，设计的国际商务英语课程内容和体系更趋合理化，更能适应和满足社会、行业的发展。在国际商务英语专业委员会或学科协会咨询课程设置之后，高校把所听取和吸收的委员会意见与建议补充到国际商务英语课程设置的需求分析中，得出的结果是国际商务英语课程设置的可靠依据，也是促进国际商务英语专业科学发展的重要保证。

通过商务英语设置依据来看，无论是从专门用途英语还是商务英语的角度出发进行分析，都可以看出各自的研究重点，提出相关的商务英语课程设置依据。应当从整体出发研究商务英语的课程设置依据，加强商务英语课程体系的系统性。从当前的学科形势和对未来发展趋势的展望看，商务英语课程体系建设的依据还要包括以下几方面。

一、要以政府部门的发展规划为商务英语课程设置依据的出发点

政府部门主要是人才发展规划部门和教育部门，其对商务英语学科的发展规划是进行课程体系建设的主要依据。无论哪门学科，若要发展并取得一定进展，必须纳入政府部门的发展规划当中。可以毫不夸张地说，在 21 世纪全球化激烈竞争的发展态势下，国与国之间的竞争就是人才之间的竞争，具备国际化竞争力的高端人才则是国家最为重要的战略资源。为此，我国就如何推动人才发展制定了相关的战略规划。同样，教育部作为培养人才最重要的管理部门之一，制定的高校学生的教学规划大纲直接决定了我国高校学生的竞争力。近几年，全国各高校就如何从应试教育向素质教育转轨，加强实用性英语教学，努力提高大学生英语综合能力这个课题进行着探索。目前，教育部已下发了《大学英语课程教学要求（试行）》，这就为我们在新形势下进行大学英语教学改革提供了非常重要的指导原则。比如，教育部《大学英语教学改革工程草案》提出大学英语教学一定要“加强实用性英语教学，提高学生的英语综合应用能力”，它要求对“英语教学的层次、规格、课程标准

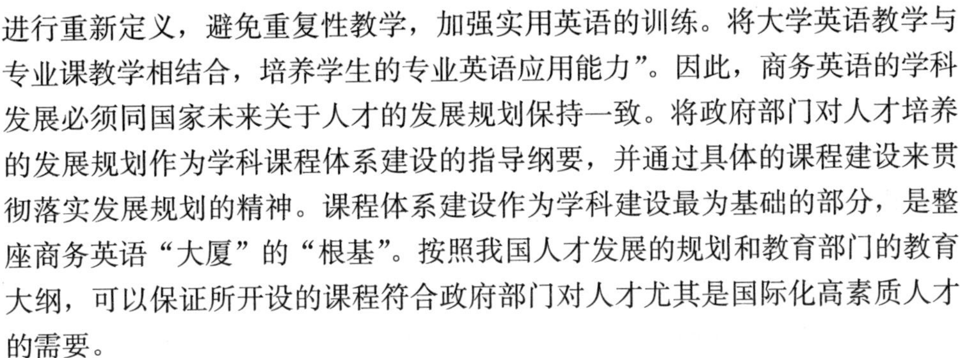

进行重新定义，避免重复性教学，加强实用英语的训练。将大学英语教学与专业课教学相结合，培养学生的专业英语应用能力”。因此，商务英语的学科发展必须同国家未来关于人才的发展规划保持一致。将政府部门对人才培养的发展规划作为学科课程体系建设的指导纲要，并通过具体的课程建设来贯彻落实发展规划的精神。课程体系建设作为学科建设最为基础的部分，是整座商务英语“大厦”的“根基”。按照我国人才发展的规划和教育部门的教育大纲，可以保证所开设的课程符合政府部门对人才尤其是国际化高素质人才的需要。

二、要以提高学生综合素质为商务英语课程设置依据的落脚点

要使学生具备足够强劲的竞争力，并将其作为开展课程设置的最终目的。对于学生的竞争力，可以从两方面出发进行分析：理论和技能两方面。理论知识方面，应当包括普通英语专业知识和商务英语知识，所设置的课程必须兼顾这两方面，同时还要能培养学生一定的科研能力。对于学生的技能方面，则要加强商务英语实际工作能力的培养，提高商务英语学生的实践能力。开设的课程必须满足理论和实践两方面的需求。

理论和技能只是商务英语学生综合素质最基础的部分。所谓素质不是空洞的概念，是人的心理特点（观察、注意、语言、记忆、想象、思维、创造等能力）、知识系统和操作技能的综合，其中专业知识和技能是不同岗位的基本素质要求。大学教育具有专业性的特点，学生专业素质的培养应当是大学教育的重点。人的创造性活动与专业素质关系密切，并通常在专业活动中表现出来。没有专业素质，何来专业操作能力和创造性？培养目标与社会需求密切相关，不同的工作领域对复合型人才有不同的要求。从事国际商务工作的人才当然需要英语知识和技能，而且越多越好，但是这些岗位更需要系统的商科知识和技能。复合型人才的概念不能排斥专业素质。如果我们的学生没有专长，他们的竞争力将会减弱。商务英语教学单位应当认真思考专业知识的系统性和深度，其前提是专业定位。在强调专业素质的同时我们并不否认其他素质，除了专业课程，学生可以选修别的课程，例如文化或者艺术，还有第二课堂活动等，这些课程都有助于全面素质的提高。商务英语学生的综合素质要求是全方位的素质，而不仅仅强调专业素质。要从专业素质开始发展到全面素质的提高，很重要的一点是要加强文化建设。即将“文化”作为两者之间的桥梁。对商务英语学生来说，由于要面临国际化的商务事宜，接触的多是他国人员，而不仅限于本国人员，由此文化素质的重要性甚至要高于专业素质。只有让学生精通国际化的文化，从而运用国际化的“思维方

式”，才能用他所熟练掌握的专业知识和技能来指导具体的工作实践。正如宋格兰所指出的，“谈判者来自不同的国度，因此带有不同的文化烙印。而不同的文化因素影响谈判者的行为举止……文化不只是艺术或人们的生活方式，它也包含人们的交流方式。文化是社会学和人类学的一个基本概念。文化概念有狭义和广义之分，广义的文化是指人类创造的一切物质产品和精神产品的总和；狭义的文化专指包括语言、文学、艺术及一切意识形态在内的精神产品。社会学和人类学通常使用广义上的文化概念。文化具有如下特征：文化是在人类进化过程中衍生出来或创造出来的。文化是人们后天习得的。文化是一个体系。文化在一个群体中具有共享性。世界的文化是丰富多彩的。文化是发展的。文化具有民族性和特定的阶级性。文化常常有本民族文化优越感的倾向。文化是平等的，要让学生认识到民族文化优越感是不对的，文化实际上没有好坏之分。文化差异并不意味着一种文化是对的，其他文化是错的。所有文化的人都有人类的基本需求，如房子、食物以至尊重等。文化是对这些需求的不同方式的解答。文化差异使人类的交际变得既困难又有趣”。文化素质能够架起国内和国外的沟通交流，对于学生来说要具有国内和国外的文化。文化既反映在物质层面（人们通过思想和劳动创造出来的物质财富），也反映在人们的思维方式和日常行为等中。

就具体的课程设置来看，我们要加强商务英语学生在文化素质方面的知识和能力储备。事实上，从普通英语专业开设至今，我国的高校教学很早就开始注重这方面的培养，开设了英美文学选读、英国文化等课程，来加强对西方文化的理解，但是针对西方商务文化的课程则开设得不够充分。同时关于中国传统文化的课程更是凤毛麟角，学生对中国传统文化的掌握不够到位，更做不到在英语环境下理解并宣传中国传统文化。只有将中国传统文化和西方文化融会贯通，才能使商务英语从业人员具备国际化的视野、思维方式和能力。只有民族的，才是世界的。我们在强调文化素质训练时，过于偏重西方文化，而忽视了中国传统文化。但是对于中国的商务英语学生来说，由于本身就是在中国社会环境下成长起来的，深受中国传统文化的熏陶，其思维方式必然会受到东方文化的影响，如果一味地摆脱中国传统文化的影响，全方位地吸收西方文化，结果往往适得其反。

因此，若是出于提高商务英语学生文化素质的目的，除了要设置更多西方文化课程特别是商科专业的西方文化课程外，还要继续加强中国传统文化课程的学习，包括中国传统风俗、历史文化、地理以及旅游等。只有这样，才能“打通”东西方文化，最大化地发挥商务英语知识和技能的功能和作用。

第九章 商务英语教学模式研究

第一节 商务英语教学模式理论发展

一、导论

在西方，20 世纪后半叶，语言学伴随经济和社会的发展开始悄然发生变化，即学界开始把注意力和焦点从描述、界定语言用法的规范法则转向研究和探讨在各种语言环境中的语言实际应用方面来。于是所谓的专门用途英语（ESP）便与时俱进应运而生了。商务英语就源于这个时代的西方国家，作为专门用途英语的一个分支，它是伴随着经济全球化和贸易国际化步伐而诞生的一门特殊的应用语言学学科。

目前，商务英语在中国正在成为一门包括语言和商务两个领域，理论基础涉及语言学、跨文化交际学、经济学、管理学、教育学等多个学科的交叉学科。目前，国际上已有 200 多所高等院校建立了商务英语教学与研究机构，在中国已经 800 多所院校设立了商务英语专业或课程。随着经济实力提升，我国在国际商务活动中发挥越来越重要的作用，商务英语的教学和研究也越来越受到重视。目前我国已成立了全国商务英语研究会，定期举行主任联席会议和全国学术研讨会。教育部在 2001 年制定的《关于加强高等学校本科教学工作提高教学质量的若干意见》中，曾明确要求各高校积极开展全英（双语）教学，努力使 5%—10% 的课程能用外语授课，以培养具有国际竞争力的创新人才。所有这些均突显商务英语教学模式理论与管理实践研究的必要性。

伴随着 2007 年对外经济贸易大学、广东外语外贸大学和上海对外贸易学院三所院校获得教育部批准开设商务英语本科专业，以及 2008 年广东外语外贸大学率先在外国语言文学下自主设立独立的商务英语研究硕士学位二级学科点，我国商务英语学科体系和教学模式日趋完备，但对商务英语理论与教学模式的研究成果仍相对缺乏。因此，及时开展本研究就显得越来越重要。

在国内相关学科发展迅速但研究成果滞后的大背景下，进一步深入研究和探讨本课题，及时总结和反思相关理论与实践，对推动全国商务英语教学模式改革与发展具有特别重要的现实意义。

二、商务英语教学模式理论发展脉络分析

从理论发展上看，在20世纪后半叶，商务英语是作为专门用途英语（ESP）的一个分支或在科技英语的基础上逐步发展起来的。专门用途英语（ESP）曾被认为是语言学的一场革命，它从研究语言使用的形式特征转向了发现真实交际环境中语言应用的方式。商务英语应属于专门用途英语的范畴，并可以分为两类：一般商务用途英语（EGBP）和专门商务用途英语（ESBP——English for Specific Business Purpose）。其中，EGBP主要针对缺乏工作经验的学习者，以商务为背景，以语言技能为基础，再加上一般的商务知识，着重培养学生在一般商务环境中使用英语语言的能力；ESBP则主要是针对从事某商业领域的专业人士设计的培训课程。目前，我国高校所开设的商务英语大都是EGBP，国内对商务英语的研究也主要集中在EGBP上面。正是因为商务英语与专门用途英语间千丝万缕的联系，相关发展研究必须从这里开始。

综合研究认为，商务英语可视为ESP发展的一个崭新阶段，经历了六个基本发展阶段，目前在中国已经发展成为一个独立的交叉性学科。

第一个阶段（20世纪60年代至70年代）是语域分析（Register Analysis）阶段，著名代表人物如Hlliday等，基本观点认为：科技英语与普通英语在语域上存在差异，分析的目的在于这些语域的语法和语句的特征，即ESP关注的是句字层面的语言问题。

第二个阶段（20世纪70年代初期开始）是语篇分析（Discourse Analysis）阶段，主要代表人物如Winddowson等，基本观点认为：ESP关注的是超越句子的语言修辞问题，试图理解为表达某种意义句子之间是如何相互结合的。

第三个阶段（20世纪70年代后期开始）是目标情景分析（Target Situation Analysis）阶段，主要代表人物是Munby等，基本观点认为：ESP关注的是分析在使用英语的情景下进行交际的内容方式、途径、媒介、手段等特点以及语言特点和技能，并根据这些分析来设置ESP教程和制定教学大纲，也就是把语言分析与学习者的学习目的紧密地结合起来，这个过程也称作“需要分析”。

第四个阶段（20世纪80年代初期开始）是技能分析（Skills and

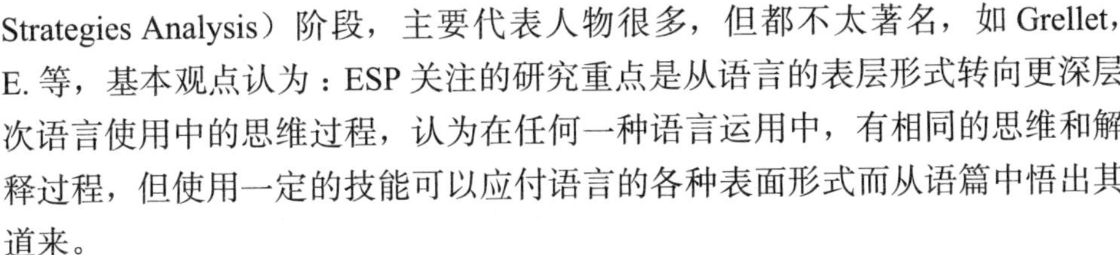

Strategies Analysis）阶段，主要代表人物很多，但都不太著名，如 Grellet，E. 等，基本观点认为：ESP 关注的研究重点是从语言的表层形式转向更深层次语言使用中的思维过程，认为在任何一种语言运用中，有相同的思维和解释过程，但使用一定的技能可以应付语言的各种表面形式而从语篇中悟出其道来。

第五个阶段（20 世纪 80 年代后期开始）以学习为中心进入分析（Learning centred Approach）阶段，主要代表人物如 Hutchinson 和 Waters，基本观点认为：ESP 关注的重点是对语言学习过程的理解，即将 ESP 作为一种教学途径，以充分了解语言学习的过程为输出，集课程设置、大纲制订、教材选编、课内外教学及教学过程和测评为一体，充分调动教师和学生的积极性，充分调动诸如教学手段、教学设备等一系列的非人力因素的系统工程。此时，商务英语开始逐步与 ESP 脱离走向单独发展的路子，即进入了独立学科发展的新阶段。

目前，商务英语在我国已经发展成为一门日益完善的新兴交叉科学，即进入了 ESP 第六个发展阶段。在中国，商务英语的发展历程与国外具有一些差异性。一方面，在中国，ESP 发展最早可以追溯到 20 世纪 50 年代高校开设的外贸英语；另一方面，到了 20 世纪 90 年代，伴随着中国经济市场化和全球化，社会对复合型英语人才的需求也随之日益增大，商务英语作为 ESP 的一个分支便应运而生，而且不断发展壮大，到 2007 年已成为一个新的独立的专业，进入了 ESP 一个崭新的发展阶段。我国 ESP 的发展与世界上大多数国家是不同的，具有一定的独特性。另外，事实上，这一时期开始，ESP 和商务英语在中国处于并存阶段。一方面，一些高校（如四川外国语大学等）仍然在与亚洲 ESP 协会致力于 ESP 的研究和发展；另一方面，一些高校（如广东外语外贸大学和对外经济贸易大学等）正在努力探索商务英语作为一个独立专业的学科体系、课程设置、教学大纲、教学方法建设等具体问题。目前在中国也出现了一批知名的学者，基本观点认为：商务英语是一门以语言学和应用语言学为学科基础，注重吸收其他学科的理论与实践研究方法的交叉科学。伴随着商务英语独立学科的发展，商务英语研究正在成为一门运用语言学、文化学、管理学、经济学等理论及方法，探讨国际商务活动中的语言和文化现象，描述和解释人们使用语言的特点以及文化因素影响的新型交叉学科。

第二节 商务英语教学模式总述

商务英语教学模式是在普通英语教学理论和ESP教学理论基础上发展起来的，成为一种突出多种以学习为中心（Learning centred Approach）或以学生为中心（Student-centred Approach）的教学法的总和，如所谓的全英或双语教学法、情景设置法、问答法、任务教学法和交际教学法等。这些教学法均试图体现商务英语在教学目标、课程设置、教材建设、师资培养和评估管理机制等方面与普通英语教学模式的区别性。

一、培养目标

根据2009年4月19日全国商务英语研究会审定的《高等学校商务英语专业本科教学要求》（试行稿）的指导意见，高等学校商务英语专业的培养目标是，旨在培养具有扎实的英语基本功、宽阔的国际视野、专门的国际商务知识与技能，掌握经济学、管理学和法学等相关学科的基本知识和理论，具备较强的跨文化交际能力与较高的人文素养，能在国际环境中熟练使用英语从事经贸、管理、金融等领域的商务工作的复合应用型商务英语人才。与其他专业相比，商务英语专业培养目标具有特殊性，培养既精通外语又懂得商务知识的复合型人才成为时代发展的必然。商务英语的培养目标是要培养语言知识、策略能力和背景知识为一体的高素质、复合型人才，以适应全球化时代经济社会发展的需要。具体地说，商务英语培养目标具有双重性和实用性等特征，它不但是培养学生听、说、读，写、译等综合运用英语语言的能力，而且还要培养学生学习和了解商务专业知识基础和跨文化交际的实际应用能力。与ESP相比，商务英语的培养目标更加宽泛，使学生能够了解与商务活动有关的商务背景知识及商务环境中不可避免的一些基本工作内容，广泛接触和掌握商务英语词汇，而ESP的培养目标相对限制于英语语言在特定学科领域或行业语境中，如化学、金融、医药、法律等学科领域的交际技能培养。

二、课程设置、教学内容和教材建设

（一）课程设置

同样，根据全国商务英语研究会审定的《高等学校商务英语专业本科教

学要求》（试行稿）的指导意见，高等学校商务英语专业的知识和能力构成涵盖四个知识模块的主要内容，包括语言知识与技能模块、商务知识模块、跨文化交际能力模块和人文素养模块。其中，语言知识与技能模块主要分为语音、词汇和语法知识，听、说、读、写、译技能和语言交际技能等；商务知识模块主要包括经济学、管理学、法学、商务技能等；跨文化交际能力模块主要包括跨文化思维能力、跨文化适应能力和跨文化沟通能力；人文素养模块主要包括政治思想素养创新思维和中外文化素养。高等学校商务英语专业的课程设置中，四年的专业课程总学时不低于 1 800 学时，各学校在安排教学计划时，可以根据本校的培养目标、专业特色及现有的教学条件，开设相应的专业必修课和选修课，安排教学时数。

在实际课程设置方面，商务英语已经发展得比较系统化，如院校三年制的商务英语专业教学一般总学时为 1600 学时，其中课程开设在第一学年以“语言基础”课程为主，兼顾专业基础技能的训练，使学生必须掌握够用的语言基础知识技能和一定的专业技能。从第二学年起根据专业岗位的需要开设专业核心课程，使学生能够精于一条专业主线，如外贸、函电与单证、进出口业务等相关知识；在第二学年的第二学期让学生选修一些与专业相关的课程，用于拓展专业范围，加强专业特色教育，为学生更好地适应工作岗位打下坚实的基础；在第三学年第一学期应设置国际商务知识课程，包括商务翻译、商务谈判技巧、商务英语阅读、口译技巧等专业课程，同时注重理论与实践相结合，使学生真正做到学而会用，用而熟练。

同样，在本科商务英语的课程设置方面，总学时一般为 1800 学时及以上，总体上语言类课程占 70% 左右，商科类课程占 30% 左右，大学一年级以普通英语课程为主，着重语言基础知识的培养；大学二年级以普通英语课程为主，商务类基础知识课程为辅，注重英语在一般商务环境中的应用；到了三年级，课程以商务专业类课程为主；到了四年级第一学期语言类课程，除了高英写作和口译两门课程之外，其他都是专业类选修课；而四年级下学期基本不设必修课课程学习，让学生实习，并同时进行论文写作，要求用英语撰写国际贸易、金融、企业管理、文化等方面的论文，锻炼他们专业知识和英语综合技能的运用和实践能力。

（二）教学内容

各课程开课的大体比例为：语言能力课程占 50%~60%，商务知识课程占 20%~30%，跨文化交际能力课程占 5%~10%，人文素养课程占 5%~10%，毕业论文（设计）和专业实习、实践不计入总课时。与其他专业相比，商务英语专业课程设置、教学内容和教材建设具有特殊性，相关建设在不断完善之中。商务英语培养目标的独特性也要求商务英语教学法内容和教材建设能够体现学生参与性强、师生互动性高的教学内容和生动活泼的体验式教学环节，例如，课程设置、教材和教学内容需要设计更多的商业案例分析或商务谈判假设环境，让学生能够参与其中，相互交流，自由表达思想，完成特定商业模拟和角色扮演任务等，使学生浸泡在某种商务情景之中，充分调动自主学习能力，以提高学生的商务英语语言交际能力和相关商务知识技能。

（三）教材建设

在教材建设方面，商务英语与 ESP 也存在一些明显的差异性，如根据剑桥大学出版社英语语言教学出版书目，商务英语教材主要包括不同级别的系列教材。而在中国，类似 ESP 的专业化教材也有，但不够全面或系统，但在商务英语教材建设方面，多分为基础英语教材和商科教材，其中商科教材多使用国外原版的 MBA 教材，如经济学原理、管理学原理、市场营销、人力资源管理等，同时辅助一些国内案例或自编著述等；基础英语教材，如综合英语听力等，多为自编商务英语教材或使用出版的普通英语教材或 BEC 系列教材。在国内，也在出版相关系列教材，如高等教育出版社出版或正在出版的商务英语综合教程系列教材和体验商务英语系列教材等。

总之，与普通英语教学模式，甚至 ESP 教学模式相比，商务英语教学模式在人才培养目标、课程设置、教材建设、教学方法和评估机制等方面存在区别性特色。如：商务英语培养目标具有双重性和实用性等特征，它不但培养学生听、说、读、写、译等综合运用英语语言的能力，而且还要培养学生学习和了解商务专业知识基础和跨文化交际的实际应用能力；商务英语课程设置具有独特性，在商务英语课程设置方面，总体上语言类课程占 70% 左右，商科类课程占 30% 左右；商务英语商务类课程教学法具有独特性，全英或双语教学成为商务英语商务类课程教学的基本教学模式；商务英语教师队伍具有特殊性，复合型师资队伍建设成为主流等。

三、商务英语师资培养

当前，我国商务英语专业的授课教师主要分为三大类：第一类是教授英语语言类课程的纯英语语言教师，这部分教师的专业背景完全是英语语言文学，几乎与商务无任何关系；第二类主要是讲授商务英语类课程的教师，这些教师的背景较为复杂，一部分也是无任何商务背景的英语语言教师，部分

教师则是英语专业毕业后有一定的商务实践背景，或经过一定的经济学或相关学科的培训和进修，还有部分教师则在本科阶段主修英语专业，研究生阶段则为经济类专业；第三类为讲授商务专业课程的教师，主要是以商科背景的外语教师或非外语院系的经济管理类专业教师为主。

考虑到商务英语专业的学科性质以及人才培养目标定位，商务英语教师必须经过系统的英语语言知识和技能的训练，具备英语教师的基本素质，此外，还应具有一定的商务专业背景或商务实践经历，具备基本的商务知识结构。因此，我们认为，具有一定商科背景的英语教师讲授商务英语及商务专业课程较为合适，此类教师既熟悉英语教学规律，又具有一定的商务知识体系。如果纯英语语言类教师教授此类课程，则因其知识结构单一、商务专业知识缺乏等原因而难以胜任这一角色；而如果由其他经济管理类专业教师用中文讲授商务专业课程，则背离了该专业的基本教学要求，即便用英语讲授，也因其课堂语言质量问题或不熟悉英语教学的特点和规律等原因而难以取得理想的教学效果。

目前各校的师资情况差异较大，一些外经贸、外国语院校因其师资力量较强，基本上由商科背景的教师主讲商务英语及商务专业类课程，教学效果及人才培养质量也相对较高。而国内多数院校缺乏足够的复合型商务英语教师，此类课程多数由纯英语语言类教师担当，因其缺乏商务知识，课堂教学仍沿用基础英语的教学模式，教学效果不甚理想。据相关调查分析，目前商务英语教师具有一定的商科背景和实践经验或具备一定的商务知识结构。可以说，师资队伍建设是目前商务英语专业建设中面临的一个突出问题，这不仅关系到该专业的人才培养质量，也将对该专业的学科建设、后续发展等产生重大影响。为了缓解商务英语师资队伍短缺这一问题，学校应在加大师资引进力度的同时，由商学院或企业组织部分较有潜力的英语教师进行商务专业知识的专门培训和进修，或与国外院校合作，选送相关教师赴国外合作院校完成经济管理类专业的进修，经过一两年的专业培训或课程进修，这些教师可胜任相关课程的教学工作。商务英语是英语语言学与国际商务相结合而形成的一个边缘性语言学科，具有交叉性、应用型、复合型的特点。商务英语专业主要培养具有扎实的英语语言基础，宽厚的人文素养，系统的国际商务知识，较强的跨文化交际能力的应用型、复合型商务英语人才。这是一种外语与国际商务密切结合的人才培养模式。商务英语的专业属性仍是英语语言学，而非经济学、管理学等其他学科。商务英语专业的具体培养模式、课程体系教学内容、教学手段、评价模式等必须强调商务英语的“英语本色”，商务英语教师也主要归属于英语语言学学科，这是该专业教育最为根本的原则性问题。如果片面强调经济学、管理学等其他学科的知识体系而忽视英语教学的自身特点和规律，商务英语专业就会失去应有的特色和活力，甚至蜕变为其他商科专业。

四、商务英语教学管理机制

目前，商务英语教学管理机制呈现多样化的特点，但主要以 4 种方式为主，即商务英语课程组、商务英语教研室、商务英语系和商务英语学院。其中，商务英语课程组或商务英语教研室管理机制主要适合于将商务英语当作一个课程而不是一个专业管理的高等学校，从属学院英语系或外语系，以课程组为单位具体负责相关课程的教学任务；商务英语系管理机制主要适合于将商务英语视为一个专业而不仅是一个课程管理的高等学校，从属于学校的外语学院、商务英语学院或者商学院，负责商务英语本科或专科课程教学、学生培养等管理工作；商务英语学院管理机制主要适合于将商务英语视为一个学科而不仅是一个专业管理的高等学校，从属于高等院校作为单独设立的二级机构，负责商务英语学科发展、专业设置、学生招生、学生培养等管理工作。

目前，在我国高校，商务英语系管理机制比较普遍，商务英语学院管理机制极少，且名称各不相同。例如，有的叫国际商务英语学院，如广东外语外贸大学国际商务英语学院；有的则叫商务外语学院或应用外语学院，如上海对外贸易学院国际商务外语学院、东北财经大学国际商务外语学院、黑龙江大学应用外语学院等。

五、注重理论与实践相结合

实用性和实践性是商务英语的本质，但传统型教师的教学方法总是容易忽视这一点。先介绍信函格式，解释专业术语，最后逐字翻译课本知识，这是传统的教学模式。采用这种传统的教学模式，会导致学生对枯燥无味的课程内容失去兴趣，甚至产生抵触情绪。而如果注重商务英语课程理论性和实践性的有机结合，将会使得学生在有趣的课堂氛围中不自觉地将知识融会贯通，以比较好的精神面貌进行商务英语课程更深层次的探究。因此，教师有责任对课堂氛围进行改善，在向学生传授复杂、笼统的理论知识的同时，再配备多样的教学方法，吸引学生的注意力和带动学生的创造性思维。例如，在上课时，教师先提出案例背景、分配信函客体角色，让学生进行初步的判断和思考，然后再跟学生讲解相关的信函的写作格式和注意事项，给学生充足的时间进行实践练习，同时对学生采取奖惩制度，充分调动学生的参与性和学习热情。在练习结

束以后，教师要及时进行评析，让学生切身体会参与其中的感受，并且在教师的激励中完善自己、提高自己。重视商务英语课堂的实用性和实践性，将“教师一言堂”转变为“学生为中心”的趣味课堂，不仅可以加强师生间的互动交流，而且对商务英语课程的发展具有非常重要的意义。

第三节 商务英语教学模式具体分析

商务英语课程主要的特点是英语语言技能和商务专业知识密切结合，这就给商务英语老师提出了更高的要求，他们不但要在教学中培养学生的英语语言能力，同时还要给学生讲授专业的商务知识。传统的教育模式已不再完全适应新时代的商务英语教学，因此，商务英语教师为了能够完成商务英语教学任务，达到预期的教学目标，实现理想的教学效果，该运用怎样的商务英语课堂教学模式，这是商务英语教师们一直以来都在探究的一个重要问题。

一、商务英语教学模式存在的问题

随着世界经济飞速发展，国际贸易交往日益频繁，商务英语教学得到快速发展，一些院校培养了一批商务英语人才。但是，从全国情况看，商务英语教学存在着较大的问题：首先，很多高等院校都开设商务英语专业，但各高校的教学计划、内容差别很大，没有统一的商务英语教学大纲，没有权威的教材，难以找到真实商务背景下的教材辅助材料，如一些公司的年度报表、会议记录、纪录片等。其次，在师资上，绝大多数从事商务英语教学工作的教师，没有商务英语的学历背景，对真实的商务工作环境也不是很了解，在教学方法上仍较多地采用传统的普通英语的教学模式，造成教与学的双重被动。能够利用英文教授商务英语以及其他专业课程的老师仍在少数，无法满足竞争日渐激烈的商界的需求。再者，从应用的角度看，学生的书本学习与社会实习仍不能有效结合起来。

（1）传统的大班授课也决定了采用传统的普通英语的课堂教学模式，而商务英语课堂教学适合采取小班授课，然而，学校并没有根据专业需要调整班级人数，这也给商务英语教师与学生实现多向交流、多维互动增添了困难。

（2）在教学设施方面，现代化的教学必须有现代化的教学设施相匹配，如幻灯、投影、多媒体技术、Internet 资源等。这些设施不仅可以使商务英语教学更加便捷、直观、高效，还可以大大激发学生学习的积极性。现在各高校里面虽然有多媒体教室，可是数量有限而且维护不及时，经常是数量有限的多媒体教室也得不到充分有效的利用。学生学习商务英语主

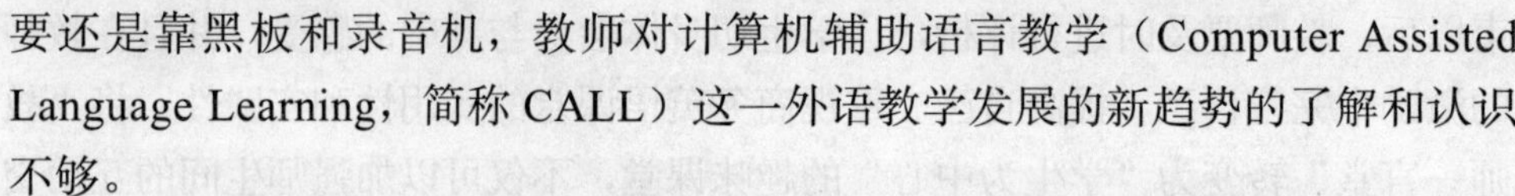

要还是靠黑板和录音机，教师对计算机辅助语言教学（Computer Assisted Language Learning，简称 CALL）这一外语教学发展的新趋势的了解和认识不够。

（3）现有的教学资源没有得到充分利用，不少教师还仅仅将计算机用作文字处理。局域网、因特网和远程教学网的利用刚刚开始，网上提供一些优秀的教学内容，商务英语教师应该如何利用 Internet 资源，如何利用远程教学网实现资源共享，这些都是未来商务英语教学面临的新问题，也是商务英语教学现代化的突破点和新起点。

二、商务英语课堂教学模式的改进对策

我们可以看到商务英语教学的现状不容乐观，很多方面达不到商务英语课堂教学的目标和要求，商务英语课堂教学还存在很多问题。要解决这些问题，改善商务英语教学的现状，可以调整师资队伍，提高商务英语教师整体素质，改善商务英语教材或者改善学校的硬件教学设施等。笔者认为主要还是要通过改进商务英语课堂教学模式来达到商务英语教学目的。

（一）传统的普通英语教学模式下的商务英语课堂教学模式与交际法相结合

受中国传统的儒家文化、中庸思想等的影响，中国传统的教育模式长期在课堂教学中占统治地位。中国的传统文化认为教师是知识的传授者，而学生是被动的接受者。“师者，所以传道授业解惑也。”教师的职责被概括为传道、授业、解惑，其中的传道和授业都是从老师到学生的过程，也即老师是知识经验的所有者，而学生则被认为是接受老师教诲的人。传统的教育模式也在一定程度上影响了中国学生的学习风格，比如习惯依赖性学习，有过分依赖老师的学习习惯；更倾向于被动地接受老师教授的知识；更喜欢模仿老师“先看后做”，期望教师成为绝对的权威。所以，老师要在一定程度上尊重学生这些长期以来形成的旧的学习风格，传统教育模式的某些适合学生学习风格的方面还是要保留的。虽然学生从小学甚至幼儿园就开始学习英语了，但是商务英语的学习一般都是在上了大学之后开始的，商务英语知识还是相当匮乏的。可见学习商务英语基础知识还是需要传统教育模式下的商务英语课堂教学模式的，教师要对基本的商务专业知识进行讲解，比如对一些基本理论、基本概念、贸易术语、商务专业词汇等进行介绍、分析，使学生能有较全面的了解。这就是以教师为中心，教师详尽阐述、讲解专业商务知识的过程。要在这个层面上有所突破，在学生有了一定的商务英语知识储备的基

础上，结合交际法，注重学生商务英语交际能力的培养，能够使学生把学到的商务知识灵活表达和运用。

重形式轻内容、重语言系统成分学习而轻语言实际应用等方面的局限性，真正体现了语言的交际作用。交际教学法的教学观认为掌握一门语言就是要掌握一种“交际能力”，这也正是商务英语教学的目的和要求。商务英语最明显的特点就是商务专业知识与商务交际能力的密切结合，这就要求教师既要注重讲授商务专业知识又要重视学生的商务交际能力的培养，要求教师运用交际法，根据商务英语的实用性和操作性，以学生为中心展开一些商务英语课堂活动，进行案例分析、模拟操作、单证制作、商务洽谈等等。

（二）商务案例教学模式与学生体验性学习相结合

商务案例教学是在学生掌握了有关基本商务知识和基本商务技能操作理论的基础上，在老师的精心策划和指导下，根据商务英语课堂教学目的和教学内容的要求，运用典型商务案例，将学生带入特定情景的现场进行案例分析，通过学生的独立思考或集体协作，进一步提高其识别、分析和解决某一具体商务问题的能力，同时培养正确的管理理念、工作作风、沟通能力和协作精神的商务英语教学方式。其基本原则有两条：①用案例作为主要教学手段；②通过自学和互相学习使学生深入参与整个教学过程。案例教学法应遵循能力、实践、参与三原则。

20 世纪初，案例教学开始被运用于商务和企业管理学，其内容、方法和经验日趋丰富和完善，并在世界范围内产生了巨大的影响。尤其是在现代社会，经济发展加速，全球市场日益形成，同时市场竞争日趋白热化，在这种情况下，知识、人才的价值和作用日益突显，特别是对人才的知识的实际应用能力，对瞬息万变的市场的快速反应能力以及在不充分信息条件下的准确决策能力提出了更高的要求。在这种情况下，案例教学作为一种行之有效的、务实又明确目的的、以行动为导向的训练越发受到人们的青睐。在全世界范围内享有盛名和被广泛赞誉的是哈佛商学院案例教学法，正是哈佛商学院对案例教学法的成功运用和实施，尤其是使用这种方法为社会培养的大量杰出的工商界骄子，使得案例教学法成为一种风靡全球的、被认为是代表未来教育方向的成功教育模式。

商务案例教学要求教师合理运用典型的商务案例，让学生来进行分析、思考或通过集体协作，最终达到认识问题并解决问题的目的。这样可以使学生成为教学活动的主体，形成学生自主学习、合作学习、研究性学习和探索性学习的开放型的学习氛围。商务案例教学有利于改革传统的教学模

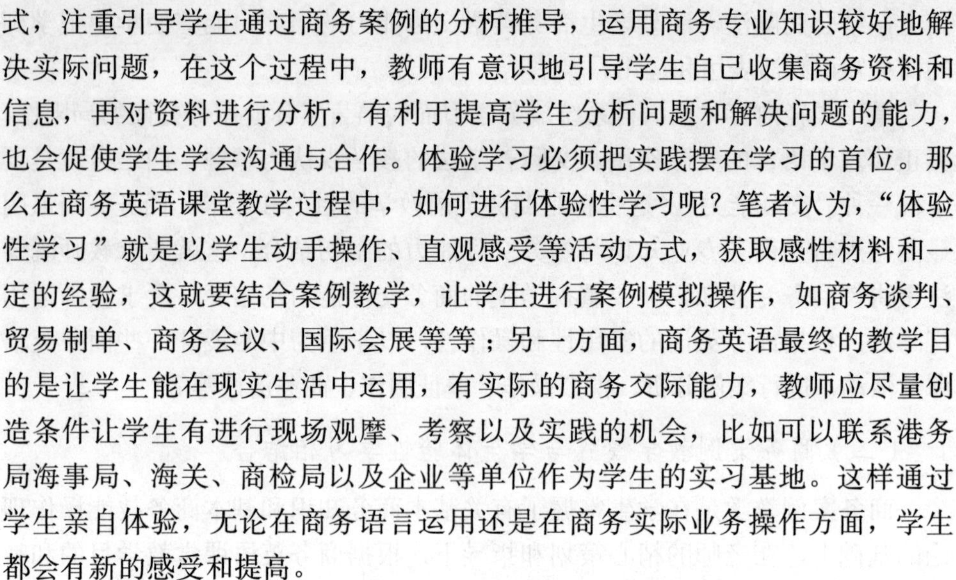

式，注重引导学生通过商务案例的分析推导，运用商务专业知识较好地解决实际问题，在这个过程中，教师有意识地引导学生自己收集商务资料和信息，再对资料进行分析，有利于提高学生分析问题和解决问题的能力，也会促使学生学会沟通与合作。体验学习必须把实践摆在学习的首位。那么在商务英语课堂教学过程中，如何进行体验性学习呢？笔者认为，“体验性学习”就是以学生动手操作、直观感受等活动方式，获取感性材料和一定的经验，这就要结合案例教学，让学生进行案例模拟操作，如商务谈判、贸易制单、商务会议、国际会展等等；另一方面，商务英语最终的教学目的是让学生能在现实生活中运用，有实际的商务交际能力，教师应尽量创造条件让学生有进行现场观摩、考察以及实践的机会，比如可以联系港务局海事局、海关、商检局以及企业等单位作为学生的实习基地。这样通过学生亲自体验，无论在商务语言运用还是在商务实际业务操作方面，学生都会有新的感受和提高。

（三）学习效果评价与人才培养相结合

学习效果评价是检查商务英语教学质量的重要手段，同时也反映了商务英语专业的人才培养质量。依据商务英语人才培养目标的基本要求，我们可采用软硬两套指标来衡量商务英语专业的人才培养质量，硬指标主要是商务英语专业人才必须具备的基本技能和素养，软指标是在硬指标的基础上学生综合素质的拓展和提升。硬指标主要包括英语语言知识和技能、商务专业知识和技能等基本素养，其中，英语语言知识和技能应占硬指标的 60%~70%，商务专业知识和技能一般占 30%~40%；而软指标则主要包括人文素养跨文化交际能力、国际视野、创新能力、研究能力等方面的素养。目前，对每一门课程的平时和期末测试仍是检查学生学习情况、评价学习效果的主要手段，因此，测试必须具有较强的科学性，尤其是测试形式、测试范围、题型分布、难易程度等，应能较为客观地反映该专业人才培养质量的相关评价指标。其实，实务中也有不少值得借鉴的测试方式，比如，英语专业四、八级测试可以检查英语语言的综合运用能力，而一些商务类的资格证书考试如 BEC、外销员、国际商务师等测试也可以检查商务专业知识的熟练程度。此外，期末测试还应与课程论文、小组作业、课堂练习、课外实践、小测验等平时的各项测试结合起来，从软硬两套指标来综合测评各门课程的学习效果，科学、合理地反映人才培养质量。

第四节 商务英语专业高职教学模式研究

一、商务英语专业高职院校教学现状

改革开放以来，高职教育得到了突飞猛进的发展，商务英语专业也如雨后春笋般在各高职院校纷纷建立起来，但由于种种原因，商务英语专业的教学质量参差不齐，人才培养模式定位不准，或者办成中专拔高型，或者办成本科压缩型，不能适应社会经济发展的需要。

原有的高职课程体系强调的是“专业对口”，强调的是“做事”教育，追求课程的完整性，忽视课程的整合和重组，学生学到的只是一门门具体课程知识的堆砌，当运用所学知识去解决工作实践中碰到的具体问题时，显得力不从心。在教学方面，我国英语教学一贯以教师为主导，以语言知识为中心，以阅读为主要学习途径，以词汇量为目标，形成了一种根深蒂固的外语学习文化，教师、教材、教法以及测试都自觉或不自觉地突出知识，学生充当的是语言知识的“容器”，这种学习文化导致的结果是学生学到的语言知识难以转化为语言技能。另外，教师为主导，重教轻学，学生有加工知识的过程，没有运用语言进行交际的机会，他们的语言学习只是完成了进程的一半。这种英语课堂存在的最严重的问题就是教学与生活的脱节，无法实现高职教育人才培养目标的要求。具体分析如下：

（一）相关专业教材缺乏

现今相关高职院校开设有商务英语专业，由于在全国范围内没有统一的高职商务英语教学大纲，没有权威的教材，图书市场可供读者选购的商务英语教材种类繁多、良莠不齐，存在门类不全、形式陈旧、语言老化、练习单调，特别是内容严重滞后于国际商贸蓬勃发展的形势等问题，真正符合中国国情的高质量的教材难以找到。各高职院校选用的教材内容不一、水平高低不同，有的院校在找不到合适教材的情况下不得不使用本科院校使用的商务英语教材。教材的设置是提高教学水平的一个重要环节，教材的选择直接关系到学生所学知识的实用性、新颖性和系统性的问题，加强商务英语教材建设特别是适合高职高专学生水平的教材的建设已经刻不容缓。

（二）教师相关专业技能相对缺失

由于高职商务英语教学是最近发展起来的，许多教师都没有对商务知识进行专门学习，大多是半路出家，虽然有很丰富的专业英语教学经验，但是由于没有对商务知识进行系统的学习，没有形成对商务英语这门学科深入的了解，仅仅是凭借自己的理解对课本上的知识现学现卖，进行教学。少数刚刚从大学毕业的大学生虽然是科班出身，毕业于商务英语专业，但由于并非毕业于师范专业，基本教学技能缺失，而且也并没有在真实的商务场合下进行锻炼，对于很多需要在真实环境下才能切实体会的商务经验也掌握得不够，在这种情况下，实际的教学效果也不是很理想。

（三）教学方法落后

教学方法是教师把知识传授给学生的表现形式，是提高教学水平的关键。使用何种教学方法将直接影响对学生的教学效果。商务英语的学科特点决定了它的教学方法的特殊性和实效性，而由于相关教学体系建设的落后，我国的高职商务英语教学方法还存在着一些问题。

（1）对学生实行“填鸭式”教学，“老师讲，学生听”的教学方法忽视了学生学习的主动性，不能够调动学生的积极性，使得商务英语这门实践性很强，强调动手和动口能力的课程成了一门传统的英语专业学科。

（2）对专业课实行单一的母语教学方法，使学生不能把商务知识和英语知识融合为一体，不能运用地道的英文来表达所学的专业知识，重视理论忽视实践，不能培养学生的实践应用能力，造成学生高分低能现象。

（四）学生实践机会少

商务英语是一门实践性较强的学科，是在商务环境中使用的应用型英语，其语言教学的重心在商务环境。因此，要想使商务英语教学有好的效果，首先就要对学习者将来的工作环境进行分析，让学生切身体会到商务情境，调动学生的学习热情，让学生积极主动地参与到课堂中来。这就需要教师在教学过程中模拟真实的商务场景或将学生带到真实的商务场景中去，让他们亲身体验。单凭在课堂上老师讲授的知识而不让学生亲身进行实践将很难取得预期的教学效果。然而现实状况却不容乐观，为客观条件所限制，大部分的高职院校在进行商务模拟实践时，都是在课堂内进行，模拟环境仿真度不高，很多细节问题并不能被很好地注意到，导致学生不能真正地掌握商务英语知识的精髓。

（五）课程设置不合理

社会需要的是复合型外语人才，所以商务英语专业的课程设置应紧密联系社会需求，力求做到循序渐进逐步加深，供养“一专多能”的人才。作为一门新兴的学科，商务英语在很大程度上是借鉴了专业英语教学的课程设置，这也就不可避免地导致了教学的重点不突出，专业无优势，学生不能够真正学习到和专业对口的知识。甚至有的院校的商务英语的课程设置和专业英语的设置几乎一模一样，只是在最后一个学期象征性地开一门专业课，对学生进行一些强化练习，结果可想而知。

综合以上现状，要想提高高职院校的商务英语专业的教学水平，势必要对高职院校的商务英语专业教学模式进行改革，英语教学改革必须满足受教育者就业、职业发展和个人成才的需要。因此，高职英语教学要适应企业要求，以职业分析为基础，强调语言知识在生产实践中的实际运用，开发出具有职业特色的教学模式。因为高职教育的培养目标是使学生具备从事一种或一类职业的能力。要形成以培养学生职业能力和综合素质为宗旨的具有高职特色的专业教学设计模式，为突出高职特色，打破学科体系，以能力培养为主线，进行教学模式改革。

二、商务英语专业高职院校教学模式改革

当前，高职商务英语专业的毕业生因其应用型的特点，就业面宽，就业前景良好，因此，加强学生的应用能力和实践能力的培养是高职商务英语专业人才培养的主要方向，培养学生英语语言和商务技能的实践能力是商务英语教学的主要任务。当前常用的培养学生实践能力的教学模式有案例教学模式、“订单”培养模式、工学结合培养模式、“双证书”培养模式等等。下面结合商务英语教学对各种培养学生实践能力的教学模式特点加以论述，并试图综合各种教学模式，为商务英语教学找到一种切实可行的教学方式。

（一）案例教学模式

案例教学模式的特点是通过案例材料取代教科书，其过程不是教师讲授，而是学生之间的讨论。案例教学的目的主要是培养学生的分析能力、进行辩论和批判性思维的能力、人际协调和沟通能力等等。教学案例通常是对已发生过的事实或真实场景的描述或记录，案例的编写者通常对每个教学案例设计一定的思考题，要求学生用现有的理论知识去分析和辩论。

案例教学法在高职商务英语教学中应用的步骤一般包括案例的准备、案例的分析和辩论、案例总结的撰写等。教师可将案例材料分发给学生，要求

他们对某一案例进行课外学习，接下来教师将全班学生分为若干小组进行分析、讨论。教师主要是组织、引导学生讨论，学生是讨论的主角。案例分析、讨论结束后，教师要对讨论做出总结，指出本次案例讨论的思路、难点与重点，如何运用理论知识，指出讨论的不足与长处等等，要求学生在课后撰写案例报告，对案例进行理性的分析、总结，对学生的书面总结进行批改。

（二）“订单”培养模式

制定“订单”培养模式的基础是充分开展区域经济发展和人才需求状况的调研，了解社会和企业的用人需求和人才培养规格。在教育市场上，要获得企业的人才“订单”，取决于多方面的因素。具体来说学校要具有较好的校内外实训基地，学生具备一定的动手能力。校内教学实训中心的建设应按照企业实际来设计，配备符合培养目标的常规设备和先进设备。并按照企业管理模式进行运作，使学生在实训过程中能够体验企业工作环境。校外实训基地的基本形式有两种：一是直接将企业作为实训和工作的场所；二是由企业提供设备，在校内按企业的要求建立实训和工作场所。

学校要具有“双师型”的教师队伍，“双师型”教师队伍建设有两方面的要求：一是鼓励教师去企业挂职锻炼，承担科研项目；二是从订单合作企业或社会上引进高级商务经理或企业家。在订单教育中，许多课程是由企业的技术人员和管理人员来承担的，订单培养的教学计划和课程安排是经过学校和企业共同开发和认可的。根据订单的要求，在教学内容、课程安排教材建设教学方式等方面要进行改革，按照企业岗位的需要增加相关课程和技能实训。“订单”培养模式要使校企双方在以下几方面达成一致意见：明确规定校企双方共同开展合作教育及其责任和义务，校企互派教师，共同制定和实施人才培养方案；订单企业提供相应的顶岗实习岗位，优先聘用订单班学生等。

（三）工学结合培养模式

工学结合是指将学生的学习过程与工作过程进行有机的结合，学习的同时交叉进行企业实践。工学结合首先要从课程的改革入手，工学结合课程的核心特征就是“学习的内容是工作，通过工作实现学习”。

目前职业教育界普遍关注的“项目课程”是一种工学结合形式，它对于学生职业技能培养具有积极促进作用。所谓项目课程，实质上就是指以工作任务为参照点设置的课程，它不以学科来设置课程，而是一个由学生经历接受任务、独立完成任务、进行成果展示和学习总结评价等组成的完整的“工作过程”。项目课程开发采用任务引领型的课程开发模式，通过召开实践专家访谈会，找出典型工作任务，通过对典型工作任务的分析归纳来开发本专业

的课程。实践专家访谈会是为了进行工作过程分析，以确定对应工作岗位的典型工作任务。典型工作任务来源于行业专家的实际经验，是实际工作和课程之间的桥梁，是课程开发最重要的环节，也是专业核心课程结构设计的最重要依据，对“实践专家”职业生涯发展中的关键事件进行筛选、分析和区分。典型工作任务一般包括明确任务、收集信息、制订计划、进行决策、组织实施、过程检查、结果评估 7 个环节。商务英语由于其跨专业的特点，在项目课程开发上的主要做法是英语语言的学习还按照语言学习的规律进行，商贸知识课程可以借用商贸专业的项目课程开发，以培养学生的商贸实践能力为主，结合英语学习开发自己的项目课程。

（四）双证书培养模式

“双证书”制度，即学历证书和职业资格证书并重的制度。职业资格证书是表明劳动者具有从事某一职业所必备的学识和技能的证明。它是劳动者求职的资格凭证，是用人单位招聘、录用劳动者的主要依据。“双证书”培养模式的推行，从很大程度上提升了高职高专学生的岗位实战能力和职场生存能力。

根据高职商务英语专业的人才培养目标，学生获取相应的国家级商贸类职业资格证书是非常必要的，也是提升学生职业竞争力的重要措施。商贸类国家级职业资格证书主要有国际商务英语职业资格证书、国际贸易报关员、外销员、单证员、货代员证书等。根据“双证书”制度适当调整教学计划，从而更好地推行“双证书”制度。通过不断强化“双证书”制度，使学生不但具有扎实的专业理论知识而且还具有较强的实际操作技能，全方位地满足企事业单位用人要求。

（五）开发课程项目

项目课程教学是指师生通过共同实施一个完整的“项目”工作而进行的教学活动。项目课程教学与传统教学模式的显著不同在于实现了三个“中心”的转变：一是由以教师为中心转变为以学生为中心；二是由以教材为中心转变为以工作项目为中心；三是由以学生课堂接受为中心转变为以实际工作为中心。项目课程教学一般分为五阶段进行：确定项目任务、制订计划、实施计划、检查评估、归档或结果应用。

商务英语教学的改革要综合各种教学模式，以项目课程教学为主导，融合案例情景教学法，以“订单”培养的校企合作为依托，结合“双证书”制度，重点培养学生的实践能力，实现毕业生和企业的“无缝”对接。

1. 处理好英语和商务的关系

充分认识商务英语专业跨学科的特点，处理好语言学习和商务技能学习的关系。在第一学年应以英语语言的基本能力培训为主，全面训练英语的听、说、读、写等综合能力，适当加入少量的商务基础知识的学习。语言知识的学习也要本着“够用为度，实用为主”的原则，不可违反语言学习的规律，教学中少讲多练，以会用为标准，在说和写方面下大功夫，为将来的商务交际打下坚实的基础。没有基本的语言能力，就谈不上用英语进行商务交际的能力。在语言知识学习阶段，项目课程教学法基本用不上，教师主要采用交际法，以传统的课堂教学为主，给学生打下良好的语言基础。

2. 强化技能训练

在第二学年，改变传统的课堂教学模式，主要采用项目课程教学法，加强学生的商务技能培训。项目课程的设计主要来源于商贸专业的项目任务，筛选商贸专业的典型工作任务，设计商务英语的项目任务来用于教学，由于用英语完成项目，其难度可适当降低。项目课程教学也要遵循确定项目任务、制订计划、实施计划、检查评估、归档或结果应用 5 个步骤来进行。

3. 改革考评制度

传统的试卷加平时考试成绩方式在考查学生实践动手能力上显得有很大不足，为了适应实施“双证书”制度的要求，落实以就业为导向的办学方向，针对学生考证的需要，在第三学年适当开设相关的辅导课程，经过一定学时的重点强化培训，组织学生参加职业证书考试，以考证代替考试，根据考证的成绩结合平时成绩来给学生打分，规定考证的某一分数段加一定平时分为期末成绩及格分数段，这样就有利于促进学生考证的进度。

当然，在具体的商务英语教学模式的运用中还存在许多问题有待解决，要进一步解决好商务与英语的关系，采用更多的方法加大学生实训的力度，融合案例情景教学法，在现有的条件下，开展工学结合的项目课程开发，为“双证书”制度奠定良好的基础，使商务英语课切实成为一门既有理论又有实践，既能让学生获得英语的使用能力，又能使学生掌握一定商贸技能的课程。

第五节 商务英语专业本科院校教学模式研究

一、商务英语专业本科人才培养模式

商务英语专业设置的目的是顺应时代发展的需要来培养既会英语又懂商务的复合型人才。从这个意义上讲，商务英语的人才培养模式必须从传统英语教学的“单科式”向应用型、复合型、宽口径的人才培养模式去实现。由

于目前对商务英语的教学目标并没有统一的大纲可以遵循，因此各个高校在人才培养方案上也有很大的差异。我们对黑龙江科技大学、上海对外贸易学院、西安外国语大学、对外经济贸易大学等院校本科生商务英语专业的培养方案进行了初步调查，并发现了一些具有代表性的教学方案：

（1）英语专业课程 + 商务英语课程；

（2）商务专业课程 + 英语专业课程 + 商务英语课程（全英文授课）；

（3）商务专业课程 + 商务英语课程 + 英语专业课程（中文授课）；

（4）英语专业课程 + 商务专业课程（英文授课）；

（5）商务专业课程 + 英语专业课程（中文授课）；

（6）商务专业课程（全英文）+ 部分英语语言课程。

从上述 6 种教学方案可以看出：方案（1）“英语专业课程 + 商务英语课程”把商务英语课程作为英语专业的一个模块来授课。即英语专业的学生在大一、大二期间主要学习英语课程，到大三时进行专业方向的选择，有些学生选择商务英语方向。这种培养模式的主要特点是教师授课以英语为主，辅助学习商务知识。这样培养的学生有较扎实的英语功底。不足在于，教师多为英语专业出身，缺乏商务知识背景；教学编排凌乱，缺乏完整的商务教材体系；在大多英语专业背景的老师带领下，学生容易侧重语言方面的学习而忽略课程本身的商务性质。因此，这种教学模式并没有把商务英语作为一个独立的学科体系，还是单纯坚持“英语本色”而忽略了“商务特色”。随着高校与市场接轨的程度加深，很多院校不再采取第一种教学模式，而是采用其余 5 种带有“商务特色”的教学模式。但从方案（3）（5）（6）这三种教学模式上来看，似乎又忽略了英语的基础作用，而带有“商科”之嫌。尤其是第（3）（5）这两种教学模式采用中文授课的方式，虽然有利于学生较为系统地学习商务知识，但是这不免忽视了英语的文化环境，不利于对学生英语语言技能的培养。因此，这样的教学模式又脱离了“英语本色”。方案（6）教学模式明显带有很强的“商务性”，过分地强调商务专业，严格意义上讲这种教学模式不能算作商务英语专业。比较而言，方案（2）（4）教学模式较为理想，在英语授课的背景下学习商务知识，这样不仅没有脱离“英语本色”，而且体现了一定的“商务特色”。尤其是方案（2）教学模式，在学生懂得一定商务专业知识后再辅助以英文课程的学习，有利于学生在懂得一定商务背景的情况下，于英文学习中灵活应用，最后向“商务英语课程”过渡，这样形成了一个很好的衔接。通过对以上几种教学模式的分析，我们不难发现，商务英语这门课程到底是坚持“英语本色”还是“商务特色”是学校对该专业制定人才培养方案时要考虑的核心问题。

二、商务英语专业本科的课程体系设计

设置商务英语这门课程的目的是培养既懂国际商务又会英语语言的应用型、复合型人才。因此，对教学结构体系的要求既包括商务专业知识、商务专业技能，又要包括英语专业知识和技能，同时还应有一定的跨文化交际能力和人文素养。按照商务英语所需的特殊知识结构体系，笔者结合黑龙江科技大学的实际教学情况以及上述方案（2）教学模式设计了以下教学体系：

（1）商务英语课程：主要包括金融、营销、法律商务等商务基础知识类的用英语授课的课程。

（2）全英文商务专业课程：课程内容主要包括管理学、经济学、国际金融、国际贸易、国际商法、国际营销、商务沟通等具有商务技能性质的课程。

（3）英语专业技能课程：主要包括各种英语类的单项训练课程和综合训练课程。主要内容有：基础口语、阅读、笔译、写作口译、英语听力训练等课程。

（4）英语专业知识课程：主要为了提升学生的英语专业知识和体验国外文化而开设，这课程是商务英语的“英语本色”和“商业特色”的最好融合。主要课程有：英语词汇学、英语语言学、英语文体学、英语语法学、英美文学、跨文化交际、英美概况等课程。从新课程体系设计来看，该体系中商务类的课程控制在30%~40%，英语类课程控制在60%~70%，这样的课程体系设计既体现了英语的基础作用，又让学生学习到一定的商务知识。总体来看，这样的课程体系既不失“英语本色”，又体现了商务英语这门课程的“商务特色”。

三、商务英语专业本科院校的基本教学原则

根据对“商务英语”课程的学科属性、人才培养、课程体系设置以及需要的师资等的总结，我们可以看出商务英语是英语学科的扩展，是国际商务中实用的交流工具。结合商务英语的这些特点，老师在“商务英语”教学过程中应注意以下事项：①不可忽视英语的基础地位。因此在对学生实施教学的过程中，应注意对学生基础知识的培养。可以在大一、大二时期以基础教学为主，同时辅助教授商务类知识。②强化第二课堂教学。教师在教学过程中除了教授基本课本理论知识外，还应该注重学生的社会实践。在实际操作中可以开展校企合作，让学生到企业中去进行实际锻炼。③注重对学生文化素养的培养。商务英语型人才最终要面向国际，因此学生的跨文化学习能力很重要。教师在教学中要注重对学生文化素养的培养，使学生了解其他国家的风土人情和文化习俗，以便他们更好地融入国际社会。

四、商务英语专业本科院校教学现状

（一）单向性授课方式过于陈旧

目前商务英语课程的授课方式存在明显缺陷。首先，体现在商务英语课程的课时较短。部分院校商务英语课程分两学期开设，分别是商务英语（一）和商务英语（二），各32课时，分别向学生讲授剑桥商务英语初级、中级的相关知识。无论哪一学期的课程，都很难在32个课时内从听、说、读、写四个方面充分讲解到位。因此，教师只能选择在限定的课时内匆忙讲完15个内容，或详细解释个别内容，但无法交代完整的知识结构。其次，本门课程的授课方式以教师讲解这种单项性讲课方式为主，这种授课方式在语言类课程的讲授中存在不少问题，主要是学生得不到锻炼的机会，同时教师无法了解学生的学习进度，使得学习效果得不到保障。

（二）实践教学发展滞后

目前国际经济与贸易专业的商务英语课程校内实训受重视程度不高。首先，本门课程在培养方案中并未指定专门的校内实训环节。其次，并无可用的校内实训软件或实训室。最后，在学院内部缺少商务英语实训平台的基础上，没有利用本校其他学院实践教学设施设备的相关考虑。

除校内实训外，商务英语课程的校外实践面临条件不足的情况。与学校签订长期合作协议的企业非常少，这就使得学生在掌握一定商务英语知识并具备一定应用水平的基础上，没有能够展示自身实力的平台。学生所学与社会需求匹配是商务英语课程教学的最主要目的，由于校外实践基地缺乏，很难了解外贸环境对商务英语人才的要求，并按需要培养人才。

（三）单一性质的考核形式不合理

从目前国际贸易专业商务英语课程的考核模式来看，主要采用笔试方式。笔试考核评价模式的方式过于注重答案的标准化，束缚了思维的发散性，无法有效考查学生的实践应用能力和创新能力。另外，现行商务英语课程考核基本集中在期末，尽管教师在做出成绩分析的基础上进行了考核经验总结，但是由于课程授课环节已经结束，并没有起到有效帮助弥补学习漏洞的作用。

总之，单一性质的考核形式并不能全面考核学生对商务英语知识的掌握情况和应用能力，也不能做到通过考核及时发现学生在学习过程中存在的问题并帮助其纠正问题，因此此种考核方式对培养应用型创新人才并无明显益处。

五、商务英语专业本科院校教学模式改革

（一）创造互动式教学条件

目前由于专业性的英语课程开设较少，因此本门课程的教学不受重视，教师只能按照对课时及考核方式的规定，以常规课程的教学方式授课。为了引起学校重视，改革课程教学方式，首先可以组织讲授商务英语课程的相关教师，建立商务英语课程组，基于课程的特殊性，从授课到实训到最终的考核方式，进行充分论证并设置完整的课程教学考核执行方法。系统的课程设置能对所有课程授课环节起到指导性作用，特别是在多位教师同时开设商务英语课程的情况下，课程设置能对教师的授课方式起到系统性的规范作用。

课程设置论证是在理论的基础上对商务英语课程的整个授课环节进行理想化的安排。为了能够充分执行课程设置，保证互动式教学环节的顺利执行并收到预期效果，教师的授课能力需要进一步提高。一方面，学院可以安排并资助商务英语授课教师参加相关课程的教学研讨会或者接受高层次的教学能力培训。另一方面，学院应对教师的授课能力进行考核，例如要求教师必须取得商务英语中级以上证书甚至是取得商务英语培训师资质。

（二）加大实践教学发展力度

1. 创建校内实践基地

一方面，可以利用现有机房设备，引进专业的商务英语实训软件。另一方面，可以申请商务英语实训室，开展商务英语课程的小班授课环节。具体而言，小班授课可以根据每堂课的主题，将学生随机分为 2 到 5 人一小组，每次课限由指定的小组就制定的主题，分角色进行小组成员间的或者是小组成员与授课教师之间的会话交流。实训主题包括企业人员面试、各环节谈判、工作场所会话、会议演讲、工作汇报等各商务环节实际发生的情况。在实训过程中应安排 2 到 3 位教师扮演面试官、企业管理高层或其他相关角色，为学生的表现现场打分。

除本部门内部的实训安排外，也可考虑与其他学院联合进行校内实训。例如，可以向其他学院申请借用西餐、中餐及酒吧三个实训室，并邀请该学院的教师借助实训室里的环境设备向学生传授西餐、中餐及酒吧社交方面的商务礼仪，帮助学生更直观、更有效地了解商务场合礼仪，为学生进行校外实训或者直接将所学应用于国际商务场合打下基础。

2. 建立校外实践基地

较多规模大小不一的外贸公司和有商务英语人才需求的其他用人单位，

为商务英语课程的校外实践环节提供了高质量的实践基地选择机会。因此，在校外实训环节，应由学校牵头，与各个具有规模的外贸公司或其他公司的外贸部门联系，经过洽谈后与有用人需求的公司签署协议。在联系校外实践基地时，学校可以拉开公司的层次，将课程成绩较好、能力较强的学生推荐到规模较大、层次较高的用人单位实习，这样可以激励学生良性竞争，也可以为优秀学生的未来就业打下基础。

（三）采用“以证代考”的考核模式

剑桥商务英语（BEC）证书是在通过 BEC 考试后颁发的等级证书。BEC 考试考查的是考生在商务活动背景下就听、说、读、写四个层面对商务英语的应用能力。由于颁发机构的权威性，BEC 证书能够得到大部分用人单位的认可，甚至能获得英国及英联邦大部分国家的认可。对学生而言，获取 BEC 证书一方面是在社会层面获得对自身商务英语应用能力的证明，另一方面是国际贸易专业学生在就业时有更多选择权的有力支撑。

第六节 商务英语专业研究生教学模式研究

一、商务英语专业研究生教育管理工作的特点

现行商务英语研究生教育管理工作呈现以下基本特点：①强化入学、期初和期末研究生例会制度，通过系列例会制度，不断宣传、教育学院商务英语研究生人才培养理念，积极灌输学院文化，使研究生逐步认同并实践这种价值。②强化商务英语研究生综合技能的培养，通过鼓励商务英语研究生积极参加各种比赛或竞赛活动，鼓励参加研究生会和班级管理工作，培养人际关系能力和沟通协调能力，提高学生的综合素质。

二、商务英语研究生学科建设与方向设置研究

现行的商务英语研究生学科和方向设置，是学校自主开设的商务英语研究二级学科授权点，开设了跨文化商务交际研究、商务英语语言研究和商务英语教学研究三个研究方向的课程，学制为两年，培养研究应用型的研究生。这三个研究方向的研究范围如下。

（一）国际商务交际研究

从语言学和跨文化交际学理论的角度，研究语言和文化在国际商务活动

中的作用和特征。本研究方向既有宏观层面的理论探讨（如对商务文化的哲学思考、方法论的研究等），也有微观层面的实践探索（如双语商务交际中的文化意识，跨文化商务沟通的语言技巧等），以培养具有相关研究与理论能力的商务英语人才。

（二）商务英语语言研究

主要从各语言学分支学科理论、翻译学理论和英汉商务语言对比分析角度，研究商务文本词汇语义特征与翻译、商务文本句法特征与翻译、商务语篇结构特征与翻译及商务语体修辞特征及思维特征与翻译。该研究方向通过建立商务英语文本平行语料库，运用统计学等交叉学科理论方法，探索科学系统的商务英语文本与翻译研究，强调理论运用的工具性，侧重学生的实际应用能力开发，以培养相关理论与实践相结合的商务英语人才。

（三）商务英语教学研究

从语言学和语言教学理论的角度，将语言教学理论和商科课程教学理论结合起来，在二语习得、全英教学、双语教学、商务英语专业课程设置、复合型人才培养模式、国际商务人才培训等方面探讨商务英语学的特点、方法和规律，以培养相关研究与教学能力的商务英语人才。

座谈会和问卷调查数据发现，总体上几个专业方向课程的开设比较合理，具有较大的科学性。但也存在一些突出的问题，如：各个专业方向之间不够贯通，差异性不够明显；开设的实践性课程不够；两年制的学习时间有限，同时发表文章，搞好科研难度大等。

针对调查所发现的上述问题，我们建议解决问题的办法包括：建议将各个方向的选修课程打开贯通，互为通选课程；建议建设相对独立的商务英语研究生实习基地，搭建社会实践的平台，建议提早确定导师，并鼓励研究生参与导师科研项目，共同开展学术研究，共同发表学术成果等。

另外，关于两年学制和研究应用型研究生的培养定位，座谈会和问卷调查数据发现，大部分同学认同两年制，较少部分认同 3 年制；大部分同学认同研究应用型和复合型定位，其中认同研究型定位的极少。

三、商务英语专业研究生课程设置

当前，多数院校商务英语研究生各专业课程设置的基本原则是：语言类课程占 70% 左右，商务类课程占 30% 左右，旨在培养具备娴熟的英语语言能力、坚实的语言学和跨文化交际学理论基础，掌握较系统的国际商务知识，

能运用语言学、文化学、翻译学、经济学管理学、法学等学科中的相关理论研究英语在国际商务交际中的语言文化现象的研究应用型高级人才。商务英语研究生的课程设置围绕研究应用型的研究难以定位，体现多学科交叉融合的特点，以实现本专业的培养目标。主要课程有以下几种：

（1）学位基础课程：马克思主义理论、第二外语。

（2）学位核心课程：语言学导论跨文化交际导论、国际商务研究。

（3）学位选修课程：研究方法与设计、社会语言学、商务英语教学研究、语用学、功能语言学、文体与修辞、二语习得、语篇分析、商务英汉语对比研究、商务翻，译研究、当代商业概论、经济学原理、国际贸易理论与实务。

（4）前沿讲座。

（5）科研训练与教学实践。

通过座谈会和问卷调查数据发现，商务英语研究生对我院研究生课程设置的总体满意度较高，基本满意和比较满意的占绝大多数，达 96% 以上，只有个别同学不太满意。但调查也反映出一些值得关注的问题，例如：有些被调查的对象认为，目前的商务英语研究硕士学位课程设置中商务类专业性未突显出来，商务类基础课程不够，希望多开设相关商科课程；语言类课程在第一学期开设的专业课程比较少，建议在第一学期增加相关课程的开设，以便使学生可以更早地学习更多的专业理论知识；希望第一学期多开设课程，以便第二学期有充分的时间写论文等。

针对调查所发现的上述问题，我们认为有些意见有其合理性，因为这符合研究生的一般期望，但也存在一些无奈和不合理性。这是因为商务英语毕竟是在外国语言文学一级学科下设置的语言类研究生课程，完全根据学生的期望过多地开设商务类课程与相关学科发展的定位存在一定的矛盾。在目前相关学科定修改的前提下，建议解决问题的办法包括：多为学生举办商务管理类前沿讲座补充相关知识；鼓励研究生额外参加其他专业本科或研究生商务类课程学习，自己抽时间补充相关商务知识；建议前置部分课程在第一学期开设，为学生论文撰写提供更多的时间等。

四、商务英语专业研究生教育导师工作研究

当前，商务英语研究生导师工作的基本做法是：实行导师与研究生双向选择制度，研究生选定导师后，在整个指导过程中，如果不满意，可以提出申请更换导师；强制规定导师给学生指导的时间，即规定每个月学生必须与导师见面交流一次，每个星期，学生必须通过电话、邮件、短讯等任何方式与导师沟通至少一次；导师有责任监督和督促研究生按时完成论文选题、提

纲、初稿和终稿，但没有责任一定保证学生论文通过评审和答辩等。

座谈会和问卷调查数据发现，商务英语研究生对导师工作的满意度很高，其中比较满意和满意的占比达 71%，很满意的占 29%，没有一个不满意的回答。但学生也提出了一些值得注意的问题，如：与导师见面困难，有时候联系导师时，因老师太忙无法见面指导；师生之间的交流不够；导师资源比较有限，导师对学生论文指导以外的指导比较有限等。

针对调查所发现的上述问题，一是建议学生培养积极的学习态度，主动地智慧地选择导师比较清闲的时间见面指导或合理选择多种多样的交流渠道交流指导；二是建议学生培养一种正面的人生价值观，不要一时联系不上导师或导师没时间见面就大加责备，应培养良好的沟通能力；三是通过明确导师对学生明细化的监督和指导责任，来强化导师认真负责的工作态度等。

第十章 商务英语教学模式创新研究

第一节 素质教育视角下商务英语教学创新模式探索

随着全球经济一体化的快速发展，国际贸易和商务活动日益频繁，社会需要大批具有跨文化交际能力、创新精神和创新能力的高素质商务英语人才。能不能有效地培养学生的跨文化交际能力、创新精神和创新能力，是衡量商务英语教学成功与否的重要标准。因此，有必要对传统商务英语教学模式进行反思，对如何构建素质教育视角下的英语创新模式进行探索。

一、传统商务英语教学模式的缺失

传统商务英语教学模式以教师为中心，以应试教育为主要特征，在很大程度上忽视学生自主学习能力和主动思维能力的培养，毕业生的实践能力、创新能力欠缺，岗位能力还不足以应对日益频繁变化的国际商务活动的要求。主要表现在以下几方面。

（一）商务英语学习的目标定位不够准确

传统商务英语学习的目标定位于强调对课本的理解、记忆，忽视对学生实践能力的锻炼和创新能力的培养。考试方法陈旧单一，无法从多方面考察学生的综合素质。考试内容主要反映学生死记硬背的能力，记忆性多于理解性，且大多是笔头考试，对听说能力的要求十分有限或根本没有。正是由于这种教育模式，使大多数学生平时不主动去学习、思考、阅读与教师所讲内容相关的书籍，而是临考前突击复习，死记硬背教师所讲内容，以达到考试及格的目的，严重制约着学生创新意识和创新能力的发展。

（二）商务英语听说技能的培养重视不够

教师把课堂上大部分时间和精力用在分析语法结构、词汇用法和课文翻

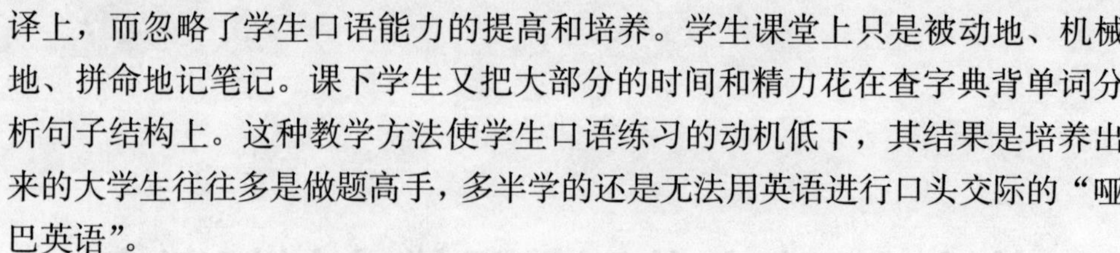

译上，而忽略了学生口语能力的提高和培养。学生课堂上只是被动地、机械地、拼命地记笔记。课下学生又把大部分的时间和精力花在查字典背单词分析句子结构上。这种教学方法使学生口语练习的动机低下，其结果是培养出来的大学生往往多是做题高手，多半学的还是无法用英语进行口头交际的“哑巴英语”。

（三）缺乏商务实践能力培养的情境

由于办学条件的局限，许多学校对内缺乏完善的教学硬件设施，对外没有建立起与社会合作的长效机制，缺乏与一些有实力的企业、外贸公司、社会团体和国外相关单位的合作。教学实践基地的缺失，使学生置身于社会和企业的实践机会太少，使他们在校期间没有获得应有的涉外商务能力。同时，学生到企业外贸公司顶岗实习机会和时间偏少，无助于大学生了解国情、了解社会、了解自己的发展方向。

（四）提高学生跨文化交际能力的办法不多

由于受传统教学观的影响，教师在教学中只重视补充一些商务方面的英语词汇，介绍一些商务知识，而忽略了对文化背景知识的介绍，这样既无法体现商务英语课的真正价值，做到商务和英语的完美结合，又无法满足学生求知的需要，抓住学生的兴趣，导致学生缺乏母语和目的语文化差异的意识和敏感性，跨文化交际能力不强。

二、商务英语教学模式的创新

创新课堂教学是商务英语课程倡导的一种教学精神，是培养学生创新能力及实践能力的重要环节。只有通过创新的课堂教学，才能把素质教育真正落到实处。

（一）抓住“问题”的发端，训练学生的创新思维

提问是启迪创造思维的有效手段，创造思维基于实践始于问题。问题不仅是激发学生求知欲的前提，而且还是学生理解和吸收知识的前提。知识只有围绕问题而展现出来，才能更好地为学生所理解和接受。因此在课堂教学过程中教师要善于提出问题，使学生针对商务问题互相讨论、辩驳其合理性和可行性，使学生始终保持活跃的思维状态，使学生在发现问题和解决问题的过程中得到提高。随着问题的不断深入，教师要诱发学生的想象力，使学生的思维活动发生质的飞跃，进而走上创新之路，成为创造者。

（二）设置仿真商务情景，提供新的创新舞台

学生的创新意识与能力的培养需要有能激起创造意识的环境，这就要求教师用自己的创造性劳动努力营造一种有利于学生创造力发挥的宽松、和谐、民主、平等的商务英语教学氛围。为此教师要在课前花费大量的时间和精力根据教材和学生的认知水平及思维特点，以及教师自己的独特见解对其教学内容进行灵活的选择、增删、整合，精心设计出符合学生对商务功能需要的课堂教学活动，通过情景教学、仿真教学、案例教学等各种教学手段，把商务运作、商务交易、买卖双方交流的情景真实运用到课堂实践中，让学生在虚拟的商务环境中，轻松、愉快地体验贸易的全过程。要通过辩论、不同角色的扮演，使学生产生身临其境之感受，不但对所学内容记忆深刻，而且还能充分挖掘语言灵感。

（三）调动学生“说”的积极性，增强学生的创新意识

商务英语教学的一个重要的目的就是要培养学生在一定的商务环境中进行听、说、读、写的活动，其中“说”是其中一项重要的技能，是形成商务英语交际能力的基础。调动学生“说”的积极性，要科学把握课件设置的难易程度，既要避免问题的设置太难，学生苦思冥想仍不知从何说起而出现“冷场”的问题，又要注意克服问题设置的太易，对学生没有挑战性而产生腻烦心理的问题。要把握好这个“度”，需要教师有的放矢地考虑课堂要说的主题、类型、性质等因素，学生语言输出可能出现的流利性、准确性和复杂性等问题，以及每个商务活动所需的时间，力争营造一个更接近真实、适合学生的商务交际语言氛围。同时，教师要从心理上多给学生自信，使学生在没有压力的状况下充分发挥自己现有的英语水平，轻松愉快地参与口语交际活动。对于暂处于落后的学生更要不失时机地给予表扬，哪怕是一点点的微小进步，也要及时给予真诚的鼓励，使他们体验到成功的喜悦。

（四）教学与科研相互促进，触发学生的创新灵感

教育者传授知识和学生获取知识的最终目的是创新知识，而创新知识的途径离不开科研训练。商务英语课程要在教学与科研相互促进中培养创新人才，充分挖掘、发挥学生的科研潜能，把科研引入教学过程，鼓励大学生尽早介入科研活动，创造条件让他们参加课题的研究，使学生延伸和深入对商务英语知识的学习及应用。要鼓励学生通过电视、报纸、互联网、图书馆、社会调查等途径不断获取最新信息，为创新奠定坚实的基础，进而产生创新的灵感。对于学生在科研过程中遇到的问题及困难，教师应耐心地指导、帮

助，使其保持知难而进的信心和勇气。

（五）改革教学评价体系，激发学生的创新能力

要在考试形式、内容、标准、方式上对传统的考试模式进行改革，充分体现素质是基础、创新是目的的基本思想。要建立考核学生综合素质的教学评价体系，使之从主要反映学生对知识的了解和掌握程度方面转移到综合体现知识水平、能力强弱、素质高低的轨道上。要采用多次考试和多种形式相结合的考试方式，以理论和实践两种考试代替以往的单一笔试，以开卷或半开卷等灵活多样的方式代替以往单一的闭卷考试。考试命题应尽量减少记忆性知识的分量，增加有助于提高学生分析能力和创造能力的内容，使学生不再被动地接受标准答案。要建立和完善对实践创新能力的考评制度，加强校内外实践内容、过程、结果的管理并制定相应的等级测试标准。同时要把学生平时参加的一些科研项目、课题研究、论文发表、发明设计、竞赛所取得的名次以及学生参与各种商务英语职业资格认证考试等所取得的成绩都纳入期末综合能力测评中，以此激励学生自我突破，实现自身价值。

（六）增强世界文化意识，提高学生的跨文化交际能力

商务英语基础知识是构成商务英语交际能力的基础，但缺少对世界语言文化的了解就很难用英语确切地表达自己的思想和情感。要把文化介绍贯穿于整个语言教学过程，引导学生不仅应注意语言形式的正确，还必须重视语言运用的是否恰当。要运用英语电影、电视、幻灯、录像等资料让学生在一个英语环境下去感受日常英语以及这个国家的文化。鼓励学生课后阅读一些有关的英美文学作品和相关国家的历史地理、风俗习惯的书籍和英文报纸、英文原版小说，深入理解世界有关民族的价值观念，增强他们的世界意识和跨文化修养。但是，如果片面强调单向导入目的语文化，背离本民族文化，会误导学生慢慢丧失立足于本土文化的不断自我发展的跨文化交际能力，忽视用英语来表达自身的人文环境和社会发展的要求。因此，如何在介绍西方文化的同时，彰显优秀的中国文化，是我们构建素质教育时必须考虑的问题。

三、创新商务英语教学模式的保障

（一）确立合格商务人才的培养目标

英语语言课程的培养目标是全面培养学生的英语语言能力，尤其是听说能力，商务课程的培养目标是培养学生的商务运作和管理能力，商务英语课则是培养学生在商务情景中用英语进行一系列商务活动的实际能力。因此，

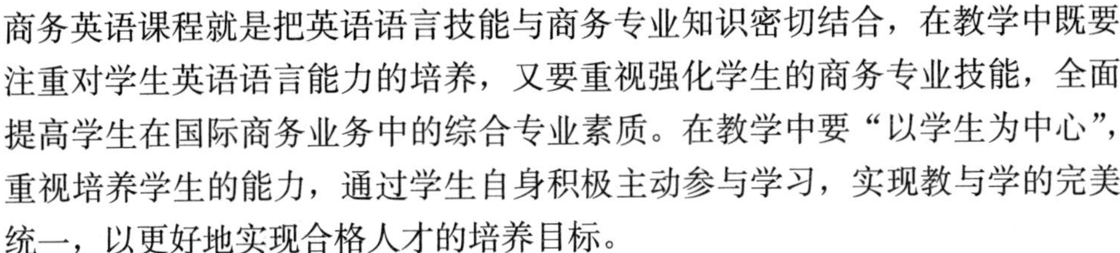

商务英语课程就是把英语语言技能与商务专业知识密切结合，在教学中既要注重对学生英语语言能力的培养，又要重视强化学生的商务专业技能，全面提高学生在国际商务业务中的综合专业素质。在教学中要“以学生为中心”，重视培养学生的能力，通过学生自身积极主动参与学习，实现教与学的完美统一，以更好地实现合格人才的培养目标。

（二）切实提高教师的创新素质

教师是创新人才培养的具体承担者，要培养学生的创新意识和创新能力，教师首先要转变教育观念，使自己的教学实践由应试教育向素质教育、创新教育转变。要不断探索新科技领域的新知识，及时了解当前高新技术成果与发展动向，搜集不断出现的商务英语新概念、新词汇、新文体，不断充实和完善自己的理论和实践能力，始终站在学科的前沿，用新的思维方法将最新的知识传授给学生。学校领导要引导和激励教师以创新人才培养为己任，有目的地为现任商务英语教师提供进修学习和到企业锻炼的机会，进一步充实资料室、图书馆资源，为创新人才的培养创造良好的环境与氛围。

（三）提供创新发展的基础条件

实践是商务英语课程必不可少的组成部分，也是培养实用型人才的必由之路。因此高校要进一步挖掘校内实验室功能，建设现代化的商务英语模拟实训室，让学生在这里了解商务运作流程，参加英语商务场景模拟训练、英语贸易案例分析、英语辩论比赛，在“做生意”中学商务，在“做商务”中学语言，在模拟的实践中掌握各项专业技能。真正做到学而会用，用而熟练。要积极推进校企合作的长效机制，与一些有实力的企业、外贸公司等行业建立合作伙伴关系，作为校外实践基地，使学生在实践中获得真知，在贴近社会与企业的过程中提高实践能力，在此基础上实现从实践到创新的转化。

第二节　商务英语多模态实践教学模式创新

在科学技术飞速发展的信息时代，计算机、多媒体设备和其他多种传媒技术得到了空前的普及和完善，人类交际活动冲出了纯文字表征的牢笼，开始将文字与听觉、视觉、图像、媒介、造型等其他多种符号资源结合起来，形成相互交织、彼此协同的信息传递渠道和意义建构方式，我们称之为“多模态”。随着多模态理论的广泛应用，在教学中人们不再只是依赖于语言（文字）进行单模态的知识传授，而是创建了集多种教学方法和模式为一体的多

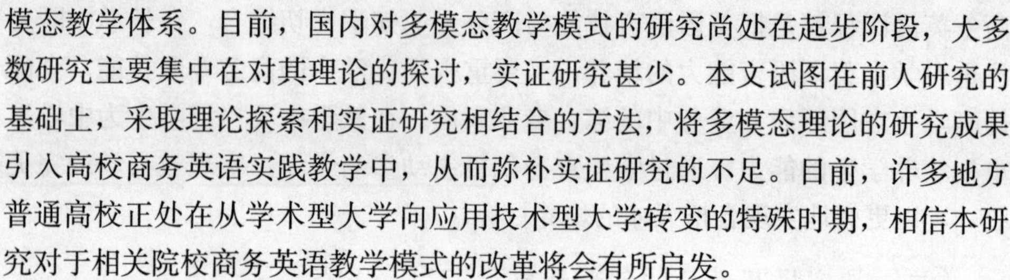

模态教学体系。目前，国内对多模态教学模式的研究尚处在起步阶段，大多数研究主要集中在对其理论的探讨，实证研究甚少。本文试图在前人研究的基础上，采取理论探索和实证研究相结合的方法，将多模态理论的研究成果引入高校商务英语实践教学中，从而弥补实证研究的不足。目前，许多地方普通高校正处在从学术型大学向应用技术型大学转变的特殊时期，相信本研究对于相关院校商务英语教学模式的改革将会有所启发。

一、多模态教学理论的概述

多模态是指通过语言、图像、声音、动作等多种手段和符号资源进行交流的现象。多模态教学理论起源于20世纪末的多模态话语研究，它以批评话语分析的相关研究成果为理论依据，是在话语分析、系统功能语法和社会符号学等诸多领域的研究成果基础上发展起来的一种认知理论。胡壮麟指出，在信息时代，单一模态的交流已经不能满足人类现代交际的要求，而不断增强的多模态性已成为现代交流的基本特征。

（一）模态和多模态教学理论的解读

模态（modality）是一种人类或其他生命体借助某种媒体与外部环境如人、动物、物体或机器等进行互动、传递信息、认识世界的感知模式。此处的媒体指的是人类的眼、耳、手、鼻、舌等器官，而对应的视觉、听觉、触觉、嗅觉、味觉等感官则是模态。任何模态的运用都离不开所对应的媒体，媒体是模态存在的物质形式和信息传递的具体手段，它使抽象的模态具体化。多模态理论源于20世纪90年代兴起的话语分析理论。多媒体技术、语言工程研究和语料库的发展为多模态研究提供了便利条件。1977年，R.Barthes在其论文《图像的修辞》*Rhetoric of the Image* 中，从表达意义的角度探讨了图像与语言的相互作用，这是有关多模态话语分析最早的研究成果之一。1996年New London Group提出了“多元读写”教学法，进而发展成为当今最新的现代认知模式即语言多模态教学理论，并将多模态理论引入语言教学中。随后Kress，G. 和Theovan Leeuwen，T. 先后阐述了模态与媒体之间的同与异、解答了如何利用多种模态认知理论进行有规则的意义表达等问题，其中最重要的成果是提出了在多模态理论指导下，提升学生多元读写能力的设计方案。

在具体的语境中，人们总是运用多重符号资源完成意义的建构。多模态教学理论在教学中的应用就是将语言及相关的符号资源结合起来，采取多种教学方法和手段，培养学生独立思考、自主学习、建构意义等实践能力，以应对经济发展全球化、交际手段多样化和语言运用多元化的挑战。

（二）国内多模态理论的研究现状

近年来，我国也有不少专家和学者开始对多模态理论进行深入的研究，其中卓有成效的代表人物有顾曰国、胡壮麟、朱永生、张德禄等。顾曰国主要剖析了多媒体和多模态两种学习模型的相互关系；胡壮麟把具有媒体和模态双重特性的计算符号学以及多模态符号学和多媒体符号学之间的差异作为研究重点，指出人类交际已经进入多模态化时代，强调培养学生多模态识读能力的重要性；张德禄共撰写了三篇有关多模态教学理论的文章，详细分析了多模态与多媒体技术之间的关系，建议以系统功能语言学理论为指导，在语言教学中创设多模态话语分析体系。这一教学理念被广泛运用到外语理论教学和实训课程教学中；朱永生则介绍了国外多模态教学理论的研究现状，从不同角度阐释了多模态教学理论对我国外语教学模式改革的启示。虽然国内多模态理论研究尚不成熟，但所取得的成果极大地丰富和完善了这一理论，为外语教学模式的创新和改革提供了理论基础和实践经验。

二、多模态理论在商务英语教学中运用的理论依据

计算机网络具有多媒体的集成功能、教学信息的扩展功能、教学过程的交互功能、学生地位的主体性功能、教学方法的多样化功能、教学情景的虚拟化功能等。在教学中充分利用计算机网络，能丰富教学内容、扩充信息输入渠道、拓宽教学环境，它的发展和应用在教育、教学中起着越来越重要的作用。多模态教学理念以建构主义为理论支撑，摈弃了以粉笔、黑板为主要教学工具的单模态教学模式，主张在教学中充分利用多媒体设备、网络资源等现代教学媒介和信息技术模态，将外界资源和教育主体资源有机地结合起来，达到最优化的教学效果。

（一）多模态商务英语教学的认知理论依据

认知心理学特别强调大脑在学习过程中所起的作用。从心理学角度看，新信息的不断输入，能够激活大脑中起联想作用的认知元，而代表各种感觉的认知元又会激活大脑中的某些记忆模型，从而形成知觉、影像或意念等。在教学中认知元不仅能刺激学生完成对复杂信息的处理，而且能够给学生提供多方位、多感官的体验，并在大脑中引起多层次的联想。实践证明，大脑中的联想越多，记忆就越深刻。

多模态理论强调在商务英语教学中使用多种符号模态，不仅丰富了课堂教学的信息输入手段，而且也增强了课堂教学的实景化，并将静态和动态资源同时纳入教学过程中，使抽象的教学内容具象化，大大提高了学习者的直

观认知效率。

（二）多模态商务英语教学的社会文化和情感理论依据

语言和文化密不可分。在我们的认知过程中，首先要根据所处的社会文化语境选择意义，然后再用相应的模态符号表达意义。商务英语是典型的跨文化交际学科，其教学不能缺少文化因素。运用多模态教学理论能够为学习者创设一定的英语文化语境，通过观察和实践，学生可以逐步接受英语文化的信念与价值取向。另外，知识的获得也离不开情感因素，它决定了学生的学习动机、态度、兴趣等因素。克拉申把阻碍学习者将可理解的语言成分全部运用到语言交际中的情感障碍叫作“情感过滤”。如果情感因素阻碍增加，人脑对语言输入的刺激过滤作用就会增强，语言学习效率也随之降低。采用多模态教学模式能够创设出灵活多样、活泼有趣的教学场景。在动态的、令人愉悦的商务英语环境中学习，会大大降低学生情感过滤程度。因此，多模态教学模式不仅能给学生提供大量的知识信息，还可以激发学生主动思考、自主学习，提高其语言与商务的综合素质。

三、转型时期商务英语多模态实践教学模式的构建与实施

商务英语专业始终把培养学生的实际操作能力作为办学的宗旨。转型时期，商务英语专业更是把“为地方经济发展培养具有扎实的语言功底和熟练地商务操作能力的应用型人才”作为首要目标。因此，实践教学在商务英语专业课程体系中起着至关重要的作用。然而，传统的商务英语实践教学存在着诸多问题，如：缺少真实的商务语境；教学内容与经济发展不匹配；实践教学手段单一、教学形式不灵活等。因此，许多实践课程只是流于形式，没有达到预期的教学目的。多模态教学理论强调学习的社会性、情境性和实践性，借助于多媒体和互联网技术，多模态商务英语教学模式能把多模态信息与教学主体有机地结合起来，构成交互教学模式，为学生提供三维立体的实训环境。

（一）实践教学内容及教学手段的多模态设计与实施

商务英语的实践教学内容由“英语语言基础能力训练”“商务专项能力实训”和“商务英语综合技能实习”三部分组成。

第一模块包括听力、口语、阅读和基础写作等课程，目的是培养学生听、说、读、写、译等基本能力，其中听力、阅读课程是“课堂实践教学”的主要环节。教师应在“一根粉笔和一块黑板”的“单模态”教学手段的基础上，适当增加一些现代化信息传播媒介，如运用电脑、投影仪、数码设备以及互联网等，以此扩充信息输入渠道和媒体学习资源、创设真实的语言交际环境、

刺激学生听觉、视觉和触觉等多种感官系统协同参与语言学习，完成对新知识的意义构建。

实践证明，模态的适度转换能够提高学习者的学习兴趣和效率。以《商务英语阅读》课为例，它是商务英语专业的一门基础课，也是一门培养语言综合理解能力的课程。它不仅要求学生掌握大量的词汇，还要求学生具有广博的背景知识。传统的授课模式基本上是教师一言堂的“填鸭式”教学，师生互动少，课堂气氛枯燥无味。而多模态教学模式教师把重点词汇在课前通过微信等方式发给学生，并指导学生利用互联网等多种信息资源收集相关的背景知识。课堂上，教师只讲解重点和难点内容，课堂大部分时间留给学生提问、教师答疑。同时，适当地给学生提供相关内容的视频资料，使枯燥的阅读课变得生动有趣。另外，对于一些经典的语段要求学生背诵，甚至表演，实现了以学生为中心、老师为指导的多模态教学模式。

作为实践课程模块，“商务专项能力训练”课的主要目标是培养学生具备组织会议、推销产品、商务谈判、外贸函电撰写和单证制作等跨文化商务交际能力和商务专项从业实践技能，以适应未来的商务工作。相关的实训课程主要有：计算机应用、商务礼仪、商务谈判、单证操作及国际贸易流程实训等。商务英语实践课程的主要特征是对学生进行技能训练、引导学生体验经历。因此，教学过程必须体现做事、活动或演示等特点。先进的商务软件平台在实践教学中起着举足轻重的作用，在立体的、多维的实践操作环境中，学生能够亲历各种商务工作情境。目前有些高校已经采用了“亿学 3D 仿真商务英语综合实训系统”“睿智 IBES 国际商务英语实训系统”和“Sim Trade 外贸实习平台”等商务英语综合实训软件。3D 仿真技术能将学生置于特定的商务情景中，为学生提供“准职场”的真实工作情景。例如：3D 动画人物可以带领学生在虚拟的环境里体验各种商务流程的运作，如：求职面试、客户接待、函电撰写、业务洽谈、单证操作、商务谈判、参展及升职加薪等。商务软件平台使学生熟悉了商务活动的基本环节、明确了必备的商务礼仪、掌握了商务活动各环节所需要的功能性语言和综合职业技能。此外，也可以利用多媒体教室，制作 PPT 等其他媒介实现商务专项训练。

（二）实践活动形式多模态设计与实施

多模态课堂教学设计形式取决于不同的教学目标。商务英语实践课程的教学目的是帮助学生获得某种技能经验。因此，商务英语实践活动应采取多种教学形式。在“语言基本能力实践”课中，教师首先要充分利用课堂的基础资源——粉笔和黑板，适当配以图片、音响或投影仪等。当然，教师的表情、声音、情绪、情感及肢体语言也是不可忽略的。通过整合促成不同模态的转变，增强学生对输入信息的内化。同时，要大力开展第二课堂活动，以此作为课堂教学的延伸和拓展。以辽东学院商务英语专业为例，专业每年都要定期举办"英语口语比赛、词汇或书法比赛、演讲比赛等。同时，每年都举办大型的英语文化节"等多项活动。这些活动充分运用了多模态资源，有利于学生对英语文化的理解和运用，也为学生提供了自我展示的平台。在"商务专项能力训练"模块中，可以使用上述提到的商务仿真软件平台，组织学生进行商务专项实践活动。在实践教学中，笔者尝试为本校2015级商务英语专业学生创设"商务谈判"的模拟场景，要求学生自行组成小组，在老师的指导下，按照商务谈判的流程完成贸易谈判的全过程，并在课堂上展示、评比。在本项目的实施过程中，要求学生充分利用图书馆、互联网等多模态资源，收集信息、整理材料、归纳分析、制作PPT或音视频资料、完成实践操作活动。同时，团队成员需要通力合作、发挥创造力；最后，要在"模拟商务谈判室"进行实战表演，这种活动既是对学生所学知识的考查，又是学生商务能力的展现，对提高学生的商务实践能力很有帮助。

商务英语教学的终极目标是培养学生成为具有语言技能和商务知识的应用型人才，而传统的单模态教学模式不能或者很少给学生提供进行实践活动的机会。作为一种全新的教学模式，多模态教学理论集当代多种学科的先进理论为一体，强调学习的情境性、社会性和实践性，倡导创设一种个性化、模块化、协作化和超文本化的教学模式。实践证明，在普通高校转型时期将多模态教学理论引入商务英语实践教学课堂中，不仅能够增强商务实践课堂教学的实景化和具象化，而且能够极大地促进理论知识与实践经验的结合。所以在商务英语实践环节中，教师应该充分运用多模态教学理念，重视"语言技能"和"商务知识"的实践操练，培养学生成为能处理多种模态信息的、具有较强实践能力的应用型商务英语人才。

第三节 建构主义理论下商务英语教学模式创新

改革开放经济全球化带来了国际国内环境与商务环境的不断变化，全球化的潮流也向人才培养提出更高的要求，复合型人才成为国际市场亟须的人才。我国外语院校纷纷开设商务英语专业（方向），借此培养出适应国际社会需要的复合型商务外语人才。在商务英语专业（方向）课程设置中，商务英语是契合了外语与专业复合的人才培养目标而开设的专门用途英语（ESP）课程。它旨在培养具有扎实的商务专业基础、较高的理论水平、广博的国际知

识，能熟练掌握英语的听、说、读、写、译的复合型人才，并进一步深化和扩展学生的英语知识，提高学生运用英语从事商务活动的综合能力。长期以来，受传统英语教育影响的商务英语课程存在着一定的问题：教师教学方式单一，脱离实际情景；教师是向学生传递知识的权威角色，是每堂课的主宰者；课堂教学仍以掌握词汇、语法、写作技巧和方式为目标，以教师动口讲解为主，单向传递信息。

（1）教学计划统一，难以体现学生的差异性。把能力水平各异的学生作为同一水平的一个整体来对待，教学自然难以达到预期效果。

（2）教师难以与学生平等对话。老师采用讲解、分析的教授方式，学生被动地接受知识，师生之间很难达到平等的对话和交流。

（3）学生之间交互活动较少，难以取长补短；学生之间缺乏合作与沟通，缺乏真实的交流。第四，商务活动的实践性、操作性非常强，在传统商务英语教学下的学生很难将课堂上的知识与实践结合起来，往往会形成课堂知识传授和课下实践操作脱节的现象。

因此，商务英语的教学要突破传统英语教学单一的讲解模式，在教学的过程中设计情境让学生体验，充分调动学生的能动性。建构主义理论非常强调学生学习的主观能动性和教学情境的设计，笔者认为，结合国内商务英语教学的现状以及课程特点，依托建构主义理论对于商务英语课程教学创新进行研究具有较强的理论价值和现实意义。

一、建构主义教学理论的基本主张

（一）何为建构

建构主义是认知理论的一个分支，是学习理论中行为主义发展到认知主义以后的进一步发展，是西方教育心理学的最新教学理论。关于“建构”的定义《教育大辞典·教育心理学卷》和《哲学大辞典》中认为：建构指个体心理发生从自身与外界事物之间的接触点开始循着由外部和内部所给予的两个交互作用的方向，从一个较初级的结构逐步转变为较为复杂的结构的过程。这一概念包含了以下三方面：

（1）心理发生通过主客体的相互作用实现。

（2）相互作用的过程是内外双重建构的过程。

（3）认知结构是以从初级向高级持续建构动态发展的无限过程。

建构主义学习理论基于这一概念，对其进行了丰富与拓展。瑞士心理学家皮亚杰于20世纪60年代提出，世界上没有绝对客观的知识，知识是人对世界主观建构的结果。皮亚杰认为，儿童是在与周围环境相互作用的过程中，逐步建构起关于外部世界的知识，从而使自身认知结构（也称“图式”schema，在他后期著作中用 scheme 一词）得到发展。儿童与环境的相互作用涉及两个基本过程“同化”（assimilation）与“顺应”（accommodation）。同化是指个体把外界刺激所提供的信息整合到自己原有认知结构内的过程。顺应则指当外部环境发生变化，个体原有的认知结构无法同化新环境提供的信息，因而引起儿童认知结构发生重组与改造，以适应新环境的过程。儿童的认知结构就是通过同化与顺应过程逐步建构起来，并在“平衡—不平衡—新的平衡”的循环中得到不断的丰富、提高和发展。后来，许多心理学家和教育学家，如维果茨基（Vygotsky）、布鲁纳（Bruner）等从认知结构的性质与发展条件、人类社会环境对心理发展的影响以及个体的主动性在建构认知结构过程中的重要作用等方面丰富和发展了建构主义理论，从而形成了比较完整的体系，也为其具体应用于教学过程创造了条件。

（二）建构主义教学理论的核心观念

1. 学生在知识建构中具主观能动性

学生的学习是一个知识建构的过程。学习者具有自己的认知经验，能够依靠自己的认知能力，形成对问题的认识。因此在教学中不能无视学习者的已有知识经验，简单强硬的从外部对学习者实施知识的填灌，而是应当把学习者原有的知识经验作为新知识的生长点，引导学习者从原有的知识经验中生长新的知识经验，教学不是知识的传递，而是知识的处理和转换。因此，知识只能被建构，而不能由他人授予。

2. 教学过程是学生与教师共同参与的一系列认知活动

教学过程中，学生的角色是教学活动的积极参与者和知识的积极建构者。教师的角色也应当由知识的传授者向学习导向者、学习促进者、学习的中介者转变。作为学习导向者，教师应当为学生营造一种自主学习的环境，学生在其中得到适当的知识输入，同时又能积极参与到创造性的交流中。作为学习促进者，教师要参与到学生的自主学习中，给学生以心理上的支持，给予正确评价、创建和谐的师生关系。学习的中介者则是多元整合的角色，其责任在于建立一种开放式的教育系统，促使师生之间平等、民主、互动关系的确立。

3. 强调情境中意义的建构

建构主义理论架构下的教学目的在于创造条件，建立一个认知环境，使学生介入到以建构知识为目的的认知情景中，促使学生的个人经验与学科知

识交融，从而建构属于学生的以及从学生的角度而言有用和有意义的知识。在教师所设置的真实情境中，学生能够主动的对外部信息或符号进行选择加工，通过新知识与固有的旧知识的相互作用，改选、充实、丰富已有的知识经验，赋予新知识一定的意义，实现学生个人经验与学科知识的交融。

4. 强调“协作学习”

学生与周围环境的交互作用，对于学习内容的理解，对于知识意义的建构有着关键性的作用。学生在教师的组织和引导下共同交流、讨论，形成学习团队，展开协商、辩论，通过自己经验与他人经验的相互碰撞，通过协作学习的形式，学习者群体的思维和智慧可以为整个学习团队所共享，即整个学习团队共同完成对所学知识的意义建构。

5. 各种学习资源有效地支持意义的建构过程

建构主义认为，学生在一定的情境之中，在教师和学习伙伴的帮助下，仍需利用必要的学习资源来完成意义的建构。学习资源一方面可以辅助教师的讲解与展示，另一方面，学习资源还用于支持学生的自主学习和协作式的探索。将学习资源的获取、选择、利用及信息筛选、过滤、利用、理解、消化的过程完全交由学生来控制。通过学生自主的信息获取，实现意义的建构。

（三）基于建构主义理论的教学方法

基于建构主义的教学理论发展出来的教学方法主要有：支架式教学、抛锚式教学、随机通达教学等。

支架式教学指为学习者建构对知识的理解提供一种概念框架。Scaffold 本意是建筑行业中使用的脚手架，这里用来形象地说明一种教学模式：教师引导着教学的进行，使学生掌握、建构和内化所学的知识技能，从而使他们进行更高水平的认知活动。简言之，是通过“支架”（即教师的帮助）把管理学习的任务逐渐由教师转移给学生自己，最后撤去支架。

抛锚式教学的主要目的是使学生在一个完整、真实的问题背景中，产生学习的需要，并通过镶嵌式教学以及学习共同体中成员之间的互动、交流，即合作学习，凭借自己的主动学习、生生学习、亲身体验从识别目标到提出并达到目标的全过程。这类真实事件或问题被形象地比喻为“锚”，因为一旦这类事件或问题被确定了，整个教学进程和教学内容也就被确定了（就像轮船被锚固定住一样）。

随机通达式教学指，学习者可以随意通过不同途径、不同方式进入相同教学内容的学习，从而获得对同一事物或同一问题的多方面的认识和理解，旨在提高学习者的理解能力和他们的知识迁移能力（即灵活运用所学知识的能力)。

二、建构主义教学理论引入商务英语教学的理据

在西方，20世纪后半叶，语言学研究伴随经济和社会的发展开始悄然发生变化，学界开始把注意力和焦点从描述、界定语言用法的规范法则转向研究和探讨在各种语言环境中的语言实际应用方面来，专门用途英语（ESP）便应运而生，商务英语就源自这个时代的西方国家，作为专门用途英语的一个分支。商务英语，是围绕着特定的商务活动和相关学科所使用的语言，旨在满足商务活动对具有良好语言知识、沟通技能和专业内容的涉外人才的需求。因此，学习者在掌握一般的英语语言知识和技能的基础上，要达到英语和专业综合应用能力的培养和提升。商务英语教学是在普通英语教学和ESP教学理论基础上发展起来的，具有以下特征：

（一）教学目标从语言基础技能转向语言和专业的综合技能

如果说基础英语教学注重英语的基本交际能力，专门用途英语则注重专业领域的英语沟通能力，从而培养学生在一定的工作环境中运用英语进行交流。专门用途英语的教学目标就是要解决学生在英语学习的基础阶段没有掌握的专门语体内的英语知识和技能问题，并帮助学生逐步具备以英语为媒体进行某专业学科交流的能力。对于商务英语而言，商务英语的培养目标是要培养语言知识、策略能力和背景知识为一体的高素质、复合型人才，以适应全球化时代经济社会发展的需要。具体而言，商务英语的培养目标具有双重性和实用性，不仅要求学生掌握听、说、读、写、译等综合运用英语语言的能力，还要培养学生学习和了解与商务活动有关的商务背景知识和商务环境中不可避免的一些基本工作内容，广泛接触和掌握商务英语词汇。

（二）教学定位从语言的基础导向转向应用导向

专业用途英语通常与特定的专业和学科相关，具有很强的应用导向和实用性。传统的以教师为主导，填鸭式的英语教学模式已经不能完成其教学任务，因此，在教学策略上需要有所突破，不仅要强调语言的作用和结构，而且强调语言交际能力的培养，以应用型人才的培养为导向，才能更好地完成课程设计。商务英语培养目标的双重性和实用性也要求商务英语教学能够体现学生参与性强、师生互动性高的教学内容和生动活泼的体验式教学和情境教学环境。如更多的商业案例分析，商务谈判情境，让学生能够参与其中，

相互交流、自由表达思想，完成特定商业模拟和角色扮演任务等，让学生浸泡在某种商务情境之中，以提高学生的商务英语语言交际能力和相关商务知识技能。

（三）教学重点从第一课堂转向自主学习

基础英语的学习主要依赖教师在课堂上的讲解与分析，而第一课堂的时间是有限的，自主学习是对第一课堂的拓展和延伸，对第一课堂的有效补充。在自主学习中，学生可以自由探索、协作互动、共同完成对知识的建构。对于商务英语而言，教师应引导学生将商务英语的培养目标及特色始终贯穿于自主学习过程中，将学习计划、学习模式、过程监控、结果评估、效正措施始终以专业特色和目标为中心，即整个的自主学习要突显出“英语＋商务＋综合技能”的模式，以语言的掌握来学习商务知识，以商务知识的提高来巩固语言技能，通过发挥自身能动性，整合英语基础和商务知识来提高综合实力。

商务英语教学模式的特殊属性要求教学工作者对传统的教学模式进行审视，对商务英语教学模式进行创新。由于语言知识、沟通技巧、商务内容的融合，知识面广、信息量大，不可能单纯地依靠课堂来完成主要的教学工作，而要将学习主体从教师让渡给学生自身；商务英语教学目标的实用性也决定了在教学中要注重真实商务情境的营造“情境”“协作”尤为重要。建构主义理论强调以学生为中心的自主式学习，并认为“情境”“协作”“会话”和“意义建构”是学习环境中的四大要素或四大属性。而建构主义的三种教学方法也从不同的侧面阐释了“情境”“协作”“会话”和“意义建构”在学习活动中的作用，强调学习是开放的、自主的、螺旋上升式的。因此，将建构主义理论综合应用于商务英语的教学模式改革中，能够弥补现有教学模式的不足，为当前商务英语教学改革提供有益的参考。

三、革新传统商务英语教学模式

在建构主义理论指导下的教学模式中，学生是知识的主动建构者，教师是教学过程的组织者、指导者和促进者，教材所提供的知识不再是教师传授的内容，而是学生主动建构意义的对象；学生凭借多种媒体手段所创设的情境来进行协作学习和会话交流，多种媒体手段成为学生主动学习协作式探索的认知工具。

“教师导向”向“学生导向”过渡在关于课堂环境的讨论中，向来存在着“学生导向”与“教师导向”两种针锋相对的观点。概言之“学生导向”强调学生在课堂教学中为达到自己的学习目标而采取的行为，主张让学生有机会从自己关于学习过程的经验和诠释中获取知识。“教师导向”关注教师在知识传递中发挥的决定性作用，认为应由教师掌握展开教学和控制学习过程的主动权。

强调“学生导向”的课堂环境有助于促进学生的内在动机与自主学习能力的发展，因为在这种环境中，学生能够控制和调节学习任务、课堂氛围以及教学过程，如设计学习任务、自主分组与合作、自主评价学习结果等；而传统的偏重“教师导向”的课堂环境则不利于学生的自主学习，因为教师的单一控制致使学生很少有机会参与对学习情境的控制和调节。

建构主义教学理论指导下的商务英语教学应强调以学生为中心，教师对学生的意义建构起指导和促进作用；对学生进行启发、引导，包括情境创设、信息资源提供、合作学习的组织和研究性学习的指导以及自主学习策略设计等方面。在教学中即可激发学生的学习主动性，发挥学生的创造力；将知识外化，让学生有多种机会在不同的情境下去应用他们所学的知识，实现自我反馈，让学生能根据自身行动的反馈信息来形成对客观事物的认识和解决实际问题的方案。

另外，教师还应当确立课堂教学和网络教学并重的方式。课外教学和课内教学相结合，教师指导与个性化的自主学习相结合，建立以学生自主学习为中心的立体化、多样化、个性化的教学模式。使得学生的学习向课堂外延伸，真正让学生得法于课内，得益于课外，切实提高自学能力，使商务英语教学从课堂教学的主渠道，延伸到各种报纸、杂志、多媒体、因特网等课外渠道，使学生会归类、选择、吸取各种商务英语信息，以提高整体商务英语水平。

（一）营造贴近商务现实的学习“情境”

建构主义强调“情境”对意义建构的重要作用，认为学习总是与一定的社会文化背景即“情境”相联系的，要在真实的情境下进行学习，要减少知识与解决问题之间的差距，强调知识的迁移能力的培养。因此，商务英语课程在教学过程中应尽量营造真实的商务活动环境，突破以往单纯语言层次上的教与学。在商务英语教学中，如何处理商务知识与语言认知的关系问题一直是研究者、教师讨论的焦点，而“以内容教学为中心的语言教学模式”提供了到目前为止最为广泛接受的解决方式。雷春林在此基础上又提出“基于商务内容的英语语言教学”的理念，得到了普遍认同。商务英语的教学模式应当是一种将主题内容或学术内容与语言教学活动完全融

合在一起的一种第二语言教学的方式。而与实践相关的商务内容大多是可“情境”化的，而且可以根据一定的内在逻辑与先后顺序列出系列化、主题化情境。如一般公司运作情境可包括公司启动会议、人员招聘、客户接待、投诉处理等，涉外商务情境可包括建立业务关系、商务谈判、海关、银行结算及业务善后等。这些情境与目标需求密切相关，便于形成有一定内在逻辑联系的情境教学。应用构建情境这一教学方法的前提是教学内容可情境化，且教学内容可情境化程度越高，应用这一方法的效果越好，商务英语教学内容显然符合这一要求。

具体的教学方法上，可以采用基于建构主义理论的抛锚式教学法。由于抛锚式教学法要以真实事例或问题为基础（作为“锚”），因此有时也被称为“实例式教学”或“机遇问题的教学”。抛锚式教学的主要环节有：设计真实“宏观情境”的“锚”，围绕“锚”组织教学；督促学生自主学习与合作学习；消除具体的“锚”；进行效果评估。

（二）建立有效的“协作学习”

协作学习（collaborative learning）是与个体学习不同的一种群体学习方式，意为以小组的形式，进行合作和互助学习。协作学习要求学生主动地寻求学习伙伴，共同探索问题，不仅达到学习信息的交流与合作，还完成语言的表达、思想的沟通、心灵的“碰撞”、性格的“磨合”。在协作学习中，组员们共同学习、分享资料，提供相互支持和鼓励，以得到最大化的学习效果。每个组员在小组中都有着各自不同的角色与责任，对小组工作也都有各自的贡献，每个组员的努力对小组的成功都必不可少。协作学习有多种基本模式，如竞争、辩论、协同、问题解决、伙伴、设计和角色扮演等。在商务英语的教学中，可将协作学习通过以下流程展开。

1. 划分协作小组

根据学习者的兴趣、爱好和特长，将学习者划分为一定数量的协作小组，尽量确保小组内的学生能够取长补短。

2. 制定学习目标、分配任务

分组后，明确小组共同的目标和协作成果的评价标准。小组成员再通过讨论与协商，制定出协作计划和完成任务的时间，并各自分配相应任务，清楚各自的任务职责。

3. 收集整理学习资料

协作学习的内容非常重要。学习者可以在教师的指导下，利用多媒体与计算机网络技术，通过多种渠道收集整理完成任务所必需的信息，培养学习者的主动学习意识，完成学习内容的输入。

4. 协作研讨

所有的小组成员彼此交流各自掌握的学习内容，不断地讨论他们弄懂或没有弄懂的问题，将各种信息进行分析、归纳、整理，并提出该组的独立见解，完成对本次任务的学习过程。

5. 评估学习效果

学习效果的评估应当在自评、互评、教师评估中完成，不仅要对各小组的成果做出鉴定，还应当在学习过程中对学生的学习进行反馈、激励和改进，形成以评促学的动力机制。

（三）强化多元的信息资源

传统的商务英语教学客观上缺乏多媒体与计算机网络技术等各种信息技术，很多老师基本依赖于教材、教辅书，信息量较有限，不利于学生主动探索和完成意义建构。建构主义理论则要求学生利用各类资源进行自主学习和协作式探索。依托互联网和搜索引擎使得学生个体对海量信息的检索方便而高效，信息技术无限放大了学生个体获取信息能力。网上报纸、网络电视、数字图书馆、电子阅览室、网络教学、网络音视频等为学习者提供了极为丰富的学习资源。教师一方面应该更多关注培养学生的多媒体素养，引导学生如何获取、从何处获取、如何鉴别，以及如何有效地利用所获取的信息，建构学生的学习资源情境，帮助学生主动学习。另一方面可以借助多媒体与虚拟现实技术，设计真实情境，提供形象直观的交互式学习环境，让学生在提升英语语言能力的同时提升商务专业素养。

另外，加强实践教学，培养学生在商务环境中实际运用语言的能力，在实践中向学生传授知识，也是商务英语教学中非常重要的一个环节。与一些有实力的企业、外贸公司等建立合作伙伴关系，将其孕育为商务英语专业学生的实训基地，学生能将学习到的理论知识及时地应用到实践当中去，才能切实地实现商务英语的教学效果，使培养出的学生在社会上更具竞争力。

建构主义理论重视学生自主学习、重视情景设置、意义建构和协作学习，在商务英语的教学中贯彻建构主义教学所强调的核心原则，能够更好地促进学生主动认知世界、拓展思维、发现并解决问题。

第四节 大数据驱动下“互联网 + 商务英语”教学模式创新

在当前信息时代背景下，人们的生活受到大数据技术的影响，商务英语的课程教学也不例外，课本内容与大数据资源相比，仅是冰山一角，还存在信息更新过慢的弊端，所以商务英语面临重大的改革。我国商务英语教学模式过于强调理论知识的掌握，使得学生的英语能力不能得到很好的锻炼机会。通过对相关材料的分析，笔者讨论了在大数据背景的驱动下“互联网 + 商务英语”的实践教学改革。

一、大数据时代背景

大数据的普及应用方便了各行业相关资源的整合与分析，这是推动社会进步和发展的重要力量。随着现代教育技术发展，大数据技术在教学过程中得到了广泛地应用。大数据时代带来的核心内容还有课程资源共享，高职教育以 MOOC（大规模网络公开课）和 SPOC（小规模限制在线课程）平台的开发应用为切入点，探索高职院校课程资源共享的新模式。大数据时代降低了教学资源获取的成本，丰富了教学手段，提高了学生的学习效率。这些教学模式颠覆传统教学，更有效地解决了传统教学模式的弊端，使课堂充满了活力与激情。在商务英语教学实践中，教师应充分把握教育信息技术的优点，合理把握教学方式，使学生学习兴趣能够最大化，学生的学习方式得到优化，从而充分提高教与学的效果。

二、商务英语教学现状

当前商务英语教学，普遍存在上课内容枯燥，课程的评价方式过于刻板，学生在课堂上和课后任务的参与度不高，整个学习过程都难以调动学生的积极性，自然会导致教学效果不尽如人意等问题。很多教师在进行教学内容设计时，未能关注讲授知识与学生现有知识的联系、与当前时事发展的联系，忽略了知识的综合应用与仿真实践。

（一）教学理念陈旧

对于商务英语专业的学生，关注英语基础知识的学习是远远不够的，更

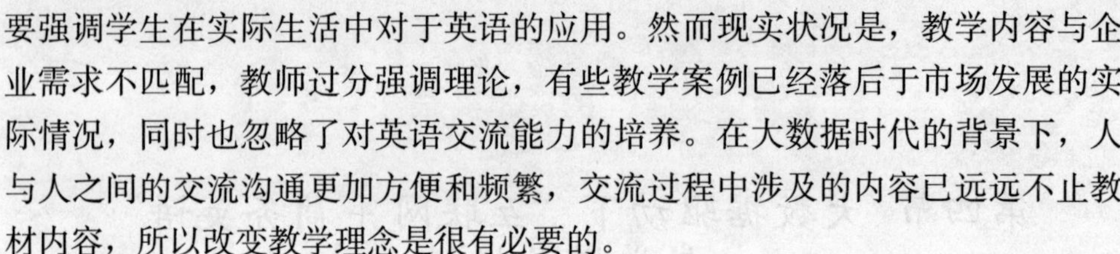

要强调学生在实际生活中对于英语的应用。然而现实状况是，教学内容与企业需求不匹配，教师过分强调理论，有些教学案例已经落后于市场发展的实际情况，同时也忽略了对英语交流能力的培养。在大数据时代的背景下，人与人之间的交流沟通更加方便和频繁，交流过程中涉及的内容已远远不止教材内容，所以改变教学理念是很有必要的。

（二）教学方式俗套

现代信息科技的发展是以网络和手机为主要媒介的，现代信息技术已经深入大学生的学习和生活以及老师的工作，大部分师生都十分依赖于电子设备。而对于高等院校商务英语教学，我国很大部分教师仍凭借口头讲解来传授知识，未能有效地利用现代信息技术所带来的技术便利。传统的“灌输式”的教学模式已不再适合当前的教学形势，学生对传统的英语教学或多或少会产生倦息，积极性受到打击，无法较为高效地提高自身的英语索养，最终在职场上无法处于有利的竞争地位。教师主要靠期末考试的成绩来衡量学生的学习情况，缺少学习过程的客观性评价。这种教学方式和考核模式与当前的信息技术水平完全不匹配，远远降低了教学的效率。

（三）当前在校学生情况

高职院校的学生普遍存在英语语言基础较为薄弱，语言僵化现象很严重，在口语及书面均存在中式英语的表达。大部分学生在人学前并没有养成良好的学习习惯，仍然采用过于死板和应试的学习方法，自主学习能力较差。学生的学习积极性仍然不高，较为被动地完成学习任务，自制力较差，自我约束能力弱。在综合素质方面，学生比较缺乏合作意识、团队协作能力、创新能力和批判性思维。

三、构建“互联网＋商务英语”教学模式的意义

商务英语大部分课程是应用实践型为主，目的在于培养具备熟练使用英语沟通的能力和多元文化的国际视野，能够从事跨国的商务、经贸、管理类活动的复合型人才。传统教学内容枯燥、评价方式单一、课堂教学中学生参与度不高，难以充分调动学生的学习积极性，教学效果不尽如人意，已经不适合当前社会的发展。结合互联网的教学，有着内容丰富、形式灵活、师生互动频繁等特点，在教学过程中有一定的优势。将互联网和传统教学结合的混合式模式实现了线上和线下学习的完美结合，线上的学习平台和海量的学习资源，弥补了学生与教师直接交流的学习体验的不足，是

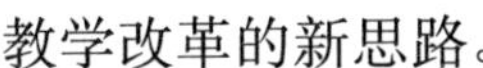

教学改革的新思路。

四、“互联网 + 商务英语”的教学实践

商务英语专业教学旨在培养具备熟练使用英语沟通能力和多元文化的国际视野，其性质决定了教学内容不仅是简单的语言教学，还包括对实践能力的提升，在商务英语教学中结合信息技术能更好地培养学生的实践能力。在“互联网 +”时代，知识的开放和共享性为语言服务行业带来了巨大的变革，为“互联网 + 商务英语”的教学模式改革带来了机遇，但是两者并不是一蹴而就的融合。商务英语教学中，教师应充分改革和完善教学理念、教学内容和教学方法，依靠网络信息，深度整合各类优质教学资源真正实现互联网与商务英语教学的有效结合。

（一）MOOC 与传统课堂相结合

MOOC（massive open online courses）是大数据时代和科技信息化催生的新兴课程模式。MOOC 时代的来袭，改善了高校课堂教学传统的模式，打破了上课受时空、人数的限制，教育技术走进课堂可使教学进入了快速发展的阶段。MOOC 提供丰富的学习资源，满足学生个性化的学习需求，给学生带来更多元化的体验，其优势显而易见。

教师需要在课程开始前找到适合本课程的教学资源或者自行制作教学视频，并将教学资源上传平台上供学生下载并自主学习。教学前学生围绕教学资源中涉及的知识点进行学习，并在课堂上进行讨论，角色扮演等方式来调动学生的学习热情。语言的学习过程包括知识的传授和知识的内化，MOOC 的使用实现了课前完成知识传投，课上完成知识内化，实现了从以教师为中心转变为以学生为中心的教学理念。教师引导学生成为学习的主人，课堂的主角，合理引导能够保证课堂具有活跃的气氛，而学生通过自主参与学习，有助于培养自身的商务英语运用能力的创新能力。这种混合教学模式，不仅可以有效提升学习成效，也形成自主学习的良好习惯。

（二）蓝墨云班课与多媒体相结合

在当前大数据支持下，蓝墨云科技研发的“蓝墨云班课是一个顺应“互联网 + 教育”兴起的应用软件，师生可以进行课堂点名、资源共享、提问讨论、问卷调查、头脑风暴等多种功能，在移动网络环境下实现课上课后的师生互动，为混合教学和自主学习提供技术支持。蓝墨云班课属于 SPOC（Small Private Online Course）的一种，是国内逐渐为教育者们所重视的“私播课”

或“班课”。

在课程开始前，教师在平台上建立班级，学生在手机上可通过教师发布的课程码加入班课。每一次上课前，教师提前在平台上传资料、发布作业、准备小组活动的发布指示、实施教学评价等，实现线上课程的创建和管理。学生可以随时随地在课前课后查看资料、互相交流提交作业、进行考试等。该软件可以让学生的自主能力得到锻炼，教师可把学生分成小组，设计与学习内容相关的任务，采用小组合作、分工完成的探究方式进一步内化知识。在这过程中，教师应积极主动地参与到各小组的学生讨论之中，针对发现的问题进行线上和线下的指导。这种方式极大改变了传统课堂教学模式，使教学方式和内容多样化和信息化。蓝墨云班课的使用弥补了当前单纯使用教室多媒体的不足。

（三）大数据管理、分析教学效果

运用大数据管理分析教学效果，有利于形成标准化科学化的教学评估。形成性评价包括线上参与情况和线下课堂参与情况两部分：线上部分有出席情况、作业及测试完成情况、论坛与讨论组的参与情况等；课堂部分包括课堂作业与测试、课堂讨论、课堂展示等活动的参与情况。通过对学生日常学习情况的记录和分析，能够客观反映出学习者学习的状况，包括特征、学习特点、学习行为的影响因素及其所带来的学业结果。教师可通过统计结果，建立过程性评价，更加正确、全面了解学生学习情况，从化优化教学过程。

五、大数据视域下商务英语教学改革措施

大数据时代为教学提供了大量的技术与工具，不同的技术具有不同的特点与功能，这都需要教师认真学习，不断调整自已在教学中的职能。教师不再是知识和技能的传授者，而是教学活动的组织者和参与者。随着“互联网+教育”逐步推广，将该模式应用于商务英语教学中是未来发展的趋势和必然选择。教师在教学中应避免重形式、轻内容，在课堂上应以教师为主导、学生为主体，使“互联网+”更好地服务于教学。

（一）以学生为中心，转变教学理念

在高职院校商务英语改革中，应着重发展学生的英语使用能力，注重培养学生的自主学习能力。改变传统的教学理念，重新定位学生在课堂中的地位，以学生为课堂中心。老师可把知识变成问题，让学生利用互联网

寻求问题的解决方案，课堂上教师再把问题还原为知识的还原教学法。在课堂上给学生足够的讨论时间，让其积极参与课堂教学当中。教师可更好地收集课堂上学生学习效果的反馈信息，通过完成线上作业来统计学生的学习情况，进而能够调整教学内容，转变教学方法，以鼓励学生自主学习为主。

（二）合理组织课堂，营造学习氛围

教师应该根据大数据的时代背景和商务英语专业的特点，逐步进行更有针对性的英语教学改革，进一步突出商务英语的应用性和实践性，重点培养学生在未来职场中将会用到的实践能力，让学生在一种职业性、实践性和开放性的氛围里学习商务英语。所以在大数据时代背景下，基于真实环境的教学，老师充当了设计者、示范者、评估者等，要强调课程设计的合理性，要对学生的学习情况进行数据统计调查，分析出学生感兴趣的内容。在课程设计时，要注意营造良好的学习氛围，利用大数据技术，丰富课堂教学技巧，提高学生的学习兴趣。

（三）分层有效教学，引导自主学习

在信息技术应用背景下，教师对于学生的真实学习情况能有更加客观直接地观察和分析，对此可以将学生的学习进行分层次的协作化教学。在教学中因材施教，具体学生具体分析，分层教学是一种有效的教学方式，不同英语水平的学生都获得进步的空间，教师可以引导学生寻找适合自己能力水平的学习资源。在师生互动中，教师可将学生、网络技术、教学内容等因素充分协调组织起来，形成一个高效的英语授课与学习的系统。在网络平台上，师生可以更好实现有效沟通。课程的教学内容不再局限于课内教材的学习，而是更为开放的、自由的、便捷的语言习得。教师可以根据学生的具体情况制定相应的教学任务，跟进学生的学习情况，给予学生及时有效帮助和指导，并对下一步教学计划进行调整。在学习课程中，教师可以凭借学生使用平台的情况、遇到的问题以及对教学资源的学习效果来推测学生的知识掌握情况和学习进度，进一步对学生进行阶段性测试，调整教学进度，有利于检验教学效果。而且在平台可以实现网络化学习评估，学生的平时成绩和综合成绩，都是学生考核不可或缺的一部分，通过平台可以更为便捷地进行量化分析和统计。在教学总结和考评上更具有科学和客观性，更加注重过程性考核，而非最后的一次性考核。

在大数据不断普及的背景下，教师应采取有效地改进商务英语教学中存在的不合理，使教学方法能够更合理、更有效地开展教学活动，从而进一步

提高商务英语专业的教学效率。在教学过程中注重培养学生的能力，以学生为中心，努力培养学生的英语能力，采取正确的教学方法和策略，并对学生进行过程性的考核，有助于学生的英语能力得到有效提高。

参考文献

[1] 顾曰国 . 多媒体、多模态学习剖析 [J]. 外语电化教学，2007（114）：3-12.

[2] 胡壮麟 . 社会符号学研究中的多模态化 [J]. 语言教学与研究，2007（1）：1-10.

[3] 张德禄 . 多模态话语理论与媒体技术在外语教学中的应用 [J]. 外语教学，2009（7）：15-20.

[4] 朱永生 . 多模态话语分析理论基础与研究方法 [J]. 外语学刊，2007（5）：82-86.

[5] 郭建红，黄田 . 多模态互存的大学英语教学新模式 [J]. 湖南工业大学学报，2011（4）：113-115.

[6] 范琳，张其云．建构主义教学理论与英语教学改革的契合 [J]．外语与外语教学，2003（4）：18-19.

[7] 朱文忠．商务英语教学模式——理论脉络、特色与实效分析 [J]．广东外语外贸大学学报，2010（7）:50-52.

[8] 李子建，尹弘庵．课堂环境对香港学生自主学习的影响——兼论“教师中心”与“学生中心”之辨 [J]．北京大学教育评论，2010（1）:38-40.

[9] 高文．建构主义学习的特征 [J]．外国教育资料，1999（1）:41-42.

[10] 雷春林．内容教学法（CBI）与复合型外语专业教学——以商务英语为例 [J]．外语电化教学，2006（6）:55-57.

[11] 翁树深，翁雅婷．协作学习模式探讨——基于现代教育技术的建构主义学习模式 [J]．西安联合大学学报，2002（2）:101-102.

[12] 胡杰辉，伍忠杰 . 基于 MOOC 的大学英语翻转课堂教学模式研究 [J]. 外语电化教学，2014（6）：40-44.

[13] 叶兴国 . 新常态下的英语教学创新 [J]. 当代外语研究，2015（12）：9-13.

[14] 陈明选，俞文韬 . 信息化进程中教育研究范式的转型 [J]. 高等教育研究，2016（12）：47-55.

[15] 祁爱萍 . 蓝墨云班课在教学中的应用探讨 [J]. 信息与电脑，2016（19）：

207-208.
[16] 李玉顺 . 信息技术与教育教学深度融合的发展需求与趋势 [J]. 中国教育信息化（基础教育），2014（12）：3-8.
[17] 李红 . 高职商务英语专业人才培养模式改革设想 [J]. 商场现代化，2008（26）：300-301.
[18] 史艳云 . 案例教学法与商务跨文化交际能力 [J]. 湖南工业职业技术学院学报，2012（06）：54-55.
[19] 孙璐，魏传立 . 从商务英语人才需求看商务英语教学改革 [J]. 黑龙江对外经贸，2010（05）：85-86.
[20] 马永红 . 论高职学生商务文化意识的培养 [J]. 文学教育（上），2010（12）：122-123.
[21] 蔡小娟 . 国贸专业商务英语教学与实践能力培养分析 [J]. 经营管理者，2011（21）：371.
[22] 吴子瑛 . 跨文化视野下的高职商务英语习语教学 [D]. 上海师范大学，2012.
[23] 夏纪梅，孔宪煇 . 外语课程设计的科学性初探 [J]. 外语界，1999（01）：26-31.
[24] 付英 . 论商务英语在国际贸易中的应用与实践 [J]. 中国商贸，2012（18）：248-249.
[25] 郑丽萍 . 外语需求分析的理据及运用 [J]. 河池学院学报，2008（04）：104-109.
[26] 吕倩 . 浅谈商务英语与人力资源管理的结合运用 [J]. 管理观察，2011（28）：149-149.
[27] 宋春艳 . 商务英语口语表达能力提高策略 [J]. 安徽科技学院学报，2008（04）：67-68.
[28] 高淑英 . 商务英语中的商务文化意识及其培养 [J]. 商业文化，2005（10）：60-61.
[29] 苏微 . 商务英语口语教学中存在的问题及解决对策 [J]. 吉林省教育学院学报，2009（09）：96-97.
[30] 黄林林，吴超 . 谈商务英语中商务文化的差异性 [J]. 中国校外教育（理论），2007（05）：31.
[31] 周超英 . 谈商务英语教学中商务文化意识的培养 [J]. 新西部（下半月），2007（08）：148+150.
[32] 山春莲 . 文化在商务英语学习中的作用 [J]. 北方文学：下，2011（12）：

208-209.

[33] 李姗姗，潘敏 . 基于工作过程的高职商务英语口语课程项目设计 [J]. 淮北职业技术学院学报，2010（06）：90-91.

[34] 赵维佳 . 文化交流视野下的商务英语翻译 [J]. 福建商业高等专科学校学报，2009（03）：100-102.

[35] 袁媛 . 游戏教学在基础德语口语教学中运用的理论依据和实践 [J]. 重庆教育学院学报，2011（01）：91-93.

[36] 翟星 . 浅议商务英语的翻译技巧 [J]. 才智，2011（36）：183.

[37] 李虹 . 国际商务环境变化与国际经贸人才培养 [J]. 沈阳师范大学学报（社会科学版），2006（04）：26-27.

[38] 贾越明 . 探析商务英语翻译中的跨文化因素 [J]. 佳木斯教育学院学报，2012（04）：251-252.

[39] 余婷 . 创新高职商务英语人才培养模式研究 [J]. 青春岁月，2014（23）：288-289.

[40] 张琳琳 ."信、达、雅"在市场营销英语翻译中的新解 [J]. 吉林省教育学院学报（学科版），2009（12）：47-48.

[41] 刘华 . 契合：立体化教学在商务英语教学中的运用——以商务谈判教学为例 [J]. 洛阳理工学院学报（社会科学版），2009（04）：89-92.

[42] 王雪 . 浅谈中西方文化差异在商务英语翻译中的影响 [J]. 才智，2012（02）：211.

[43] 丁建 . 新形势下商务英语专业技能培养探析 [J]. 教育与职业，2011（08）：110-111.

[44] 王怡 . 文化心理学视域下的商务英语翻译策略研究 [J]. 景德镇学院学报，2015：63-66.

[45] 刘丽华 . 任务型教学法在商务英语实践教学中的应用 [J]. 科技信息（科学教研），2007（15）：185.

[46] 陈克俊 . 跨文化语境视野下商务英语翻译策略研究 [J]. 科技信息，2012（10）：202-203.

[47] 曹淑萍 . 对高职商务英语专业实践教学改革的几点思考 [J]. 长春理工大学学报（高教版），2007（02）：134-136.

[48] 高永红 . 跨文化语境下商务英语翻译探究 [J]. 校园英语，2012（5）：120，122.

[49] 刘静 . 商务汉语教材任务型练习研究 [D]. 北京外国语大学，2014.

[50] 黄以平 . 商务英语的用词特点及汉译技巧 [J]. 连云港职业技术学院学报

（综合版），2006（01）：78-80.

[51] 成焱霞 . 任务型教学法可应用于商务英语泛读教学中 [J]. 天津市经理学院学报，2014：81-82.

[52] 张丽丽 . 浅谈商务英语的语言特征及翻译 [J]. 承德民族师专学报，2011（02）：91-93.

[53] 刘清泉，周发明 . 形成性评价在绩效管理课程案例教学中的应用 [J]. 湖南人文科技学院学报，2013（04）：69-72.

[54] 袁园，方文礼 . 浅析英语被动语态的语篇功能 [J]. 南昌高专学报，2009（05）：57-59.

[55] 殷明 . 基于项目化教学法的高职商务英语课程形成性评价体系的实践运用 [J]. 太原城市职业技术学院学报，2011（09）：60-61.

[56] 田孝平，唐燕 . 浅议商务日语口译的特点及对口译人才的素质要求 [J]. 中国商贸，2010（23）：231-232.

[57] 吴晓丹，胡艳艳，孙舒和 . 基础英语课程形成性评价教学改革实验报告——对大庆地区高师英语专业学生的定量考察 [J]. 世纪桥，2011（11）：118-119.

[58] 肖尧 . 论在释意理论指导下国际商务谈判中模糊表达的语用功能及口译技巧 [D]. 四川外语学院，2012.

[59] 胡中元 . 各国商务文化的差异 [J]. 首都经济，2003（04）：55.

[60] 黄冬梅 . 论我国高校商务英语专业课程体系建设 [J]. 教育与职业，2013（32）：131-132.